FFARMWRS MÔN

1800–1914

FFARMWRS MÔN

1800–1914

Emlyn Richards

Cyflwynedig i goffadwriaeth
Alwyn, fy mrawd

Argraffiad cyntaf: 2013

Dymuna'r cyhoeddwyr gydnabod cymorth ariannol
Cyngor Llyfrau Cymru

Llun y clawr: Gweision fferm Gwredog Uchaf, Llannerch-y-medd
Cynllun y clawr: Y Lolfa
Lluniau'r bythynnod y tu mewn: Philip Hollington

Rhif Llyfr Rhyngwladol: 978 1 84771 670 5

FSC

Cyhoeddwyd, rhwymwyd ac argraffwyd yng Nghymru gan
Y Lolfa Cyf., Talybont, Ceredigion SY24 5HE
gwefan www.ylolfa.com
e-bost ylolfa@ylolfa.com
ffôn 01970 832 304
ffacs 832 782

Cynnwys

Rhagair

Y gŵr a arddo'r gweryd,
A heuo faes; gwyn ei fyd.

FEL YNA Y canodd Geraint Bowen yn ei 'Awdl Foliant i'r Amaethwr', a enillodd iddo Gadair Eisteddfod Genedlaethol Aberpennar ym 1946. A moliant i'r amaethwr yw cynnwys y gyfrol hon ar hanes ffermio yn Sir Fôn rhwng 1800 a 1914 neu, fel y gelwir hi'n aml gan haneswyr, y bedwaredd ganrif ar bymtheg hir, oherwydd ar ôl 1914 a dechrau'r Rhyfel Mawr newidiodd pethau yn gyfan gwbwl o'r hyn a fu gynt. Tydi hynny ddim i ddweud nad oedd newidiadau wedi digwydd yn ystod y bedwaredd ganrif ar bymtheg ac fe arweinia'r awdur ni yn gelfydd drwy'r rhain. Sonnir am gau'r tiroedd comin a'r ymgecru a fu am hyn, gyda'r tyddynnwr yn cael ei hun yn colli ei hawliau tra bod y tirfeddianwyr a'r tenantiaid mawr yn gwella eu byd. Ar yr ochor arall, roedd yna rai bendithion i gau'r tiroedd comin. Y pennaf un oedd gwella'r tir a gwneud y ffermydd yn fwy cynhyrchiol. Byddai hyn yn fodd i fwydo poblogaeth oedd yn tyfu a phoblogaeth oedd hefyd yn mynd yn fwy trefol ei natur, gydag effaith y Chwyldro Diwydiannol yn creu dinasoedd mawrion megis Manceinion. Gyda dyfodiad y rheilffyrdd cyflymwyd y broses hon ac erbyn diwedd y ganrif newidiwyd patrwm poblogaeth Prydain yn llwyr gyda 60 y cant o'r boblogaeth yn byw yn y trefi a 40 y cant yn byw yn y wlad.

Fel y noda'r awdur, adroddiadau'r Comisiwn Tir yw un o'r ffynonellau pwysicaf i rai sy'n ymhél â hanes amaethyddiaeth. Bu'r Comisiynwyr yn Llangefni yn hel tystiolaeth am bum diwrnod yn ystod Hydref 1893 ac yn y dystiolaeth a roddwyd ger eu bron nid yn unig gan y landlordiaid a'u stiwardiaid ond hefyd gan y tenantiaid, y tyddynwyr a'r gweision ffermydd fe geir darlun gweddol gyflawn o gyflwr amaethyddiaeth ym Môn yn ystod y bedwaredd ganrif ar bymtheg. Mae'r awdur wedi bod yn cloddio yn ddygn ac yn broffidiol yn y ffynhonnell bwysig hon.

Ym Môn fel ym mhobman arall yng Nghymru, y landlordiaid a reolai ac roedd stadau enfawr fel Baron Hill, Plas Newydd a Bodorgan yn fawr eu dylanwad ar fywydau'r bobol, yn enwedig y tenant. Fel mewn ardaloedd eraill, roedd y prif landlordiaid wedi Seisnigeiddio'n llwyr ac yn dal i lynu wrth yr Eglwys Sefydledig tra oedd trwch y boblogaeth, gan gynnwys eu tenantiaid, yn uniaith Gymraeg, yn Anghydffurfwyr cadarn ac yn dechrau deffro'n wleidyddol. Pan etholwyd Richard Davies, Treborth, yn Aelod Seneddol dros Fôn ym 1868 o dan faner Rhyddfrydiaeth, dylanwad a phleidlais yr amaethwyr a'r siopwyr a'i gyrrodd i San Steffan. Dyma'r ergyd gyntaf yn y frwydr i dorri crib y landlordiaid, brwydr y gellir dadlau ei bod yn diweddu â'r Comisiwn Tir ym 1893.

A beth am y tenant? Roedd yna rai tenantiaid yn amaethu ffermydd mawr rhwng 300 a 1,000 o aceri ond y rhai mwyaf cyffredin oedd y ffermydd bychan o dan 50 acer. Fe welir eu cryfder yn eu rhif gyda chynifer â 3,000 o denantiaid yn dal y ffermydd hyn. Hwy felly oedd asgwrn cefn y gymdeithas wledig a'u harian hwy oedd yn rhoi bywoliaeth i'r gof, y sadler, y crydd ac yn y blaen. Cwynent yn aml mai hwy oedd yn gorfod ysgwyddo baich y gwahanol drethi, yn enwedig y degwm a delid i'r rheithor lleol. Erbyn wythdegau'r ganrif, gyda dirwasgiad economaidd, teimlai'r tenantiaid yn fwyfwy rhwystredig a rhoddwyd rhwydd hynt iddynt fynegi hyn yn y wasg Gymreig megis *Y Faner*.

Os oedd yr esgid yn gwasgu ar y tenant yna roedd bywyd y gwas yn llawer caletach. Y dosbarth yma oedd ar y gwaelod a hwy fyddai gyntaf i ddioddef mewn amser o galedi. Roedd eu hamodau byw yn gallu bod yn greulon o galed, allan ar bob tywydd a'r ymborth gan amlaf yn ddigon gwael a di-faeth, a chyflog eithriadol o isel ar ddiwedd y dydd. Fel y dywedodd rhyw hen was ffarm, 'Os yw'r tenant eisiau i'w landlord ei drin yn gyfiawn, da o beth fyddai i'r tenant ddechrau trin ei weision yn yr un modd.' Does dim rhyfedd felly iddynt ymuno ag Undeb Gweithwyr Môn i geisio gwella eu byd.

Mae yna bedigri da i'r gyfrol hon. Mae gan yr awdur wybodaeth drylwyr o'r maes a hynny yn y modd mwyaf ymarferol. Mae o wedi bod yn glanhau'r llaesod, wedi godro gyda llaw, wedi troi gwair â chribin fach ac ymgymryd â'r gorchwyl hollol ddibwrpas a thorcalonnus hwnnw o garega. Y fo, yn ôl y sôn, oedd y gwas bach olaf yn Llŷn cyn iddo benderfynu mynd yn was i'r Mistar ei hun. Dilyn hon ei gyfrolau eraill ar hanes gwledig Môn megis hanes y porthmyn a'r potsiar a does ond credu y bydd yr un mor llwyddiannus â'r ddwy arall.

Einion Wyn Thomas
Archifydd Prifysgol Bangor
Mai 2013

Gair o Ddiolch

AM YN AGOS i 200 mlynedd bu defnydd a pherchnogaeth y tir yn destun dadleuol ryfeddol a bu hynny yr un mor wir ym Môn ag unrhyw ran arall o'r wlad. Einion Thomas, archifydd y Brifysgol ym Mangor, a'm cymhellodd ac a'm cyfarwyddodd i roi'r stori hon yng ngenau *Ffarmwrs Môn*, y ffermwyr hynny sy'n cynrychioli'r ganran uchel a fu ac sydd o hyd yn dibynnu ac yn byw ar y tir fel tirfeddianwyr, tenantiaid a gweision – y tîm arbennig yma, er pob anghydfod rhyngddynt, a wnaeth Ynys Môn yn fam Cymru.

Yn naturiol, mae fy nyled a'm diolch yn gywir iawn i Einion Thomas a'i staff, Elen Simpson, Ann Hughes a Lynette Williams. Cefais bob cyfarwyddyd a chymorth ganddynt dros y tair blynedd diwethaf yma.

Bu Charles Parry a'r Dr Maredudd ap Huw, fel arfer, yn fwy na pharod i ateb pob gofyn gennyf o'r Llyfrgell Genedlaethol. Yr oedd William Williams, ymgynghorydd amaethyddol o Fryn-teg, wastad wrth fy mhenelin; y mae ef yn adnabod daear Môn yn well na neb. Bu Dr Anne Williams o Frynengan yn gyswllt gwerthfawr rhyngof a'r Amgueddfa Werin. Daliodd Phil fy mab yng nghyfraith rai o fythynnod prin y llafurwyr tir cyn iddynt droi'n furddunnod ac mae ei luniau trawiadol i'w gweld yn y gyfrol. Fy niolch i'r pump ohonoch. Diolch hefyd i Huw ac Ann, Gwredog Uchaf, Llannerch-y-medd, am lun y clawr.

Mi fyddai'r diweddar Athro Bedwyr Lewis Jones yn arfer dweud mai gwaith pleserus iawn yw hel y cerrig – adeiladu'r wal sy'n flinwaith. Fu 'rioed well gwir. Wedi'r chwilio a'r chwalu gyda help cynifer ohonoch, bu Elin Mair wrthi'n ddyfal ac yn

9

ddistaw yn teipio fy sgrifen flêr yn batrwm destlus a'i gloi ar ddisg – llawer iawn o ddiolch, Elin.

Emlyn Richards
Mai 2013

Amgáu Tiroedd

GOLYGAI CAU'R TIROEDD gryn newid a chwalu hen ffordd o fyw. Collwyd hen hawliau tir comin a diddymu daliadau gwasgaredig yn y tir agored, gan ailosod a dosbarthu'r daliadau yn flociau cryno a thaclus a'r rheini wedi'u cau gyda gwrychoedd, ffensys neu waliau cerrig. Yna fe osodid y tir a gaewyd i un tenant yn hytrach na bod pedwar neu bump o denantiaid yn ffermio drwy'i gilydd. Dyna'r cam cyntaf i geisio gosod trefn hwylus yn lle'r dull blêr a gwastraffus a fodolai gynt pan rennid y tir llafur yn gaeau mawr agored, rhyw dri neu bedwar mewn plwyf ac weithiau dim ond un. Yr oedd lleiniau cul wedi'u gwasgaru ar draws y tiroedd agored a phawb â'i lain, a'i gwnâi hi'n hynod o helbulus ac aneffeithiol i geisio symud y wedd neu'r eidion a'r aradr o lain i lain. Byddai raid gadael stribedi o'r tir heb eu haredig er mwyn rhoi mynediad i wahanol ffermwyr i'w lleiniau. Gyda chynifer o ffermwyr a'r holl derfynau fe godai anghydfod a helyntion rhyngddynt, a gan y byddai tai'r ffermydd efo'i gilydd yng nghanol y pentref fe gollid amser yn crwydro rhwng y ddeule.

Yr oedd y fath system yn aeddfed i newid, pe bai ond er hwylustod i'r ffermwyr amaethu eu tir. Ond er mor fuddiol fyddai newid a derbyn dull newydd fyddai'n llawer mwy proffidiol, doedd hi ddim yn hawdd newid hen hawliau sefydledig a fu mewn arferiad gan ddeiliaid tiroedd fferm a bythynnod. Ar wahân i'r tiroedd agored a godai gnydau yr oedd hefyd mewn pentrefi weirgloddiau yn dir pori cynnar a da a osodid o'r newydd bob blwyddyn er mwyn rhoi cyfle cyfartal i bob ffermwr ar y borfa orau. Ond heb os, y tir comin oedd ffon fara odid fwyaf dibynnol pob gradd o amaethu. Yn ystod yr haf, er mwyn diogelu'r tir llafur a'r cnydau, yr oedd y comin yn lle delfrydol i droi'r stoc rhag iddynt ddifetha'r ydau. Ar wahân i'r ffermwyr yr oedd gan y bythynwyr a llaweroedd eraill hawl i bori buwch, dafad neu geffyl ar y comin hefyd a cheid digonedd o gnau ffawydd a mes i'r moch. Yr oedd yno hefyd eithin a dryslwyni yn danwydd rhad i'r oll o'r pentrefwyr a cheid digonedd o lysiau a mafon. Fe wnaed defnydd o'r diffeithdiroedd hefyd gyda phob rhyddid i dresmasu arnynt. Ceid amrywiaeth o diroedd yma, yn garegog a chreigiog mewn mannau, corstir, gweundir ac eangderau o rostir, ond eto yr oedd llawer iawn o bori gwasgaredig yma hefyd. Yr oedd y diffeithdir yn ildio digonedd o aeron gwyllt ac amryw o ffrwythau gwyllt eraill a gyflawnai angen y tresmaswyr. Ceid mawn a thywyrch yn danwydd a chlai ynghyd â graean i atgyweirio tai a chynnal y ffyrdd.

Ar wahân i rym arferiad, yr oedd gan y bobol ddadl gref dros eu dibyniaeth ar y comin a'r diffeithdir a'r ffaith eu bod yn agored i bawb, i'r tlawd fel i'r cyfoethog. Yn wir, mi wnaethant ddefnydd o bob llathen o dir beth bynnag oedd ei ansawdd, ac o dipyn i beth fe arweiniodd y daliadau gwasgaredig yn glytiau niferus i'r ffermwyr uno efo'i gilydd a hynny ar raddfa eang mewn ambell fan. Dros amser fe ddaeth yr unedau gwasgaredig at ei gilydd gan ffurfio unedau llawer mwy a haws i'w gweithio. Eto, mewn llawer pentref, daliadau bychan iawn oeddynt cyn yr amgáu tir.

Dyna'n fras gefndir amgáu'r tiroedd, y credai'r ffermwyr mawr a bach, y tyddynwyr a'r sgwatwyr mai mater ydoedd o ychydig o'r tirfeddianwyr mwyaf yn penderfynu ymhlith ei gilydd beth i'w wneud ynglŷn â chau'r tir yn gwbwl ddi-feind o fuddiannau perchenogion bychan y plwyf. Roedd llawer o wir yn hynny, er nad dyna'r gwir i gyd, gan y byddai'r perchenogion llai yn rhwystro'r amgáu neu'n ei yrru 'mlaen i blesio'u budd eu hunain. Rhoes Ellis Wynne ddarn o'i weledigaeth i drafod y mater:

Beth yw teiliwr a ddwg ddarn o frethyn, wrth ŵr mawr a ddwg
allan o'r mynydd ddarn o blwyf? Oni haeddai hwn ei alw yn garn
lleidr wrth y llall? Ni ddwg hwnnw ond cynhirion oddi arno ef,
eithr efe a ddwg oddi ar y tlawd fywoliaeth ei anifail, ac wrth
hynny ei fywoliaeth yntau a'i weiniaid...[1]

Edliwiwyd yr un camwri ers llawer dydd mewn hen bennill
Saesneg sydd yn mynd rywbeth yn debyg i hyn yn Gymraeg:

Carchar a chosb i'r dyn cyffredin
Am ddwyn yr ŵydd oddi ar y comin;
Ond parch a geir, ac uchel swydd,
Am ddwyn y comin oddi ar yr ŵydd.

Ond mi fynnai cefnogwyr cau tir mai un o'r prif gymhellion
dros gau oedd gwella moesau y werin dlawd. Dywedai un o'r
cefnogwyr fod cyflwr truenus y tlodion cyn cau tir yn resynus
a'u bywyd a'u byw yn gwbwl ddi-ddim, yn gwarchod nythaid o
gywion gwyddau, ychydig o ddefaid cynrhonllyd, buwch denau
a cheffyl crachlyd. Byddai'n llawer amgenach iddynt wneud
diwrnod o waith am gyflog yn lle magu arferion segurdod
gwastrafflyd. Yr oedd y beirniaid duwiolfrydig hyn yn hoff iawn
o ddyfynnu eu hathroniaeth mewn cymal byr a bachog: 'Ni
chreodd Duw y ddaear i fod yn ddiffeithwch i gadw gwyddau
ond i'w thrin a'i hamaethu gan ddyn trwy chwys ei wyneb.'[2]

Cafodd y werin a'u teuluoedd hawl ddi-dor ar y tir comin a'r
diffeithdir am genedlaethau ac fe welid eu hôl yn amlwg ddigon
cyn bod sôn am gau tir seneddol. Yr oedd rhannau helaeth o
Ynys Môn yn dangos olion o amgáu cynnar iawn ond bod y
ffensys wedi'u hesgeuluso a'u gadael. Yn ôl George Kay, codent
gloddiau o bridd o amrywiol uchder a'u hwynebu â thywyrch
gyda ffos o bobtu'r clawdd, yna hau had eithin ar ben y clawdd
a ffurfiai ffens effeithiol. Cyfeiria hefyd at hen waliau cerrig
pedair i bedair troedfedd a hanner o uchder, ond ni fyddai'r
un o'r cloddiau na'r waliau hyn yn abl i rwystro defaid barus
na gwartheg bach duon Sir Fôn rhag crwydro i le a fynnent.
Arferent yn y cyfnod yma garcharu'r defaid â llyffethair gwellt

neu wair. Canmolai Kay ffermwyr blaengar fel Paul Panton o'r Plas Gwyn, Pentraeth, am godi cryn 20 milltir o waliau cerrig[3] ac mae'n amlwg eu bod yn olygfa braidd yn anghyffredin gan i George Borrow gyfeirio atynt: '... there were stone walls, but no hedges.'[4]

Y mae'r Athro G. E. Mingay yn sôn am ffurfiau pwysig o amgáu tiroedd – amgáu a wnaed heb unrhyw ymyrraeth gan ddeddf seneddol breifat. Y gyntaf o'r ffurfiau hyn yw'r un ar raddfa eang iawn dan gytundeb perchenogion y tir a adwaenir fel 'amgaead trwy gytundeb'. Yn yr achos yma fe gytunai'r perchenogion ymhlith ei gilydd i gau rhan helaeth o dir agored y comin ynghyd ag unrhyw rostir neu ddiffeithdir ac yna dosbarthu'r tir mewn ffermydd cryno ar wahân yn gyfartal i'r mesur mewn swm a gwerth a oedd gynt yn eiddo i bob perchennog. Yr oedd y dull yma o weithredu yn aml iawn yn rhagflaenu'r dull a ddefnyddiwyd mewn amgaeadau seneddol yn ddiweddarach. Fe apwyntid Comisiynwyr i arolygu'r gwaith ac i ddyfarnu mewn anghydfod. Bu'r math yma o amgáu mewn grym er yr ail ganrif ar bymtheg ac fe barhaodd hyd ganol y ddeunawfed ganrif, pan ddaeth amgáu dan ddeddf seneddol breifat i fod.

Yr ail ddull o amgáu annibynnol ar y Llywodraeth yw'r 'amgáu tameidiog'. Fe gytunai'r perchenogion ymhlith ei gilydd i gymryd clytiau bychan o dir yn amrywio mewn mesur o 1 acer i 20 acer allan o'r tir agored neu'r tir comin. Tiroedd ar gyrion terfynau'r plwyfi fyddai'r rhain neu ar ganol y pentref o fewn cyrraedd y tai fferm i bwrpas hwylustod buches laeth, tyfu llysiau a thyfu tatws a chnydau arbennig. Fe gyfeirid atynt fel yr 'hen amgaeadau'. Dros y blynyddoedd fe dyfodd yr amgaeadau yma i gryn faint gan arwynebu cymaint â hanner tir y pentref erbyn i amgáu seneddol preifat ddod i rym. Ond fe ddaeth galw am amgáu swyddogol llawn er mwyn dileu'r 'hen amgáu', a oedd yn hynod o anhwylus oherwydd y ffordd ddamweiniol y digwyddodd y cau hwnnw a'r ffaith ei fod yn achos cweryla parhaus.[5]

Heb os, y tresmaswyr oedd y dosbarth mwyaf niferus a'r

mwyaf herfeiddiol i hawlio lle ar y comin neu'r rhostir. Fe gyfeirid at rai ohonynt yn gweithredu ar awdurdod arferiad. Os oedd digon o dir comin at anghenion y pentrefwyr, neu os nad oedd y diffeithdir o fawr o werth, yna ni fyddai unrhyw wrthwynebiad i'r sgwatwyr hyn godi eu bythynnod a'u hofelau blêr. Credai rhai ohonynt fod ganddynt hawl i sgwatio ar ochr y ffordd, ar dir comin neu rostir os gallent godi bwthyn rhwng machlud a chodiad haul. Gyda chynnydd yn y boblogaeth yr oedd cryn brinder tai ac, yn naturiol, y tlodion a ddioddefai gyntaf. Er nad oedd sail gyfreithiol i'r arferiad o hawlio safle ar dir comin i godi bwthyn dros nos, eto i gyd fe bwysai'r sgwatwyr ar awdurdod arferiad gan gredu bod yr arferiad yma cyn sicred â deddf y Mediaid a'r Persiaid. Mae'n debyg mai yn *Seren Gomer* y cawn y cyfeiriad cynharaf at yr arferiad yma, a hynny ym 1818. Atebiad y golygydd i ymholiad ynghylch y 'tŷ unnos' ydyw:

> Fel hyn y mae pethau yn bod; yn ôl hen gyfreithiau rhagorol Hywel Dda yr oedd hawl gan ŵr i adeiladu tŷ ar y maes cyffredin a'i berchenogi os gorffennid yr adeilad mewn noswaith. Ond nid yw Cyfraith Prydain yn awr yn sôn yr un gair am y fath beth; ond pan fyddo neb yn gwneuthur felly yng Nghymru, o barch i'r hen drefn, ysgatfydd, ac o dosturi at y tlawd a'i gwnelo, ond does neb wedi colli ei dir oherwydd hyn.[6]

Cadarnheir hyn yn rhifyn Mai 1875 o'r cylchgrawn *Bye-Gones*, a gyfeiria at yr arferiad yma o adeiladu tŷ unnos:

> Y cam cyntaf yn y broses fyddai dewis llecyn addas i godi bwthyn ar y comin neu ddiffeithdir; gorau oll pe byddai'r llecyn arfaethedig mewn pant neu gornel gudd, fel pe baent am ei guddio. Yna bydd y perchennog tybiedig a'i gyfeillion yn cychwyn ar y gwaith gyda'r nos – torri tywyrch a'u hadeiladu'n waliau ar frys mawr er mwyn cael mwg drwy'r simne cyn i'r haul godi.

Gyda'r holl amgaeadau ar wahân i'r ddeddf seneddol yr oedd y bobol wedi cael eu paratoi pan ddaeth yr amgáu swyddogol, felly fe liniarwyd peth ar y braw a'r dychryn. Ond gyda thwymyn y diwygiad amaethyddol yn gyrru'r landlordiaid a'u ffermwyr mwyaf i gau'r tir 'a chodi daear las ar wyneb anial dir', fe sylweddolwyd nad oedd yr un llain na chlwt o dir yn ddiogel bellach. Fe gyfeiria R. E. Prothero, er mai am Loegr yr ysgrifenna, at dair effaith amlwg amgáu tiroedd ar gefn gwlad:

    a. y mae'r effeithiau economaidd yn rhai daionus
    b. y mae'r dulliau a ddefnyddir o bryd i'w gilydd yn anghyfiawn
    c. y mae'r effeithiau cymdeithasol yn drychinebus.[7]

Fe gyhoeddwyd pamffled dienw yn Saesneg ym 1772 dan y teitl 'The advantage and disadvantage of inclosing waste-lands and open fields' gan un a alwai ei hun yn 'Country Gentleman'. Cyfeiria'r pamffled at bedwar dosbarth y bu'r cau tiroedd yn anfanteisiol iawn iddynt, gan nodi y bu'n drychinebus i'r tlodion. Dyma'r anfanteision yn ôl y pamffled, a'u heffaith ar bedwar dosbarth:

    i. Y ffermwyr mawr – arswydent hwy wrth feddwl am y rhenti'n codi a'u gorfodi i amaethu mewn system nad oedd eu greddf na'u profiad yn cytuno â hi. Yn naturiol mi fyddai'n anodd iawn eu cael i ffermio mewn unrhyw ddull gwahanol i'r un y magwyd hwy ynddo.

    ii. Y ffarmwr bach – yr oedd ei bryder ef yn un real iawn, sef ofn i'w fferm fechan gael ei chydio wrth fferm lawer mwy a berthynai i'r stad y terfynai arni.

    iii. Y tyddynwyr – nid yn unig fe bryderent y byddent yn colli'r comin ond hefyd y byddai hyn yn arwain maes o law at brinder gwaith amaethyddol yn eu cynefin, a'r canlyniad naturiol fyddai gorfod cefnu ar eu bro i chwilio am waith yn y trefi cyfagos.

    iv. Tresmaswyr neu sgwatwyr – mae'n debyg mai hwy a deimlai'r golled fwyaf, a hwythau wedi bod yn fodlon ar eu byd diogel er cyn cof! Bu iddynt, yn gwbwl gyfreithlon i'w tyb, lesfeddiannu clytiau ar y comin neu'r rhostir i godi bwthyn ynghyd â chlwt bychan o dir i bori neu fel gardd, a hynny heb ganiatâd pwyllgor y pentref neu, yn achos diffeithdir, caniatâd arglwydd y faenor. Deuai rhai o'r sgwatwyr hyn o'r tu allan i'r plwyf yn eu hawydd i gael lloches, eraill yn feibion ieuengaf ffermwyr bychan a thyddynwyr yr ardal yn manteisio ar y cyfle i gael gwaith fel crefftwyr lleol neu weision ar y ffermydd a oedd o fewn cyrraedd y comin. Byddai rhai o'r sgwatwyr ar y tiroedd diffaith yn talu rhyw swllt y flwyddyn o rent fel cydnabyddiaeth o barhad ei reolaeth o'r tir y trigai arno'n anghyfreithlon. Yr oedd gan y sgwatwyr hyn siawns go dda o ddal eu gafael yn eu bwthyn os y bu iddynt fyw yno am ugain mlynedd a mwy, ond doedd fawr o dosturi tuag atynt os oedd y cyfnod yn llai nag ugain mlynedd. Fe gydnabyddir gan awduron fel J. E. Vincent i'r tresmaswyr hyn chwarae rhan allweddol wrth adfer a gwella'r diffeithdiroedd. Hwy oedd yn gyfrifol am gau a thrin llawer iawn o'r tiroedd hyn cyn i'r Ddeddf Amgáu ddod i rym, tiroedd a ddaeth dan denantiaeth yn ddiweddarach.

Fe wireddwyd llawer iawn o'r pryderon a restrwyd gan awduron fel R. E. Prothero ac fe deimlodd llawer iawn o'r sgwatwyr effeithiau'r amgáu trwy golli eu bythynnod a'r tiroedd y bu iddynt eu ffensio a'u trin, heb yr un geiniog o iawndal am eu costau a'u llafur. Y mae gennym rai enghreifftiau o'r driniaeth ddigon annheg a gafodd rhai o'r sgwatwyr hyn gan landlordiaid y cylch. Yr oedd ym mhlwyf Llanfechell dir comin o tua 250 acer a adwaenid fel Mynydd Mechell. Adeiladwyd llaweroedd o fythynnod a hofelau gan sgwatwyr a llafurwyr yno, gyda gerddi a lleiniau o'u cylch. Yn ôl tystiolaeth Owen Williams, Tyn-y-Buarth, Llanfflewin, yn ei adroddiad i'r Comisiynwyr Brenhinol, yr oedd y lleiniau gwyrddias a frithai'r mynydd yn friw i lygaid tirfeddianwyr y cylch – yn eu tyb hwy, yr oedd y fath olygfa yn rhoi golwg dlodaidd i'r mynydd. Troes eu syniadau yn esgus neu'n rheswm dros roi perswâd ar y Comisiynwyr amgáu tiroedd i gydio'r clytiau a'r gerddi wrth eu heiddo hwy. Maes o law fe arweiniodd hyn at amgáu'r mynydd gan orfodi bythynwyr i brynu'r tiroedd a gaewyd ac a wrteithiwyd ganddynt, ac i'r rhai na chawsant rydd-ddaliad trwy feddiant di-dor am 20 mlynedd doedd dim amdani ond gadael eu bwthyn a'r tir neu ei brynu gan y Comisiynwyr. Un o'r rhai hyn, yn ôl Owen Williams, oedd Hugh Williams, mab hynaf Carreg Dros Ffordd, tyddyn â lleiniau o'i gylch ar y mynydd. Mae'n amlwg mai eiddo Bulkeley Hughes, Plas Coch, oedd y tyddyn ond bod Hugh Williams wedi ychwanegu tiroedd o'r mynydd ato ar ei gost ei hun. Cafodd Hugh Williams ynghyd â thyddynwyr eraill rybudd i ymddangos gerbron llys yn Lloegr – yn Amwythig mae'n debyg. Yn naturiol, doedd gan fythynwyr Mynydd Mechell grap yn y byd ar iaith y llys hwnnw, a chawsant ddedfryd ar gam. O ganlyniad i golli ei ddyddyn fe dorrodd iechyd Hugh Williams a bu farw mewn gwallgofdy ar 2 Awst 1867 yn 45 oed. Fe'i claddwyd ym mynwent Bodewryd, gwta filltir o'i gartref, gyda phennill o waith rhyw fardd lleol ar ei garreg fedd:

> Nid penyd clefyd am cloes,
> Nid ingawl angau dolurloes,
> Nid henaint aeth am heinioes,
> Ond dyn a fu yn dwyn fy oes.

Y mae stori ddiddorol arall a gysylltir â chau Mynydd Mechell am ddwy hen wraig a anfarwolwyd gan y ffotograffydd enwog John Thomas.[8] Yr oedd Hugh Jones, Tan yr Allt, yn llygad-dyst i'r digwyddiad a diolch byth fe drysorwyd y stori gan ei ferch Maggie Williams a hithau'n adrodd yr hanes wrth ei phlant hithau. Florence ei merch yw'r unig un o'r teulu sy'n fyw i ddweud y stori, na welodd erioed olau dydd mewn print. Dyma hi am ei gwerth:

Ar ddiwetydd braf o haf tynnwyd sylw Hugh Jones trwy ffenestr fechan y siambr. Yr oedd dwy ferch yn brysur ryfeddol yn adeiladu bwthyn yng nghornel uchaf un o bonciau Penybryn – tyddyn bychan ar y mynydd. O graffu, adnabu Hugh Jones y ddwy – mam a merch, Cadi a Sioned. Yn ôl cyfrifiad 1851, Janet Roberts a Catherine Roberts, Tanybryn, oeddynt yn siŵr. Yn ôl y cyfrifiad, 'tlodion' oeddynt. Mae lle i gredu i'r ddwy gael eu troi allan o Danybryn a'u bod hwythau fel llaweroedd eraill yn ceisio codi bwthyn unnos iddynt eu hunain. Yn ôl y stori fe ddeuai dynion y landlord yno'n gynnar a chwalu'r bwthyn. Yn ôl Hugh Jones fe ddigwyddodd hyn dair gwaith. Does dim cyfeiriad yn unman at ŵr i Janet na thad i Catherine, er yr honna'r stori ei fod yng ngharchar am ddwyn dafad.

Yn ddiddorol iawn, mae'r llecyn arbennig yma yng nghornel ponciau Penybryn yn fan hynod o arwyddocaol ac mor ddiddos a chuddiedig. Roedd hynny'n ffactor bwysig iawn i'r sgwatwyr a'r tresmaswyr, ac fe gadarnheir hyn gan J. E. Vincent. Fe adeiladid y rhan fwyaf o'r anheddau bychan hyn mewn mannau anghysbell, lle yr oeddynt yn dueddol i osgoi sylw. Pan ddeuent o dan sylw yr oedd yn angenrheidiol, rhag i arglwydd y faenor golli ei deitl, iddo gael rhywfaint o rent am y tir.[9] Mae'n wir nad oes sôn am achos yn erbyn y sgwatwyr a gododd fwthyn unnos, nac arglwydd y faenor ychwaith, ond fel rheol fe hawliai rent cyn i'r amser penodedig ddod i ben (12 mlynedd), a fyddai'n atal ei hawl. Eto, mi gasglwn oddi wrth Adroddiad y Comisiwn Brenhinol[10] fod y bythynnod blêr a di-raen yn rhoi gwedd dlodaidd i gomin Mechell ac yn friw i lygaid y tirfeddianwyr oedd â'u tiroedd yn terfynu ar eiddo'r sgwatwyr hyn. Ni chawsant fawr o drafferth i berswadio'r Comisiynwyr Amgáu i gael y mesur drwy'r Senedd, ac fel y gwelsom, bu'r canlyniadau'n derfyn ar ffordd arbennig o fyw.

Ond rhag i neb gredu mai landlordiaid Llanfechell yn unig oedd yn ymddwyn fel hyn, yn ôl y Comisiynwyr dyma'r math o broses oedd cau'r tir ym mhobman yn ddiwahaniaeth a bu cryn wrthwynebu'r drefn gan sgwatwyr. Wedi'r cwbwl, arferent gredu bod ganddynt hawl i sgwatio ac i adeiladu tŷ ar y comin. Hwy a ddiwylliodd lawer iawn o'r tir ar y comin, ond wedi cau'r tiroedd fe ddaeth terfyn ar hyn i gyd. Collodd y sgwatwyr diweddar y tai a adeiladwyd ganddynt a'r tiroedd a wrteithiwyd ganddynt. Fe gollwyd hefyd lawer iawn o hawliau eraill a dyfodd drwy arfer gwlad. Ceir enghraifft nodedig yn Niwbwrch, lle bu'r pentrefwyr am ganrifoedd yn casglu'r moresg a dyfai ar y tywod a'i blethu'n fatiau a rhaffau at doi teisi. Fe ddaeth Niwbwrch yn enwog am ei rhaffau a'i matiau. Ond bu cau tir yn fodd i gau sawl drws ar gynhaliaeth y werin yma, a phan ddaeth y bygythiadau ar eu tipyn eiddo doedd ganddynt mo'r gallu i ddeall y dadleuon cyfreithiol ac roeddynt yn rhy dlawd i gael cyngor cyfreithiol. Bu achosion reit enwog yn Rhoshirwaun yn Llŷn ym 1802 wrth geisio troi'r sgwatwyr o'u bythynnod ar y rhos, a'r un modd ym mhlwyf Llanddeiniolen yn Arfon. Ym Môn fe lwyddodd Arglwydd Niwbwrch, yn y llysoedd lleol, i rwystro rhagor o adeiladu bythynnod ar y comin, gan honni: 'Os caniateir mwy o adeiladu bythynnod ar y comin a'r rhostir mi fyddwn wedi'n bychanu i stad annymunol iawn, mi fyddwn wedi'n goresgyn gan fythynnod a adeiladwyd ar y tiroedd comin gan dresmaswyr, a thlodi cyffredinol fydd y canlyniad' (David Thomas, *Cau'r Tiroedd Comin*, t. 68).

Ond nid y tresmaswyr a'r sgwatwyr yn unig a wrthwynebai gau'r tiroedd a chwalu eu ffordd o fyw; fe wrthwynebai'r ffermwyr ym Môn hefyd. Casglwn oddi wrth adroddiadau ar amaethyddiaeth ym Môn ddiwedd y ddeunawfed ganrif y teimlent hwythau hefyd fod cau a chyplysu tiroedd yn gwbl groes i'w ffordd o ffermio. Yn ôl George Kay[11] yr oedd ffermydd Môn yn gymharol fychan ar y cyfan, yn mesur o 10 i 50 acer, ac ychydig iawn a oedd yn cyrraedd 100 acer. Ceir enghreifftiau o hyn yn enwau tyddynnod ar yr ynys: y mae un o'r enw Tyddyn Deugain ym mhlwyf Coedana, Llannerch-y-medd, a thyddyn eto ym mhlwyf Trewalchmai o'r enw Pumllog. Yn ôl *Geiriadur Prifysgol Cymru*, mae 16 llath yn 3 acer, a llog yn cynnwys 20 llath, felly mae'n deg credu bod Pumllog yn 20 acer o faint.

Hel gwair a phori oedd y dull o ffermio – dim ond rhyw un rhan o ugain o drin y tir a gaed, ac eto tir Môn yw'r ddaear orau yng ngogledd Cymru i dyfu ŷd a chnydau glas o bob math, pe câi ei thrin yn bwrpasol. Ceirch a haidd yw'r ddau gnwd mwyaf cyffredin a dyfid yma a hynny yn gyson heb unrhyw gylchdro ac eithrio ceirch a haidd bob yn ail. Tatws oedd yr unig gnwd glas a dyfid ganddynt.

Ond heb os, yr oedd culni plwyfol trigolion Môn ynghyd â'u cred ofergoelus, eu rhagfarnau a'u hen arferion yn fwy o rwystr na dim i unrhyw ymyrraeth yn eu ffordd o amaethu – yr oedd yn rhwystr mor ddiberswâd. Nid rhyfedd i ambell landlord a ffermwr blaengar deimlo mor rhwystredig i feddwl bod syniadau a chredoau mor henffasiwn yn rhwystr i newid mor hanfodol i ddyfodol amaethyddiaeth ar yr ynys.

Bu'r degwm hefyd yn rhwystr i ffermwyr Môn rhag newid yr un iod ar eu ffordd o amaethu. I arbed talu cymaint o ddegwm yr oeddynt yn pori a chadw digon o dir glas a chodi llai o gnydau ceirch, haidd a gwenith. Gwyddent yn burion fod treth y degwm yn llawer uwch ar dir âr a'i gynnyrch nag ar dir glas, felly pa les cynhyrchu llawer mwy a'i dalu mewn degwm i eglwys y plwyf? Nid rhyfedd fod yr offeiriad mor gefnogol i gau tiroedd – fe olygai gryn gynnydd yn eu helw mewn degymau.

Yr oedd y cwestiwn o brydlesi yn sefyll yn ffordd unrhyw newid a gwelliannau mewn amaethyddiaeth. Os na chaniateid prydles ar y daliadau ni ellid disgwyl i'r tenantiaid fuddsoddi eu harian heb sicrwydd y caent fudd o'r buddsoddiad. Mi ddarllenwn yn Adroddiad y Comisiwn Brenhinol (1896) am sawl fferm a werthwyd ym Môn a'r tenant druan wedi gwario ar wella'r fferm trwy ddraenio, trin y tir a ffensio, gwrteithio ac adeiladu, heb yr un geiniog o iawndal am ei lafur a'i gost. Wrth gyflwyno arolwg ar stad Bodorgan i P. O. Meyrick ym 1812 manteisiodd John Manghan ar y cyfle i roi gair o feirniadaeth ar gyflwr amaethyddiaeth ym Môn:

> Dyw prydles blwyddyn yn help yn y byd i wella amaethyddiaeth. Yn lle cadw'r tir yn gynhyrchiol a chodi y mae'r tenant yma yn tueddu i ddihysbyddu'r tir a'i adael i godi chwyn a drain. Gyda telerau o'r fath does dim symbyliad o gwbwl i denant ymroi o ddifrif i'w ffarm. Fyddai amaethwr da fyth yn rhoi ei arian heb well sicrwydd a chymhelliad ar le heb ei drin, ei ffensio, ei wrteithio a heb adeiladau addas fel y mae yn stad Bodorgan yma ar hyn o bryd; yn wir, y mae cynddrwg os nad gwaeth na thir comin. A gwaetha'r modd, dyna fel y mae drwy'r sir yma i gyd gydag ychydig o eithriadau.[12]

Ond dichon mai'r gelyn mwyaf i gau tir oedd y gost. Yr oedd y costau'n feichus o drwm a bu'n ormod i sawl tyddynnwr. Hyd yn oed pe câi'r ffermwr bach bob tegwch yn rhannu'r tiroedd, byddai ei ran ef o'r costau cyfreithiol a'r costau ychwanegol i ffensio ei ddosraniadau ei hun yn ei anobeithio'n lân. Fe ddywedodd rhyw dyddynnwr o Sais y byddai amgáu tiroedd yn siŵr o ddinistrio Lloegr: 'Y mae'n waeth na deg o ryfeloedd; arferwn, cyn yr amgáu, gadw pedair buwch, bellach does gen i ddim cymaint â gŵydd.' Mae'n deg credu y byddai sawl tyddynnwr ar Ynys Môn yn cytuno â'i ddedfryd. Mae'n ymddangos fod cryn amrywiaeth yn y prisiau, a hynny i'w briodoli i ansawdd y tir, mae'n debyg. Y mae gan A. H. Dodd restr o gostau un amgaead yn Rhaeadr Gwy yn Sir Faesyfed:

	l	s	d
Y gost gyfreithiol (deddf seneddol breifat)	337	5	6
Cyfreithiwr	84	14	10
Comisiynwyr	186	17	0
Clerc	55	2	6
Defnyddiau ysgrifennu	22	1	0
Argraffu ac ati	15	3	3
Ffensio, ffyrdd ac ati	68	2	1[13]

Roedd y fath gostau allan o gyrraedd y ffermwyr bach a'r tyddynwyr a gorfu i amryw ohonynt chwilio am waith fel llafurwyr ar y ffermydd mwy. Bu raid i eraill ddibynnu, y nhw a'u teuluoedd, ar y plwyf. Bu i'r ddeddf seneddol dros gau tiroedd ddiddymu'r prydlesi a hwyluso'r cynllun i gyplysu ffermydd bychan yn un fferm fawr – cynifer ag 20 o ffermydd bychan yn uno'n bump o ffermydd mawr.

Gorfodwyd rhai i werthu eu daliadau i'w cymdogion mwy cefnog neu i ryw gyfalafwr oedd yn chwilio am dir i fuddsoddi ei arian ynddo. Ar ddiwedd y dydd mi fyddai raid codi arian i glirio'r dyledion. Byddai'r Comisiynwyr, a apwyntiwyd gan ddeddf seneddol i gau y tiroedd, yn gwerthu'r tiroedd hyn mewn ocsiwn. Fe hysbysebid yr ocsiynau'n gyson yn y *North Wales Gazette*. Mewn ocsiwn yn y Bull's Head, Llangefni, ar 11 Medi 1814 fe werthwyd bron i 200 acer o dir o chwech o blwyfi yn ne'r ynys i dalu'r ddyled. Ar 25 Mai 1815 gwerthwyd tiroedd o blwyfi Llangefni, Llanddyfnan, Pentraeth a Cherrigceinwen yn cynnwys amryw o alotiadau yn Rhosymarch, Talwrn Mawr, Mynydd Rhoscefnhir, Cors y Bwlffri a Rhostrehwfa – tiroedd y personau oedd heb dalu'r swm dyledus am yr asesiad a wnaed gan y Comisiynydd a benodwyd dan ddeddf seneddol cau tiroedd yn y plwyfi hyn. Yr oedd hysbysiadau wythnosol yn y *North Wales Gazette* o'r ocsiynau yma, a gynhelid gan amlaf yn y Bull's Head yn Llangefni, a stori ddigon trist y tu ôl i'r rhelyw ohonynt am deuluoedd yn colli cartref a cholli bywoliaeth i'w ganlyn.

Yn naturiol, bu cwyno a phrotestio gan y credid bod rhannu'r tiroedd hyn yn hynod o annheg ac yn anghyfiawn, ac i'r tlodion yn arbennig gael cam dybryd. Fel y gwelsom, yr oedd costau amrywiol amgáu'r tir yn llawer iawn mwy na gwerth y tir a gaewyd a doedd dim dewis ond gwerthu'r tir i dalu'r costau. Gorfu i sawl teulu adael eu cynefin ac ymfudo i'r trefi i chwilio am waith neu lwgu. Ond cyn diwedd y bedwaredd ganrif ar bymtheg fe wireddwyd ofnau R. E. Prothero, a ddywedodd y gellid cyfiawnhau cau'r tiroedd o safbwynt economaidd ond bod yr effeithiau cymdeithasol yn drychinebus. Heb os, bu i'r landlordiaid, y ffermwyr mawr a'r offeiriaid, yn eu hawydd i wella ac i feddiannu tir, wthio eu hawliau cyfreithiol yn rhy bell ac yn llawer rhy brysur a didostur. Cyfeiria'r Athro Robert Allen at sefyllfa'r bobol a drowyd o'u ffermydd a'u tyddynnod a'u gadael ar y clwt a'r gweision heb waith. Wrth gydio'r ffermydd lleiaf yn ffermydd mwy o faint fe gollwyd y fferm deuluol i fyny at 60 acer,[14] a'r stad fawr ar ei hennill. Fe ysgrifennodd Arthur Young yn helaeth ar bynciau amaethyddol a bu mor ddirmygus o'r fferm fechan aneffeithiol, ond eto yn ei flynyddoedd olaf fe newidiodd yntau ei gân gan arswydo bod colli mynediad i'r tir comin a'r diffeithdir wedi cynyddu tlodi ac wedi newid tymer ac agwedd tlodion y pentrefi oherwydd iddynt golli eu hawl. Rhyfeddai Young at falchder y werin a berchenogai glwt o dir â dim ond un fuwch, ac eto yr oeddynt cyn falched â phe meddiannent stad fawr! Yn wir, fe gyhoeddodd bamffled yn cymell y dylai pob amgáu tir comin a rhostir ymorol am lain o dir i'r bythynwyr gadw buwch. Credai Young y dylai teuluoedd gael dewis darn o dir yn lle derbyn cardod y plwyf. Bu sawl ymdrech i ysgafnhau treth y tlodion yn y bedwaredd ganrif ar bymtheg. Dyma'r cyfnod pan oedd ffermwyr a landlordiaid ym Môn yn codi bythynnod i weision priod a chaniatáu iddynt gadw dafad neu ddwy ar dir y fferm a phlannu rhes o datws. Fe adeiladodd stad Bodorgan gynifer â 40 o fythynnod ym mhentref Aberffraw gyda lleiniau o 4 i 8 acer i'w canlyn, gan eu gosod i ffermwyr y stad a hwythau yn eu hisosod i'r gweision.[15]

Fe sonia Arthur H. Johnson am farn y cyhoedd yn dechrau newid gyda golwg ar y tiroedd comin a'r anialdiroedd, gan bregethu efengyl newydd. Fe arweiniodd y cynnydd enfawr yn y boblogaeth at ddyngarwyr yn gweld gwerth neilltuol mewn lleoedd agored fel tir comin, â chyfraniad er budd corfforol a meddyliol y werin, a dechreuodd diwygwyr cymdeithasol gwyno bod y tlawd wedi eu hamddifadu o'r ddaear yn bennaf oherwydd y cau tiroedd.[16] Mae'n amlwg y daeth y tir comin a oedd heb ei gau yn hynod o werthfawr nid yn unig i'r tirfeddianwyr a pherchenogion degymau ond i rai a garai les y werin ac a gredai y dylent hwythau gael meysydd i chwarae ac i ymarfer corff a thipyn o adloniant i fywyd llwyd ac unffurf. Ar ôl 1845 bu cryn newid yn syniad pobol am dir ac yn enwedig am gau a pherchenogi'r tiroedd. Fe adlewyrchir y newid yma yn arbennig yng ngwaith J. Stuart Mill lle y pwysleisia werth arbennig y tir comin i ymlacio. Credai Mill y dylai'r tlawd, fel y cyfoethog, gael hamdden i fwynhau'r heulwen a digonedd o awyr iach. Credai y dylid cadw peth o'r tir diffaith, y gwylltiroedd a'r tir comin yn agored ac yn naturiol heb ei drin. Ofnai Mill inni efelychu'r cyfandir a chau pob gwelltyn o'r ddaear tu fewn i ffens. Iddo ef, y comin oedd parc y gwerinwr, a holai'n betrus oni ddylid ad-dalu'r tlawd a gollodd fwy na neb wrth rannu'r tiroedd.

A sôn am ymarfer corff ac adloniant, yn ddiddorol iawn fe gyfeiria Melvyn Bragg at ddylanwad cau tiroedd ar ffwtbol.

Yn ôl yr awdur, fe lwyddodd yr amgáu i wneud rhywbeth y methodd yr awdurdodau ei wneud sef 'squeeze football off the national agenda. Football, when played at all, became much toned down. The number of players and even the space involved limited; before 1863 football had been played in riotous fashion.'[17] Ond er mor derfysglyd fyddai'r chwarae, doedd dim modd cael y bêl a'r chwaraewyr dros y cloddiau, y ffensys a'r gwrychoedd ar ôl amgáu'r tiroedd. Ceir adroddiad o gêm ffwtbol ryfeddol rhwng plwyf Llanbadrig a phlwyfi Llanfairynghornwy a Llanrhwydrus ar 16 Ebrill 1734 yn nyddiadur William Bulkeley, Y Brynddu, Llanfechell. Yn ôl y cofnod yr oedd bron i bum cant yn gwylio'r gêm. Yr oedd hyd y maes, o ddrws Eglwys Llanfairynghornwy i ddrws Eglwys Llanfechell, oddeutu tair milltir, felly nid rhyfedd i amryw o'r chwaraewyr gael eu clwyfo'n giaidd. Wedi'r holl ymlafnio am bedair awr, gêm gyfartal oedd y canlyniad! Gyda chau'r tiroedd fe gyfyngwyd y maes gryn dipyn a dyma pryd y datblygodd y gelfyddyd a'r cyfrwystra i ddriblo.

Ond beth bynnag fu manteision neu anfanteision cau'r tiroedd, doedd dim atal ar y datblygiad – yn wir, y chwyldro. Fel ym mhob rhan o'r wlad, fe newidiwyd arwyneb Ynys Môn gan 'godi daear las ar wyneb anial dir'. Bu yma lawer iawn o gau'r tiroedd agored gan grynhoi'r lleiniau gwasgaredig yn dir llafur a fu'n gymaint o hwylustod gan arbed amser a thrafferthion. Wedi cau hynny a allent o'r tir llafur aed ati i gau ac amaethu'r comin a'r corstir; yn enwedig ar ôl 1801, caewyd miloedd ar filoedd o aceri drwy'r wlad ac, fel y cawn weld, caewyd cryn fesur ym Môn:[18]

1) Amgaead Corstir Malltraeth a Chorsddaugau

Dyma'r ymgais gyntaf ym Môn i gau diffeithle. Llafn o dir yw'r corstir yma yn ymestyn o Drwyn Llanddwyn i Bont Llangefni, 12 milltir o hyd ac yn mesur 3,000 o aceri. Bu i berchenogion y corstir a'r tiroedd cysylltiol ddyfeisio cynllun draeniad ac adennill ac yna cyflwynasant ddeiseb Cau Tir i'r

Senedd. Paratowyd y Mesur Cau gan Mr Bayly a Mr Parry a'i gyflwyno a'i ddarllen am y tro cyntaf ar 1 Chwefror 1788. Cafodd Ganiatâd Brenhinol ym Mehefin 1788. Rhoes y ddeddf ganiatâd i godi morglawdd ac agor ffosydd llydan i sychu'r gors. Byddai'r ffosydd agored hyn yn ddigon llydan a dwfn i dderbyn cychod neu, yn wir, longau bach.

Dewiswyd Evan Lloyd, Maes y Porth, y Parch. John Williams, Dreffos, a'r Parch. Richard Griffith, Bangor, yn Gomisiynwyr i'r amgaead. Cychwynnwyd ar y gwaith o godi'r morglawdd rhag blaen, gan gau a draenio'r gors. Nid gwaith hawdd oedd atal y môr. Defnyddiwyd ffaglau eithin wedi'u cynnull yn ysgub gref gyda rheffyn ffurf, yna eu gorchuddio â thywod a thywyrch; yna palmantwyd ochor y môr o'r clawdd â cherrig. Yr oedd yn 50 llath o led ar y gwaelod a 4 llath ar y brig ac yn 5 llath o uchder. Codwyd y morglawdd o'r ddeupen yn 14 llath ar draws ac i gyfarfod yn y canol, lle byddai'r cerrynt gryfaf. Erbyn 1790 fe synhwyrodd y Comisiynwyr y byddai raid cael mwy o arian gan y perchenogion a gwnaed apêl am ddeddf seneddol a roddai iddynt fwy o rym i orfodi'r perchenogion i roi mwy o gyfraniadau. Â'r morglawdd o fewn 20 rhwd i uno yn y canol, tynnodd rhai o'r perchenogion eu cyfraniadau'n ôl a daeth y gwaith i ben heb ei orffen ac, wedi gwario £12,000, boddi yn ymyl y lan yn llythrennol. Ar 23 Ionawr 1796 bu llanw anarferol o uchel gan ychwanegu 20 rhwd at y bwlch. Cred rhai y codwyd y morglawdd yn rhy agos i'r môr yn y lle cyntaf.[19]

Bu'r gwaith heb ei orffen am yn agos i 20 mlynedd, ond ar 19 Medi 1809 cynhaliwyd cyfarfod cyhoeddus yn Llangefni ynglŷn â dyfodol y morglawdd. Fe ymddangosodd hysbysiad i berchenogion y corstir gyfarfod yn y Bull's Head yn Llangefni nos Fawrth, 19 Medi, yn ôl y *North Wales Gazette*, 7 Medi, 'to take into further consideration such matters as will be laid before the meeting, relative to the present and further interest of the proprietors.' Arwyddwyd yr hysbysiad gan bedwar o'r perchenogion – Warren Bulkeley, Owen P. Meyrick, Holland Griffith a Hugh Evans – a W. P. Poole y twrnai. Bu sawl cyfarfod yn dilyn ac yn y diwedd cytunwyd i wneud cais i'r Senedd i gadarnhau ac addasu deddfau cynharach i roi mwy o rym i'r deddfau hynny er mwyn cael mwy o gymorth ariannol i orffen y morglawdd. Caniatawyd y cais ac wedi dewis dau Gomisiynydd – Benjamin Wyatt o Gaernarfon a John Williams, Tregarnedd, Môn – yn lle'r ddau a fu farw yn y cyfamser, aed ymlaen rhag blaen i gwblhau'r gwaith o godi'r morglawdd.

2) Amgaead Llangefni, Llanddyfnan, Pentraeth a Cherrigceinwen

Ar 1 Tachwedd 1811 cyfarfu pendefigion, bonheddwyr a rhydd-ddeiliaid a oedd â thiroedd ym mhlwyfi Llangefni, Llanddyfnan, Pentraeth a Cherrigceinwen yn y Bull's Head yn Llangefni i drafod y posibilrwydd o gau'r tiroedd hyn. Daethant i'r casgliad y byddai'n fanteisiol a phroffidiol i wneud hynny gan fod yno 1,200 o aceri o dir comin a diffeithdir cwbl ddifudd. Cytunwyd i wneud cais i'r Senedd a symud ymlaen. Penodwyd John Maughan o Swydd Bedford yn Gomisiynydd am ffi o ddwy gini y dydd. Rhoes y Comisiynydd hysbysiad yn y *North Wales Gazette* yn Nhachwedd 1813 ei fod yn caniatáu rhagor o amser i'r hawlwyr ddod â'u cais am y tir comin neu ddiffeithdir neu yn wir unrhyw gais arall ynghylch y tiroedd hynny oedd i'w hamgáu a'u dosrannu. Rhoes y Comisiynydd rybudd y byddai cyfarfod i dderbyn y ceisiadau yn cael ei gynnal ym mhentref Pentraeth yn nhŷ John Jones ac arno'r arwydd 'Panton Arms', ddydd Gwener, 10 Tachwedd, am un ar ddeg y bore, ac y gallai pawb oedd wedi rhoi cais trwy lythyr wedi ei arwyddo ganddynt ddod i'r cyfarfod hwn.

Wedi cwblhau'r amgaead yr oedd y ddeddf yn cyfarwyddo y dylid penodi arolygwr tir i arolygu'r tir a thalu iddo yn ôl swllt yr acer. Telid iddo hefyd 20 punt am wneud cynllun cywir ar femrwn o'r holl diroedd a gaewyd.

3) Amgaead Llandysilio a Llaneilian

Ar 17 Mehefin 1814 pasiwyd Deddf Cau Tiroedd yng nghyswllt 299 o aceri o dir comin a diffeithdir ym mhlwyfi Llandysilio a Llaneilian. Walter Jones, Cefn Rug, a apwyntiwyd yn Gomisiynydd i'r amgáu a gofynnwyd i arolygwr tir wneud cynllun ar femrwn o'r holl dir a gaewyd. Fel ym mhob achos arall o amgáu tiroedd, fe ddilëwyd pob rhyw hawl ar y comin a'i gwneud yn anghyfreithlon i ymddwyn fel o'r blaen yno. Byddai bellach yn drosedd i dyllu neu godi tywyrch neu fawn, eithin neu dywod ar y tir comin a gaewyd.

Ond ni chaniateid cau, rhannu, dosbarthu na gwerthu unrhyw ran neu rannau o'r comin na'r tir diffaith o fewn i blwyf Llandysilio a oedd yn ymestyn ar hyd neu ar lannau'r Fenai rhwng glanfa Carreg yr Halen ac Ynys Faelog neu a orweddai rhwng y Fenai a Phriffordd y Brenin. Ni chaniateid i neb ymyrryd â'r rhannau hyn.

Dyma gynllun y dosbarthu ar ôl amgáu'r tiroedd:

Dylid neilltuo clwt o dir ym mhlwyf Llandysilio i bwrpas cynnal llawer o ffeiriau, a ddaeth yn arferiad yn y plwyf. Dylid caniatáu rhandir hefyd ar gyfer chwarel gerrig gyhoeddus, hefyd tywod, clai a gro i'w defnyddio gan arolygwyr y plwyfi i drin a gwella'r ffyrdd a chan berchenogion y tiroedd. Rhaid cofio am glwt i Esgob Bangor fel Arglwydd Maenor Treffos a hefyd i unrhyw berson neu bersonau fyddo â hawl i'r comin yma: caiff un rhan o ddeunaw o diroedd y faenor yn lle'r hawl a gollodd. Caiff y Rheithor a'r wardeiniaid eu siâr ym mhlwyf Llaneilian, fel ymddiriedolwyr tlodion y plwyf caent hwy bisyn o dir heb fod dros chwe acer er mwyn cyflenwi tanwydd i'r tlodion mewn mawn ac eithin. Gyda darpariaeth y Ddeddf bu i'r comisiynydd ddosrannu pedair acer a saith perc ar hugain o'r comin o'r enw Cerrig-y-Borth i bwrpas cynnal ffeiriau, a oedd yn arferiad ym mhlwyf Llandysilio.[20]

4) Amgaead Llanbedr, Niwbwrch a Llangeinwen

Bu i ymdrechion y partïon oedd â diddordeb a hawl yn nhiroedd comin a rhostir y ddau blwyf yma sicrhau pasio Deddf Cau Tiroedd i gau, rhannu a dosrannu 2,300 o aceri o dir comin ym mhlwyfi Niwbwrch a Llangeinwen. Apwyntiwyd John Maughan yn Gomisiynydd i'r amgaead. Trefnwyd cyfarfodydd cyhoeddus i bwrpas dosrannu'r tiroedd mewn cyhoeddiad yn y *North Wales Gazette* ac ar ddrysau eglwysi'r plwyf i'r rhai a oedd â hawliau i'r tiroedd neu â diddordeb. Fel yn yr achosion eraill o amgáu, golygai'r ddeddf ddiddymu pob rhyw hawl arferol i'r comin. Yn yr un modd, os hawliai'r sgwatwyr iddynt fod yn eu bythynnod ar y comin ers 20 mlynedd neu fwy cyn pasio'r ddeddf yma yr oedd ganddynt bob hawl gyfreithlon i aros yno.

Yr oedd y draeniau, y ffosydd, y llifddorau, y rhedfa ddŵr a'r pontydd i gael eu carthu a'u glanhau, eu dyfnhau, eu lledu a'u trwsio a rhoi rhai newydd yn eu lle fel y bo'r galw. Yr oedd hawl gan reithorion y plwyfi hyn, gyda chytundeb yr Esgob, i brydlesu'r cyfan neu ran o'r alotiadau a wnaed iddynt hwy am unrhyw gyfnod o amser dan 20 mlynedd. Ond doedd dim yn y ddeddf yn awdurdodi rhannu, neilltuo nac amgáu comin Abermenai, a oedd i barhau yn rhydd i fferi Abermenai.

Fel sawl un arall, y mae'r ddogfen holl bwysig yma, 'Dyfarndaliad yr Amgeuad, plwyfi Llanbedr Niwbwrch a Llangeinwen', ar goll. Diolch i'r *North Wales Gazette*, ceir yn rhifyn 10 Awst 1815 gyhoeddiad y Comisiynydd o'r amser a'r lle y bu'r cyfarfodydd cyhoeddus i roi'r ddeddf hon mewn grym. Bu'r cyfarfod cyntaf yn yr Rhouse, cartref Owen Owens, Niwbwrch, ar 28 Awst 1815 am un ar ddeg o'r gloch y bore.

5) Amgaead Caergybi

Gwnaed cais i Gomisiynwyr Amgáu Tiroedd Lloegr a Chymru ar 16 Rhagfyr 1858 i amgáu a dosrannu Cytir Bodwredd a Chytir Tŷ Mawr, a bu iddynt hwythau gyfeirio'r cais i'r Comisiynydd Cynorthwyol, J. T. Rawlinson. Cynhaliodd Rawlinson gyfarfod cyhoeddus yn y dref ar 29 Mawrth 1859 gyda'r bwriad o gael golwg ar y datganiadau a wnaed ynglŷn â'r cais i amgáu yr 20 acer.

Wrth gymeradwyo'r cynllun rhoes y Comisiynydd Cynorthwyol adroddiad ffafriol i'r Comisiynwyr gyda'r canlyniad o roi caniatâd dros dro yn cynnwys yr amodau dan ba rai y gwneid yr amgaead. Apwyntiwyd William Dew, cyfreithiwr o Fangor, fel prisiwr ar 28 Rhagfyr 1859 a chyflwynodd ei gynllun ym Mai 1861. Yn dilyn hyn fe awdurdodwyd amgáu rhai tiroedd a derbyniwyd caniatâd y Comisiynwyr Amgáu ar 18 Medi 1861. Ni chaniatawyd maes chwarae nac ymarfer nac ychwaith dir i lafurwyr tlawd am y rheswm fod y tir yn rhy fychan – dim ond 20 acer – a gan fod yna 8 acer o erddi alotiadau o fewn cyrraedd hwylus i'r comin.

6) Amgaead Rhos-y-Gad

Fe wnaed cais ar 18 Chwefror 1859 i amgáu tir comin Rhos-y-Gad a rhoddwyd cyfrifoldeb ar J. T. Rawlinson, Comisiynydd Cynorthwyol, i baratoi'r gwaith gyda'r ymholiadau arferol ynglŷn â chywirdeb y cais. Trefnodd gyfarfodydd i roi cyfle i'r perchenogion egluro'u hawliau. Cyn rhoi adroddiad o'i ymchwiliad i'r Comisiynwyr Amgáu aeth Rawlinson i gyfarfod o'r perchenogion ar 30 Mawrth 1859 er mwyn clywed gwrthwynebiadau i'r amgaead a thystiolaeth berthnasol i'r bwriad. Aeth y cais yn ei flaen yn ddigon rhwydd gyda chaniatâd amodol yn cael ei roi ar 11 Tachwedd 1859.

Robert Algeo o'r Hendy ym mhlwyf Llanfairpwllgwyngyll oedd prisiwr yr amgaead, a gadarnhawyd ar 18 Mai 1864. Fe gaewyd cynifer â 15 o ffyrdd trol a naw llwybr troed cyhoeddus ond agorwyd llaweroedd o ffyrdd cerbydau cyhoeddus. Fe gyfarwyddwyd hefyd y dylid glanhau a thrwsio'r llyn cyhoeddus ynghyd â'r dyfrle sydd yn Nhyddyn Deicin gan Ardalydd Môn, Henry William Paget, John Roberts, Henry Williams, Owen Williams a John Jones, a'r gwaith i'w rannu rhyngddynt fel a ganlyn: Ardalydd Môn yn gyfrifol am hanner y gost a'r pedwar arall yn gyfrifol rhyngddynt am hanner arall y gwaith.

Dyfarnwyd alotiad o 2 acer i wardeiniaid ac arolygwyr tlodion plwyf Llanfairpwllgwyngyll ar yr amod y telid y rhent hanner-blynyddol a ofynnid i'w dalu ar 1 Gorffennaf neu 1 Ionawr. Dylid ffensio'r tir a derfynai â'r ffyrdd a'u cadw mewn cyflwr da a gofynnid i ymddiriedolwyr y tlawd dalu'r costau cysylltiedig. Gan nad oedd y tir yn addas a phwrpasol ni roddwyd tir i ymarferion a chwarae.

7) Amgaead Mynydd Mechell

Rhoddodd y Comisiynwyr eu gorchymyn amodol i amgáu tir comin Mynydd Mechell ar 14 Tachwedd 1861, a'r caniatâd angenrheidiol yn Rhagfyr 1861, gan roi adroddiad i'r Ysgrifennydd Cartref y byddai amgáu yn rhoi terfyn ar gyfundrefn y sgwatwyr oedd yn bygwth tlodi'r plwyf. Dyma a ddarllenwn yn Adroddiad y Comisiynwyr Tir am Fynydd Mechell: 'According to the version which was given us, it was an eyesore to [a] landowner in the parish to see several gardens and quillets which had been enclosed out of the waste hill land, so he induced the Inclosure Commissioners to attach the common to the land of the gentry.'[21] Fel y cyfeiriwyd eisoes, fe wireddwyd bygythiadau'r tirfeddianwyr yn wyneb cryn wrthwynebiadau. Yng Ngorffennaf 1862 pasiwyd y ddeddf i awdurdodi amgáu tir comin a diffeithdir Mynydd Mechell.

Yn ddiddorol iawn, Thomas Jones o Ddinbych oedd y prisiwr a apwyntiwyd i'r amgaead ond bu farw cyn gorffen y gwaith a phenodwyd Richard Wakeford yn ei le. Ar 2 Mai 1865 cyflwynwyd taflen o'r holl geisiadau a'r gwrthwynebiadau arferol ynglŷn â chau tiroedd mewn cyfarfod yn y Crown Inn, Llanfechell, er mwyn archwilio pawb oedd â diddordeb yn y comin, a dyma nhw: William Thomas, John Roberts, Robert Parry, Robert Roberts, Robert Jones ac Elizabeth Parry. Cynhaliwyd cyfarfod yn nhafarn y Bull's Head yn Llannerch-y-medd i ailwrando ac ailbenderfynu'r ceisiadau dadleuol.

Adeiladwyd 18 ffordd gerbydau breifat a ffyrdd gwaith oedd yn 15 troedfedd o led a thair ohonynt yn 10 troedfedd o led. Cyfrifoldeb perchenogion yr alotiadau oedd cynnal a chadw'r ffyrdd hyn. Rhannwyd alotiad o 2 rwd mewn chwarel gyhoeddus ym mhlwyf Llanfechell i arolygwyr y priffyrdd gael cerrig a graean er mwyn cynnal a chadw'r ffyrdd. Cafodd wardeiniaid ac arolygwyr y tlawd y plwyf alotiad o 30 perc, un rhan i'w defnyddio fel dyfrle cyhoeddus a'r gweddill i wneud ffordd i'r dyfrle. Fel iawndal i'r Frenhines, fel Bonesig Maenor Tindaethwy, am ei hawl a'i diddordeb yn naear y tiroedd, rhannodd y prisiwr 9 acer, 1 rhwd a 27 perc a oedd yn gyfwerth ag un rhan o bymtheg o'r gweddill. Sicrhawyd mynediad i'w Mawrhydi i'r rhannau o'r tir amgaeedig i bwrpas agor a gweithio'r mwyngloddiau a'r chwareli.

Dosrannwyd gweddill y tiroedd i'r personau hyn yn unol â gwerth eu hawliau:

	a	r	p
Y Parch. Roger Edwards, Rheithordy Llanfechell	5	0	16
William Bulkeley Hughes, Plas Coch	106	3	1
Y Parch. William Johnson, Llanbadrig	13	1	36
Capten James King, Prysaeddfed	24	1	11
Ellen Owen, Gors, Llanfechell	1	2	19
Mary Ann Predding, Biwmares	8	1	30
Hugh Thomas, Llanddygwal	2	3	9
Thomas Williams, Ty'n Llan, Llanfflewin	1	3	13
CYFANSWM	164	1	13

Yr oedd y dŵr a redai o Lyn Cors Tan ac o Lyn Bwch ynghyd â'u rhagafonydd i'w ddefnyddio gan berchenogion olwyn ddŵr Llanfechell a'r ffatri yng Nghemaes ym mhlwyf Llanbadrig gyda'r un hawliau defnydd a chynnal a fodolai cyn yr amgáu. Gwerthwyd 79 acer, 1 rhwd a 18 perc o'r tir a gaewyd i ddigolledu costau'r ddeddf a'i rhoi mewn grym. Ni chaniatawyd tir i bwrpas ymarfer corfforol na maes chwarae gan nad oedd yr un rhan o'r mynydd yn addas i hynny ym marn y Comisiynwyr.

8) Amgaead Mynydd Bodafon

Daeth cais i'r Comisiynwyr Cau Tiroedd am ganiatâd i amgáu Mynydd Bodafon ym mhlwyf Llanfihangel Tre'r Beirdd ar 9

Mai 1864. Cynhaliwyd cyfarfod cyhoeddus ar 15 Awst 1866 i dderbyn gwrthwynebiadau i'r cynllun ac unrhyw dystiolaeth o berthynas i'r bwriad. Fe symudodd y gwaith ymlaen yn hynod o hwylus. Yn ôl Adroddiad Blynyddol y Comisiynwyr fe roddai'r amgáu derfyn ar y tresmaswyr a oedd yn difetha'r eiddo ar y comin hwn. Yn ôl Thomas Pritchard, asiant stad Bodorgan, roedd y tiroedd comin yn anfanteisiol iawn i'r ffermydd hynny a derfynai ar y comin oherwydd y rhyddid i rodianna ac, o ganlyniad, aflonyddu ar yr anifeiliaid. Yr oedd y comin a'r rhostir yn dynfa i'r potsiars hefyd a doedd dim croeso iddynt. Gyda rhyddid pori ar y tir comin yr oedd tueddiad i or-stocio, yn enwedig gormodedd o ddefaid, a byddai'r rheini'n crwydro i'r tiroedd oedd yn ffinio â'r comin i chwilio am borfa.[22]

Mewn cyfarfod cyhoeddus yn nhafarn y Bull's Head ym mhlwyf Llanfihangel Tre'r Beirdd penodwyd Robert Algeo o Borthaethwy yn brisiwr. Cynhaliwyd sawl cyfarfod cyhoeddus i dderbyn ceisiadau a gwrthwynebiadau. Yr oedd costau'r amgáu mor uchel fel y bu raid gwerthu 82 acer o'r mynydd er mwyn talu'r gost.

Ni chaniatawyd tir ar gyfer cae chwarae nac ymarfer nac ychwaith dir i'r tlodion gan fod y tir yn rhy bell o gyrraedd y llafurwyr. Fe werthwyd bron i 80 acer o'r tir i ddau brynwr. Prynodd Edward Richard, Ynys Fawr, Llandyfrydog, 7 acer o'r tir a phrynodd John Lewis Hampton Lewis, Henllys, Biwmares, y gweddill o 73 acer.

9) Amgaead Tywyn Trewan[23]

Yr oedd rheswm deublyg dros wrthwynebu cau Tywyn Trewan. Gwrthwynebai Thomas Pritchard, Llwydiarth, stiward stad Meyrick Bodorgan, am fod amryw o'i denantiaid yn pori eu hanifeiliaid ar y tywyn. Deuai gwrthwynebiad arall gan drigolion y plwyf am fod ymgais ar y pryd i ddatblygu Rhosneigr fel ymdrochle ac fel treflan glan-y-môr. Yn naturiol, ymunodd y ddwy garfan â'i gilydd yn eu gwrthwynebiad.

Tua diwedd y bedwaredd ganrif ar bymtheg fe brynodd Capten William Thomas o Amlwch Dywyn Trewan gan Ddirprynwr y Coedydd a'r Coedwigoedd – 1,300 o aceri o dir comin a thir diffaith yn ymestyn o Fae Cymyran ar draethau gorllewinol yr ynys. Amgaeodd beth o'r tir a chodi tŷ helaeth gyda gardd o gryn faint ar ganol y tywyn yn agos at lwybr y trên, a hynny heb unrhyw wrthwynebiad. Ond pan werthodd y Capten sleisan dda o'r tir i ddieithryn o Lundain fe newidiodd y plwyfolion eu cân. Yn ôl y sôn, bwriad y dyn o Lundain oedd codi ffatri ffrwydron fawr i waith cemegol Amlwch, a dyna gau'r drws ar obeithion y trigolion am dref wyliau yn Rhosneigr. Byddai'r tyddynwyr a'r ffermwyr yn colli tir pori eu hanifeiliaid hefyd.

Ar nos Fawrth, 27 Ebrill 1896, ymgasglodd tua dau gant a hanner o drigolion yr ardal yn Ysgol Llanfaelog. Dewiswyd Thomas Pritchard, asiant Bodorgan, yn llywydd y cyfarfod. Siaradodd Mr Marshall Trewyn yn huawdl iawn gan ymddiheuro am siarad yn Saesneg. Gwelai ddiwedd ar y freuddwyd am Rosneigr a byddai'r tlodion yn colli eu rhyddid i gasglu tanwydd a phori defaid. Atgoffodd R. E. Jones, Frondeg, Rhosneigr, y gynulleidfa fod rhai wedi eu lladd mewn gweithfeydd tebyg i'r un a arfaethwyd ar y tywyn a bod sicrwydd fod cynifer â 30 wedi colli eu bywydau mewn ffatri debyg yn Ne Affrica. Taniwyd y cyfarfod pan heriodd Robert Jones, Tŷ Newydd, y byddai pobol Llanfaelog yn barod i ddioddef cyn gwerthu eu hawliau i neb. Daeth y Cyngor Sir dan gryn dipyn o lach am fod mor ddauwynebog. Amheuai J. R. Jones, Bodfeurig, a oedd gan y Capten hawl gyfreithiol i werthu'r tir i'r fath bwrpas â chodi ffatri ffrwydron. Yn ddiddorol iawn, yr oedd un yn y cyfarfod yn anghytuno â'r syniad o gau tir yn y lle cyntaf: 'Fe gredid gan mlynedd yn ôl mai peth da oedd cau tir comin ond mae'r agwedd wedi newid bellach.' Tybed a oedd yr agwedd at gau'r tir wedi newid i fod mor wrthwynebus mewn gwirionedd? Mae'n rhyfeddol fel y try'r protestiwr bob dŵr i'w felin ei hun.

Ond er gwaethaf pob gwrthwynebiad, ar 28 Rhagfyr

1896 anfonodd Lewis Hughes, mab yng nghyfraith Capten Thomas, ar ran y *Chemical Works*, Amlwch, hysbysiad at Syr Edmund Hope Verney o Borthaethwy, twrnai'r achwynwyr a wrthwynebai godi ffatri ar eu tir comin. Bu farw'r Capten William Thomas ym 1893 gan adael ei stad i'w weddw a Lewis Hughes y mab yng nghyfraith. Honnai Lewis Hughes yn ei gais fod y safle'n ddelfrydol i ffatri o'r fath gan fod rheilffordd a harbwr wrth law. Credai hefyd fod y trigolion lleol yn barod iawn i groesawu'r fath ddatblygiad a ddeuai â thipyn o fywyd a gwaith i ardal lwydaidd a marwaidd.

Gwrandawyd yr achos ar 10, 11 a 12 Mawrth 1898 gerbron yr Anrhydeddus Feistr Ustus Wright heb reithgor yn Swydd Middlesex rhwng yr achwynwyr George Edmund Roberts, perchennog y daliadau, Pentre-traeth a Thŷ Newydd ym mhlwyf Llanfaelog; John Rice Roberts, John R. Jones ac Owen Rowlands, perchenogion daliadau Dowyn ym mhlwyf Llanfihangel-yn-nhowyn; a Humphrey Ellis, perchennog daliad Glantwyn ym mhlwyf Llechylched. Bu i'r achwynwyr hyn weithredu ar eu rhan eu hunain ac ar ran perchenogion a deiliaid tiroedd yng Nghwmwd Llifon; a dyma'r diffynyddion: Lewis Hughes, Mary Hughes, William Thomas a'r *Welsh Explosives Company Ltd.*

Ar ddydd olaf y gwrandawiad, 12 Mawrth 1898, cyhoeddodd y Meistr Ustus Wright fod yr achwynwyr yn briodol â hawl i'w tiroedd a'r daliadau i bori eu gwartheg a'u defaid ar y comin a'r diffeithdir a elwid Tywyn Trewan, ynghyd â hawl i dorri tywyrch ac eithin yn danwydd a chario tywod o'r twyni a gwymon yn wrtaith i'r tir yn ogystal â thywod at drin yr adciladau. Rhoes y barnwr orchymyn llys hefyd i'r diffynyddion atal eu hasiant a'u gweision rhag ffensio rhannau o'r tir na chau dim o'r tir nac ychwaith adeiladu ar y tir ac eithrio'r tŷ a adeiladwyd yno eisoes ar libart o 8 acer, ac ni ddylent ar unrhyw gyfrif rwystro nac ychwaith aflonyddu ar yr achwynwyr i ymarfer eu hawliau. Rhoes y barnwr holl gostau'r achos, a oedd yn £1,500, ar y diffynyddion.

Ond mae'n amlwg nad oedd Lewis Hughes a'r cwmni

ffrwydron yn fodlon ar ddyfarniad y llys gan y bu iddynt apelio yn ei erbyn ar 18 Tachwedd 1898 – wyth mis ar ôl y gwrandawiad gwreiddiol. Gwrandawyd yr apêl gerbron y bargyfreithiwr Mr Jelf ar ran y diffynyddion a'r bargyfreithiwr Mr Rowlinson ar ran yr achwynwyr. Gwrthodwyd yr apêl gyda'r costau i'w talu eto gan y diffynyddion.

10) Tywyn y Llyn

Tu ôl i Rosneigr fe orwedd Llyn Maelog a flociwyd gan dwyni arfordirol bach Tywyn y Llyn. Bu'r hen dywyn, neu'r 'comin' fel y'i gelwid, yn rhydd ac yn agored ar hyd y canrifoedd, a phobol y cylch yn cael pori eu hanifeiliaid yno, a'r hawl ganddynt i saethu a physgota, hel tanwydd a chario tywod dros yr holl dir mewn heddwch.

Ar 30 Mawrth 1861 gwerthodd Adran y Coedydd a'r Coedwigoedd gomin Tywyn y Llyn, sy'n mesur 70 acer, i'r Dr Evan Thomas, y meddyg esgyrn enwog o Lerpwl. Yr oedd yn ei fwriad i ddatblygu Rhosneigr yn dref glan-y-môr yn unol â ffasiwn y cyfnod, yn arbennig mewn pentrefi glan-môr ym Môn. Cododd blasty o westy ar y comin ar garreg drws Rhosneigr.[24]

Ffyrnigwyd trigolion yr ardal, a chasglodd tua tri chant ohonynt o amgylch y gwesty. Aeth yn ymrafael nid â dadleuon doeth a geiriau dethol dros eu hen hawliau, ond ymrafael corfforol. Cymerasant feddiant o'r adeilad; rhoesant bowdwr du oddi tano a'i chwythu'n yfflon.

Carcharwyd y dewrion hyn a ymladdodd i amddiffyn eu hawliau – prawf y cymerodd cau tir, yn enwedig y tiroedd comin, sawl cylchdro i gyrraedd ei bwrpas. Fe lwyddwyd yn rhyfeddol ym mhob rhan o'r ynys – ym mhobman ond ar arfordir tywodlyd y de-orllewin, ac fe erys y twyni a'r tiroedd comin hynny heb eu cau o hyd!

Wrth grynhoi'r tiroedd a amgaewyd ar Ynys Môn, yr ydym yn ddyledus iawn i Ifor Bowen am baratoi yn fanwl ryfeddol restr o'r deddfau amgáu preifat; yn wir, rhestr gronolegol gan nodi'r flwyddyn y daeth yr amgáu yn gyfraith, enwau'r lleoedd a'r siroedd lle bu'r amgáu ynghyd ag amcangyfrif o'r mesurau mewn aceri. Dyma hi'r rhestr:

Mynegai Cronolegol o'r Deddfau Cau
Tiroedd Preifat ar Ynys Môn

Dyddiad	Daeth y Ddeddf i rym yn y	Plwyfi	Aceri
1754–5	28FL. Siôr 2il Capita 71	Corstir Malldraeth a Cors-ddangau	3,000
1756–7	30FL. Siôr 2il Capita 59	Corstir Malldraeth a Cors-ddangau	-
1788	28FL. Siôr 3ydd	Corstir Malldraeth	-
1790	30FL. Siôr 3ydd	Corstir Malldraeth	-
1811	51FL. Siôr 3ydd Capita 132	Corstir Malldraeth a Cors-ddangau	-
1812	53FL. Siôr 3ydd Capita 169	Cerrigceinwen, Llangefni, Llanddyfnan a Phentraeth	1,200
1814	54FL. Siôr 3ydd Capita 151	Llandysilio a Llaneilian	290
1815	55FL. Siôr 3ydd Capita 37	Llanbedr, Niwbwrch a Llangeinwen	2,300
1859	22–23 Victoria Capita 47	Caergybi	20
1860	23–24 Victoria Capita 17	Comin Rhos-y-Gad	69
1862	25–26 Victoria Capita 47	Mynydd Mechell	248
1866	29–30 Victoria Capita 94	Mynydd Bodafon	82
1896	60 Victoria	Tywyn Trewan	150

Pennod 2

Chwyldro Amaethyddol

FE SIGLWYD SEILIAU fframwaith cymdeithas cefn gwlad gan y Chwyldro Amaethyddol ddiwedd y ddeunawfed ganrif. Mae hi'n anodd iawn rhoi amser a lle i gychwyn unrhyw chwyldro. Yr oedd poblogaeth gynyddol yn wynebu newyn ac yn galw am fwyd yn y canolfannau diwydiannol. Yn wyneb y sefyllfa yma y bu i arweinwyr yr amaethyddiaeth newydd yn unfrydol geisio symud rhwystrau canoloesol i welliannau mewn amaethu. Un o'r rhwystrau hynny oedd yr hen ffordd o amaethu a thrin y lleiniau cul gyda'r ychen neu'r wedd yn tin-droi ar draws ei gilydd gan wastraffu amser a thir. Ond 'mi ddysgais gan fy nhad' oedd arwyddair pob cenhedlaeth o amaethwyr, a doedd wiw newid. Gan nad oedd na ffin na therfyn fe gaed helbul garw i gadw'r anifeiliaid barus o'r cnydau; caed llyffetheiriau o tsieiniau swnllyd a'r defaid druan mewn carcharau o gortyn gwellt oedd yn torri hyd asgwrn eu coesau tenau. Yr oedd Sir Fôn yn dragwyddol agored o fôr i fôr, o draeth Dulas i draeth Cymyran. Gan bwyll arweiniodd hyn at godi ffensys, a chodwyd rhydau lawer o waliau cerrig sych, cloddiau, gwrychoedd a ffosydd. Y fendith bennaf i dir a daear gorslyd Môn fu draenio gyda ffos ddofn wedi ei charegu; cafwyd peipiau clai yn ddiweddarach. Cam hynod bwysig arall fu sefydlu'r drefn o gylchdroi cnydau. Ond heb os, y chwyldro mwyaf fu amgáu tiroedd, fel y gwelsom. Ychwanegwyd cannoedd lawer o aceri at faintioli tiroedd llafur a phori Sir Fôn.

Bu cryn newid mewn adeiladau fferm hefyd. Tyfodd math o batrwm i'r adeiladau hyn gyda'r tŷ fferm yn agor allan i iard betryal ag adeiladau'r fferm ar y tair ochor. Yr oedd yr adeiladau hyn yn cynnwys ysgubor, llofft yr ŷd (granar), beudy, hoywal y drol a'r stabal â'r llofft enwog uwch ei phen. Ar ambell i fferm o gryn faint yr oedd adeiladau eraill fel cwt yr olwyn ddŵr a gefail y gof – dyna bentref bach twt. Yr oedd ambell i stad yn gorchestu yn ei hadeiladau fferm, gyda'r un patrwm sefydlog ym mhob fferm. Fe ellir adnabod adeiladau'r Arglwydd Niwbwrch ym Môn a Llŷn, ac yn wir fe erys y patrwm hyd heddiw, er gwaethaf pob ailwampio mewn adeiladau yn yr unfed ganrif ar hugain gyda'i siediau anferth.[1] Yn anffodus, fe ddiflannodd bythynnod y gweision priod. Yr oedd y rhain o fewn cyrraedd hwylus ar dir y fferm ac wedi'u codi yn flêr, di-raen a di-gost. Cawn gyfle yn nes ymlaen i chwilio am rai o'r bythynnod coll yma.

Ond er mor ganolog ydoedd cau'r tiroedd i'r amaethyddiaeth newydd, bu'n destun dadleuol iawn ac i ryw raddau fe erys felly o hyd. Nid dadl haneswyr ar y dde neu ar y chwith yw hi; yn hytrach, fe ddibynna pa bwys a roddir i effeithiau cymdeithasol cau tir – y golled a'r trallod a gafodd y sgwatwyr, y bythynwyr a'r ffermwyr bach a pha mor eang oedd yr effeithiau arnynt. Ar y llaw arall, ni ellir anwybyddu'r ochor economaidd – cynhyrchu mwy o fwyd a gwella cyfleusterau gwaith yng nghefn gwlad a hynny mewn cyfnod o dwf mewn poblogaeth a threfoli. Fel y gwelsom, bu i R. E. Prothero ddosbarthu effeithiau'r cau tir gan ddweud bod yr effeithiau economaidd yn rhai daionus, y dulliau a ddefnyddiwyd weithiau yn anghyfiawn a'r effeithiau cymdeithasol yn drychinebus.[2]

Ond does neb a wad na fu cau'r tir yn gwbwl hanfodol i'r amaethyddiaeth newydd a'r awydd mawr gan rai i wella amaethyddiaeth, gan droi tiroedd cwbwl ddiffaith ac anghynhyrchiol yn ddaear dda ac ennill, fel y gwelsom ar Ynys Môn, filoedd o aceri. Yr oedd sawl bendith a budd yn siŵr o ddilyn y fath ennill. Yn hytrach na lleihad ym mhoblogaeth cefn gwlad, bu cynnydd, megis yn Nhrefdraeth o 497 ym 1811 i

601 ym 1821 (21 y cant) o ganlyniad i gau Traeth Malltraeth. Yn yr un 10 mlynedd cynyddodd poblogaeth Llanddyfnan o 620 i 810 (cynnydd o 31 y cant), Llanfair Mathafarn Eithaf o 575 i 712 (cynnydd o 24 y cant) a Phentraeth o 645 i 839 (cynnydd o 30 y cant). Cafwyd cynnydd o 19 y cant ym mhoblogaeth Sir Fôn i gyd o ganlyniad i gau'r tiroedd comin.[3]

Ni chred Prothero, er mai am Loegr yr ysgrifenna, y bu i fudiad cau tiroedd leihau nifer y ffermwyr yno gan y bu cynnydd yn nifer y rhydd-ddeiliaid. Myn ef na cheid ffermwr bellach nad oedd yn berchennog rhan dda o dir, ac roedd amryw yr oedd eu tadau'n byw mewn tlodi a syrthni ac ar gynhaliaeth hynod o ansicr gydag ychydig o wartheg llwglyd ac ychydig o wyddau cloff, a oedd bellach, yn ôl Prothero, mewn helaethrwydd o bopeth. Ond ar y llaw arall, bu raid i eraill werthu eu tipyn tir a'u tai a disgyn o fod yn fath o berchenogion i fod yn llafurwyr ar y tiroedd y buont hwy a'u cyndadau yn eu ffermio am genedlaethau fel eu heiddo eu hunain.

Mae'n debyg na cheir cytundeb fyth ar bwnc mor ddadleuol, beth bynnag fu'r camwri a wnaed. Yn sicr, bu'r effeithiau cymdeithasol yn ddigon trychinebus, ond eto ni ellid troi clust fyddar i'r galw cynyddol am gynhyrchu mwy o fwyd a doedd dim amdani ond newid y dull o amaethu a gwneud y defnydd gorau o'r tiroedd diffaith a'r rhostiroedd llwm, digynnyrch. Fel pob chwyldro, bu i'r Chwyldro Amaethyddol fod yn bur niweidiol i un dosbarth, a gresyn mai'r gwan a'r tlawd oedd y dosbarth hwnnw. Mae'n rhaid talu'r pris am bob newid, a'r tlodion a ddioddefodd fwyaf o ganlyniad i amgáu tiroedd, drwy golli eu cartrefi, eu gerddi a'u bywoliaeth.

Ond mi fynnai arweinwyr yr amaethyddiaeth newydd fynd rhagddynt, er gwaethaf y rhwystrau i gyd, i godi daear las ar wyneb corstir Môn. Cymerodd yr arweinwyr hyn gam pendant ddigon ar 26 Hydref 1809 pan estynnwyd gwahoddiad neilltuol ar ddalen flaen y *North Wales Gazette* i holl gyfeillion yr amaethyddiaeth newydd. Bu'r papur newydd hwn yn llawforwyn werthfawr iawn i'r amaethwyr yn y cyfnod tyngedfennol yma ar ddiwedd y ddeunawfed ganrif a dechrau'r bedwaredd ganrif ar bymtheg. Yn y *North Wales Gazette* yr hysbysebwyd pob cyfarfod cyhoeddus ynglŷn â chau tiroedd. Ond heb os, dyma un o'r hysbysebion mwyaf arwyddocaol a gyhoeddwyd. Yr oedd yn ddigon pwysig i gael y wyneb-ddalen, a dyma fo fel yr ymddangosodd:

> To the Noblemen, gentlemen clergy and farmers of the County of Anglesey: The friends of improvement in the system of Agriculture and General within the County of Anglesey, are requested to attend at the Grand Jury Room in the town of Beaumaris on Thursday the 9th day of November next at 12 o'clock to suggest such plans and to farm such regulations as shall be deemed most beneficial for the improvement of Waste Lands within the County.
>
> Signed by order of the meeting
>> Holland Griffith
>> Llangefni, September 19th 1809

Yr oedd gan y gwahoddedigion hyn o landlordiaid, ffermwyr mawr a pherchenogion degymau ddiddordeb personol yn y gwelliannau hyn ac roedd y diddordebau hynny yn tueddu i'w dallu i ganlyniadau llai buddiol. Eto, mae digon o dystiolaeth fod y dosbarth arbennig yma o dirfeddianwyr wedi ei symbylu gan y gred fod y gwelliannau hyn yn fuddiol i'r holl genedl, cred a gefnogid gan y gwybodusion yn y maes yma yn gyffredinol.[4] Dyma, hefyd, oedd casgliad y Comisiynwyr Brenhinol a roes gryn sylw i gwestiwn y perchenogion tir a'u cefnogaeth i amgáu'r diffeithdiroedd, y rhostiroedd a'r tiroedd comin os oedd hynny'n broffidiol. Ond nid yw hyn yn cyfiawnhau'r dulliau a ddefnyddiwyd i'w cau weithiau. Fel y cyfeiriwyd eisoes, yr oedd yr effeithiau cymdeithasol yn drychinebus mewn rhai achosion. Erbyn cwblhau ei Arolwg ym 1810 yr oedd Walter Davies (Gwallter Mechain) wedi newid ei gân hefyd o'i gymharu â phan ddechreuodd ar y gwaith ym 1790. Cydnabyddai Arthur Young yntau fod amgáu tiroedd yn llai rhamantus yn ymarferol nag yr ymddangosai ar bapur.

Enynnodd y brwdfrydedd dros wella amaethyddiaeth fwy o

ddiddordeb yn y tir, a thirfeddianwyr bryd hynny oedd y prif allu, bron yr unig allu, yn y Senedd. Gwelwyd mwy o werth yn y tir yn awr, a chryfhawyd y teimlad o blaid trin mwy ohono. Dyna oedd y cymhelliad cyntaf, mae'n ymddangos, i gau'r cytiroedd a'r tiroedd comin. Byddai mwy o gau tiroedd pan fyddai pris gwenith yn uchel, ac yr oedd anhawster cael ŷd o wledydd tramor yn ystod y rhyfeloedd â Napoleon yn rheswm da arall dros drin mwy o dir yn ein gwlad ein hunain.[5] Heb os, amgáu tiroedd oedd un amcan ac mewn llawer achos efallai mai dyna'r prif amcan yn y broses o wella amaethyddiaeth.

Er mwyn gyrru'r neges hon gartref bu i ambell un wneud defnydd hynod effeithiol o'r wasg a bu'r *North Wales Gazette* yn barod iawn i gyhoeddi llythyrau pleidiol i'r amaethyddiaeth newydd yn y cyfnod dan sylw. Ysgrifennai rhai dan ffugenwau, fel y gwelwn mewn dau rifyn ym 1810. Dyma neges un a eilw'i hun yn 'Lazica' yn rhifyn 8 Tachwedd 1810 o'r *North Wales Gazette*:

Tiroedd Diffaith

Nid yn unig y mae gwella'r tir yn llenwi pocedi'r perchenogion ond mae hefyd yn cyfrannu llawer iawn at hapusrwydd y gweision trwy sicrhau gwaith cyson iddynt a'u cadw rhag newyn, felly mi fyddai sylw i wella amaethyddiaeth yn distewi cwynion y tlodion ynglŷn â drudaniaeth bwydydd ac anniddigrwydd y ffermwyr ynghylch trethi trymion. Felly nid oes unrhyw amheuaeth y byddai'n fantais gyffredinol i lafurwyr y tir o wella a braenaru'r tiroedd diffaith. Mi fyddai ymestyn y cynllun o wella'r holl diroedd comin a'r rhostiroedd trwy'r wlad yn dasg bron yn amhosibl gan fod cymaint o diroedd creigiog a mynyddig. Mi fyddai'r fath ymdrech yn gwbwl ddi-fudd, mewn gwirionedd y mae'r cyflwr presennol yn cynnig digonedd o faes i welliannau ar raddfa fwy proffidiol. Mae yn y wlad yma, hefyd, filoedd o aceri o diroedd wedi eu cau ond sy'n dal heb eu trin yn llawn o rug a rhostir a dim ond gwely o fawn a thywyrch oddi tano yn ddim ond tanwydd; pe bai tipyn o ysbryd ac ysfa gwella'r tir yn meddiannu'r trigolion mi fyddai'r tir yma yn tyfu porfa dda neu yn nofio dan ŷd. Ond mewn mannau pellennig o'r wlad, proses araf ryfeddol yw gwella'r tir. Y mae'n amlwg mai ychydig iawn o sylw a roddir i welliannau ac i drin tir pori o'i gymharu â'r tir âr yn y wlad yma. Ond pe cai'r tir pori sylw dyladwy mi fyddai'n cadw traean yn fwy o wartheg ac yn eu cadw'n llawer iawn gwell nag a wna ar hyn o bryd. Yn ystod y saith mlynedd d'wethaf y mae tir pori wedi codi cryn dipyn yn ei werth, felly y mae'n llawer mwy proffidiol i'w berchennog ei wella. Bellach fe dyf porfa dda yn yr hinsoddau uchaf yn y wlad yma. Mae yma diroedd a oedd wedi eu gorchuddio mewn grug saith mlynedd yn ôl, maent bellach yn tyfu porfa fras a besgai unrhyw fath o stoc ac yn ddi-os mi fyddai'r tir a gafodd ei wella yn talu saith y cant yn ychwanegol.

Os yw tystiolaeth Lazica yn ddibynadwy yna yr oedd y diwygiad amaethyddol yn mynd i weddnewid arwyneb y wlad a chreu'r chwyldro mwyaf a welwyd ym myd amaeth.

Y mae llythyr Cheddar yn rhifyn 28 Awst 1810 o'r *North Wales Gazette* yn rhoi adroddiad canmolus ryfeddol o rinweddau amgáu tiroedd. Yn wir, fu'r fath wyrth erioed ar wyneb daear na hon:

Ym mhob achos o gau'r tir bu gwelliant yng nghyflwr y bythynnwr trwy gyffroi ei ysbryd a'i agwedd at waith a gweithgarwch; fe orchfygent yr agwedd ddioglyd a didaro a throi yn ddynion ymroddgar ac egnïol. Pa well prawf o'r newid na'r ffaith fod treth y tlawd wedi gostwng cymaint yn y rhelyw o'r plwyfi lle y mae amgáu wedi digwydd? Mae'r tir comin yn ddieithriad wedi ei ofar-stocio, o ganlyniad mae'r gwartheg yn cael cam dybryd ac yn dal yn ddigynnydd ac yn ddi-ffurf a di-siâp. Mae eu hadfer a'u codi i drefn yn orchwyl costus iawn ac yn anymarferol. Does neb a wad y byddai'r un tir yn union yn cadw cymaint dair gwaith o stoc yn fwy nag a wnâi cyn ei gau.

Yn ei stad heb ei gau na'i drin amcangyfrifai mai oddeutu swllt yr acer fyddai gwerth tir o'r math, os oedd yn werth dim. Ond wedi trin a gwrteithio tir gyda chalch fe allesid ei osod am ddeg i bymtheg swllt yr acer a chymaint â deg swllt ar hugain mewn rhai enghreifftiau.

Does dim amheuaeth mai amgáu tiroedd fu'r cyfrwng mwyaf effeithiol i wella amaethyddiaeth, ac yn fendith i fywyd cymdeithasol cefn gwlad yn gyffredinol. Bu i frwdfrydedd arweinwyr yr amaethyddiaeth newydd roi anogaeth a symbyliad i laweroedd oedd yn fodlon ceisio byw o'r llaw i'r genau ar glytiau o dir gwael. Yr oedd yr arweinwyr hyn yn hynod o awyddus i wella moesau'r tlodion. Mae'n amlwg fod y bythynwyr hyn wedi magu arferion o segurdod gwastrafflyd a chas at ddiwrnod gonest o waith a'u gwnaeth yn ddosbarth o bobol derfysglyd ac afreolus.[6]

Er mai amgáu tiroedd yn ddi-os fu'r cam pwysicaf yn y broses i wella ac i ddiwygio amaethyddiaeth yn y wlad, nid dyma'r unig gam. Ar wahân i'r tir comin, dim ond un rhan o un ar ddeg o dir Môn oedd yn dir llafur yn ôl Arolwg Tir 1795 ac fe ddywedir bod y ffermwyr yn gwbl ddidaro a di-hid. Yn wyneb y sefyllfa yma yr oedd yn holl bwysig i arloeswyr yr amaethyddiaeth newydd addysgu'r amaethwyr a'u hannog i dorchi llewys a cheisio gwneud y gorau o'r ddaear a roddwyd i'w gofal. Fe gafwyd athrawes a symbylydd gwirioneddol dda i ateb angen y cyfnod, sef cymdeithas amaethyddol. Yr oedd ym Môn gylch bychan o dirfeddianwyr a oedd yn eiddgar iawn i wella a diwygio amaethyddiaeth yn y sir. Bu i'r arloeswyr hyn osod sylfaen dda i welliannau trwy baratoi ffyrdd er hwyluso trafnidiaeth. Er hyn, yr oedd y rhelyw o amaethwyr y sir yn gwbl ddi-hid ynglŷn ag unrhyw newid er mwyn gwella neu ddiwygio amaethu. Ar wahân i lannau'r Fenai o Baron Hill ym Miwmares i Faes y Porth yr oedd gweddill yr ynys yn ddigon gwyllt a diffaith gydag ambell i fferm yn sefyll allan yn y fath anial. Fel y nodwyd eisoes, fe sylwodd George Borrow ar y newid amlwg yma yn nhirwedd yr ynys wedi iddo adael Pentraeth Coch: 'The country which had hitherto bein very beautiful, abounding with yellow corn-fields, became sterile and rocky; there were stone walls, but no hedges. I passed by a moor on my left, then a moory hillock on my right; the way was broken and stony; all trases of the good roads of Wales had disappeared.'[7]

Pan ddaeth stad Treiorwerth yn eiddo i'r Parch. Hugh Wynne Jones yn y flwyddyn 1775 gosododd fferm Treiorwerth o 229 acer ar rent rhyfeddol o isel o £40 y flwyddyn gan hepgor treth y tir o'r cyfrif. Pan gwynodd y tenant fod y fferm yn rhy ddrud cymerodd yr offeiriad y fferm yn ôl, gan ymroi i'w gwella, ac yna ei gosod eto, y tro hwn am £200 o rent – gosodiad a fu wrth fodd y landlord a'r tenant. Yn ei arolwg y mae'r Parch. Walter Davies yn nodi dwy enghraifft fechan o'r gwelliannau cynnar yma; yr oedd H. Wynne Jones yn un o'r arloeswyr cynnar ac ef yw un enghraifft a gymer Walter Davies. Ymroes i glirio dros 21 acer gan ddiwreiddio'r eithin a digaregu'r llethrau, clirio hen ffensio a gorchuddio'r rhannau creigiog â phridd da ar gost o £300. Codwyd cnwd da o haidd o'r tir hwnnw a oedd yn werth £270 – gwyrth![8] Y mae sawl enghraifft o ymdrechion personol gan arweinwyr yr amaethyddiaeth newydd.

Sefydlu'r gymdeithas amaethyddol, heb os, fu'r cyfrwng mwyaf effeithiol i dynnu'r amaethwyr blaengar hyn at ei gilydd a'u cyplysu. Bu'r gymdeithas yma yn ysgol dda i'w dysgu ac yn gymhelliad effeithiol i'w hannog i weithio'n fwy egnïol a mentrus. Gyda dechrau'r bedwaredd ganrif ar bymtheg yr oedd cymdeithasau amaethyddol yn dechrau egino ym mhob sir o'r bron. Yn Sir Frycheiniog y sefydlwyd y gymdeithas gyntaf yng Nghymru, os nad ym Mhrydain, ym 1755, a pha ryfedd gyda diwygiwr fel Howell Harris ynglŷn â hi? Fe ymneilltuodd i Drefeca ym 1752 a sefydlodd 'Deulu' yno o blith ei ganlynwyr gan drefnu crefftau a galwedigaethau amrywiol er cynnal yr aelodau, ac ymddiddori mewn amaethyddiaeth. Mynnai Harris fod Cymru'n llusgo'n ddisymud yn grefyddol ac yn arbennig felly yn amaethyddol o gymharu ag amaethwyr bachog East Anglia yn Lloegr. Yr oedd y ffyrdd yn gul a gwael yng Nghymru a doedd neb o'r bron yn darllen y llawlyfrau ffermio Saesneg newydd. Yma yng Nghymru yr oedd y tirfeddianwyr mawr oddi cartref yn Llundain a dinasoedd eraill Lloegr a'r tenantiaid yn brin o gyfalaf i ddatblygu dim ar y ffermydd.

Ond erbyn dechrau'r bedwaredd ganrif ar bymtheg yr oedd gan bob sir yng Nghymru gymdeithas amaethyddol, a Sir Fôn yn eu plith. Ac os oedd Môn ymhlith yr olaf i sefydlu cymdeithas, mor wir yr hen ddywediad, chwedl E. A. Williams,

'Y rhai olaf a fyddant flaenaf', gan y bu gwelliannau Sir Fôn mewn amaethyddiaeth ar lawer cyfrif yn batrwm i siroedd eraill Cymru ei efelychu.[9] Fe sefydlwyd Cymdeithas Amaethyddol Môn ym 1808. Bu Cymdeithas Dderwyddol Môn yn symbyliad ac yn batrwm i'r gymdeithas ac ystyried blaenoriaethau'r ddwy gymdeithas i wella tir yr ynys. Yr oedd cryn debygrwydd rhwng y ddwy gymdeithas ac roedd rhai o brif arloeswyr y Gymdeithas Amaethyddol wedi bod yn Archdderwyddon yn eu tro – Owen Putland Meyrick, Holland Griffith, y Parch. Hugh Wynne Jones, William Sparrow, John Wynne, Coed Coch, Syr William Bulkeley Hughes, Richard Trygarn Griffith a H. Hampton Lewis. Ystyrid Môn yn un o gadarnleoedd y derwyddon; yn ôl Henry Rowlands, Llanidan, Môn oedd cartref y derwyddon cynnar, fel y profa enwau'r tai yno – Tre'r Dryw, Tre'r Beirdd a Bod Drudan.

Cymdeithas ddyngarol oedd Cymdeithas Dderwyddol Môn a gyfarfyddai ym Miwmares, gydag amryw o'r aelodau yn feistri tir oedd yn gyfarwydd â dulliau'r amaethyddiaeth newydd yn Lloegr a gynigiai bremiymau ariannol am wella'r tir. Yr ydym yn ddyledus i Mrs Pritchard, Llwydiarth Esgob, Llannerch-y-medd, am ei hysgrif ar y gymdeithas ac am roi inni restrau o bremiymau'r gymdeithas:

1. Rhodd o wyth bunt i'r ffarmwr o Fôn a gynhyrchai fwyaf o had meillion dros fil o bwysi.
2. Rhodd o bedair gini i'r personau a achubodd ddyn a oedd ar foddi ar draeth Lafan ger Biwmares.
3. Deg punt i brentisio dau blentyn tlawd ar yr ynys.
4. Pum gini am y gwrych o berthi byw gorau.
5. Pum gini am y draenio gorau ac yn y modd mwyaf effeithiol.
6. Pum gini i'r sawl a dyfo fwyaf o faip yn lân heb chwyn.[10]

Nid rhyfedd i Gymdeithas Amaethyddol Môn batrymu ei hun ar y gymdeithas hon o eiddo'r derwyddon (1772–1844). Cofnoda'r *North Wales Gazette* gamau cyntaf sefydlu'r Gymdeithas Amaethyddol ym Môn. Nos Fercher, 27 Ebrill 1808, mewn cyfarfod niferus o offeiriaid bonheddig a rhydd-ddeiliaid o'r sir yn Llangefni gyda Holland Griffith yn y gadair, pasiwyd yn unfrydol fod y boneddigion a'r offeiriaid i ffurfio'n bwyllgor er mwyn drafftio cynllun i ffurfio Cymdeithas Amaethyddol Sir Fôn a llunio rheolau a rheoliadau mewn cyfarfod oedd i'w gynnal yn Llangefni ar 12 Mai. Dyma enwau'r rhai a oedd yn bresennol yn y cyfarfod cyntaf:

Holland Griffith, Garreglwyd
J. B. Sparrow, Bodychen
Hugh Evans, Henblas
John Griffith Lewis, Trysglwyn
Price Williams, Y Wern

Parchedigion:
H. W. Jones, Bodedern
John Williams, Treffos
Henry Rowlands, Plas Gwyn
Evan Lloyd, Maes y Porth
Thomas Ellis Owen, Llandyfrydog
Richard Williams, Bodedern
Henry Hughes, Llangefni
Thomas Rathbone, Llanbadrig

Cytunwyd yn unfrydol i ofyn i William Price Poole gymryd swydd ysgrifennydd cyntaf y gymdeithas ac i roi'r penderfyniadau hyn yn y *North Wales Gazette*. Cyfarfu'r gymdeithas ar 6 Mehefin 1808 i benderfynu ar y rheolau. Yr oedd y gymdeithas i rannu'r premiymau mewn cyfarfod arbennig yn Llangefni yn flynyddol tua diwedd Awst neu ddechrau Medi. Penderfynwyd yn y cyfarfod hwn y dylai'r premiymau gael eu rhannu yn bedwar dosbarth:

a) Premiwm cyffredinol
b) Premiwm i berchenogion oedd yn breswylwyr neu'n denantiaid
c) Premiwm i denantiaid yn unig
ch) Premiwm i lafurwyr a gweision

Gallwn gasglu oddi wrth y premiymau hyn mai prif amcan y gymdeithas oedd codi a chynnal ysbryd amaethyddol yr ynys ynghyd ag awydd i gymell a chefnogi'r tenant a'r ffermwr. Tybia rhai y bu i'r gwobrau hyn fod yn gymhelliad neilltuol i'r ffermwyr ymuno â'r tirfeddianwyr i ddiwygio amaethu. Bu'r premiymau hyn yn fodd i dynnu pawb i mewn, gan roi premiwm am drin y tir a gwella'r fferm a gwella'r stoc, a fyddai'n fantais i landlord a'r tenant. Arferai Sam Jones y BBC ddweud nad oedd dim yn debyg i gystadleuaeth i dynnu'r gorau o Gymro!

Nodwn rai o'r premiymau hyn o gofnodion y gymdeithas:

Cymdeithas Amaethyddol Môn – 2 Medi 1929: gyda'r llywydd yn y gadair; y Parch. James Williams, Llanfairynghornwy, yn rhannu'r premiymau:

a) Dyfarnwyd i Edward Jones, tenant Ardalydd Môn yng Nghlorach, Llandyfrydog, am iddo ragori yn y gwelliannau ar y fferm ynglŷn â ffensio a threfnu'r buarth.
b) Enillodd John Owen, tenant John Hampton Lewis yn Pen'rorsedd, Llangefni, am blannu a diogelu yn y cyflwr gorau y cyfrif mwyaf o wrychoedd drain gwynion – dros 30 rhwd.

Cyfarfod o'r Gymdeithas Amaethyddol yn Llangefni – 3 Awst 1831: gyda'r llywydd, Fuller Meyrick, Bodorgan, yn y gadair:

a) Dyfarnwyd pum gini i'r Parch. James Williams am y baedd gorau.
b) Enillodd Thomas Lewis, tenant Arglwydd Boston yng Ngwredog, Amlwch, bum gini am y gaseg fagu orau mewn harnais.
c) Cafodd Elin Thomas un gini am wasanaethu'n ffyddlon am chwe blynedd ar hugain fel morwyn yn Nhrefarthen.

Cyfarfod o'r Gymdeithas Amaethyddol yn Llangefni – 9 Medi 1836: gyda'r llywydd, y Parch. John Pritchard, yn y gadair:

a) Enillodd David Owen, tenant Syr Richard Williams, Bulkeley yn Nhrewyn, bedair sofren am ddraenio mwy nag 13 acer a hynny yn y modd mwyaf effeithiol.

b) Enillodd Mary Pierce, tenant Arglwydd Boston yn Nhaihirion, bum sofren am dyfu'r cnwd gorau o faip Sweden, dros 7 acer.

c) Cafodd Thomas Hughes, bythynnwr a fu'n was ar fferm Trewyn, dair sofren am wasanaeth ffyddlon fel gwas yno am 36 o flynyddoedd.

Cyfarfod o'r Gymdeithas Amaethyddol yn Llangefni – 18 Medi 1839: gyda'r llywydd, Thomas P. Williams AS, Craig y Don, yn y gadair:

a) Y wobr gyntaf o bedair sofren i Syr R. Bulkeley Williams Bulkeley, Baron Hill, am y tarw gorau o ddyflwydd i bedair oed.

b) Dyfarnwyd gwobr o dair sofren i Mrs Catherine Hughes, tenant Richard Lloyd Edwards, Nanhoron, yn Mynachdy, Llanfairynghornwy, am yr ebol dyflwydd mwyaf pwrpasol i amaethyddiaeth.

c) Dyfarnwyd deg swllt i Mrs Williams, Treffos, am yr ŵydd dew orau; fe'i dangoswyd yn y cyfarfod.

ch) Dyfarnwyd deg swllt i Griffith Jones, Cae Bach, Cerrigceinwen, am y pâr gorau o hwyaid, a ddangoswyd yn y cyfarfod.

d) Dyfarnwyd premiwm i'r bythynnwr oedd yn byw ar yr ynys a gynhyrchodd fwyaf o fêl allan o bedwar cwch gwenyn mewn blwyddyn.

Dyna groestoriad o weithgareddau a diddordebau'r Gymdeithas Amaethyddol, gyda'r bwriad yn bennaf dim i ennyn diddordeb y tenant a'r gwas yng ngweithgareddau'r fferm. Mae'n amlwg y bu'r gymdeithas yn gryn lwyddiant yn y bwriad wrth ei sefydlu.

Mewn cyfarfod cyffredinol o'r gymdeithas ym Miwmares ar 11 Tachwedd 1809 cytunwyd ar restr faith o reolau pellach er mwyn gosod y gymdeithas ar seiliau diogel.

Cytunwyd ar y rheolau hyn:

1) Bydd dau gyfarfod cyffredinol bob blwyddyn.

2) Rhan o gyfalaf y gymdeithas i'w roi at gael modelau o offer fferm.

3) Rhestr o'r premiymau i'w harddangos.

4)   Y premiymau i'w harddangos.
5)   Dim rheolau newydd ond trwy gyfarfod cyhoeddus.
6)   Cyfraniad blynyddol pob aelod yn gini neu fwy.
7)   Y premiymau i'r aelodau yn unig.
8)   Gall y gymdeithas atal premiwm os nad oes teilyngdod.
9)   Pwyllgor o'r boneddigion i'w ethol trwy falot yng nghyfarfod cyffredinol Hydref.
10) Os y caffo unrhyw un un rhan o bedair o beli duon o'r aelodau'n bresennol does dim teilyngdod.
11) Tymor y llywydd a'r islywydd am flwyddyn a'u dewis yng nghyfarfod yr Hydref o'r gymdeithas gan y mwyafrif a fydd yn bresennol.
12) Y tâl aelodaeth am 1809 i'w dalu i law y trysorydd ar neu cyn 1 Mawrth 1810.
13) Pan enillo neb bremiwm am y fferm a'r ffermio gorau ni all ennill y premiwm hwnnw wedyn.
14) Hawl gan yr ysgrifennydd i ohirio unrhyw gyfarfod os bydd llai na phump yn bresennol ar ben yr awr.
15) Prif nod y gymdeithas yw cefnogi, meithrin a symbylu ysbryd i wella amaethyddiaeth yn y sir ac yn arbennig annog tenantiaid a ffermwyr i benderfynu y byddo dosbarth o bremiymau i'w rhoi i denantiaid ffermydd bychan.
16) Mewn achos y byddo un premiwm yn cael ei hawlio gan denant a pherson yn ffermio ei fferm ei hun, os bydd teilyngdod yn gyfartal y tenant a gaiff y flaenoriaeth.

Ym 1814 fe gyhoeddodd y gymdeithas adroddiad swmpus o gynnydd Cymdeithas Amaethyddol Môn, a adroddwyd gan y llywydd yn y cyfarfod cyffredinol. Y mae hon yn ddogfen hynod o ddiddorol a gwerthfawr sy'n dangos dylanwad amlwg y gymdeithas, trwy ei gweithgareddau, ar gyflwr amaethyddiaeth ym Môn. Cafwyd gwelliannau yn y modd o drin y tir ac ym mridio'r stoc, gan gyfeirio'r premiymau i hybu yn y cyfeiriad hwnnw. Er sefydlu'r gymdeithas yr oedd tyfu maip wedi cynyddu ddegplyg. Daeth tyfu rwdins yn boblogaidd hefyd i besgi gwartheg i'r bwtsiar, a gwelwyd cynnydd rhyfeddol o gymaint â phedair gwaith yn fwy na'r gaeaf cynt.

Yr oedd y premiymau a gynigid am aredig yn y dull Scotaidd

wedi cael dylanwad amlwg, a bellach yr oedd un aradr o bob chwech ar yr ynys gyda'r wedd heb yrrwr. Dyma newid oedd yn arbed un dyn i aredig, a hynny'n arbediad reit sylweddol, gydag anogaeth a nawdd y Gymdeithas Amaethyddol. Gwelwyd newid arall o gryn bwys hefyd yn y dull o stocio. Yr hen arferiad ym Môn fyddai gwerthu'r heffrod golygus gorau yn flwydd oed a chadw'r rhai y byddai'r porthmyn yn eu gwrthod. Doedd dim modd gwella'r stoc â'r fath gynllun, ac yr oedd y stoc yn dirywio o flwyddyn i flwyddyn. Bu'r premiymau yn abwyd da i'r ffermwyr newid yr arferiad a rhoi tipyn o falchder iddynt gadw'r goreuon, a thrwy hynny cafwyd newid rhyfeddol yn ansawdd y stoc.

Cyfrannodd y gymdeithas yn hael iawn hefyd er gwella offer amaethu ar yr ynys. Daethpwyd â pheiriannau o Loegr a'r Alban yn batrwm i ofaint Môn ac yn esiamplau iddynt eu dilyn. Yr oedd ym Môn ofaint dyfeisgar a medrus ym mhob ardal o'r bron, fel y'n hatgoffir yn nyddiaduron William Bulkeley o'r Brynddu. Ond roedd ambell enw yn sefyll allan yn fwy na'i gilydd. Yr oedd Thomas Williams, Defnia Bach o Lanfairpwll yn grefftwr dyfeisgar ryfeddol ac elai y tu hwnt i bob patrwm a arddangoswyd o dramor. Mae'n ddiamau fod sawl gof arall ar yr ynys a allai blygu'r haearn at unrhyw alw. Prawf o hyn yw'r ffaith y gwnaed ac y gwerthwyd ym Môn, er sefydlu'r Gymdeithas Amaethyddol, 70 o erydr Albanaidd, tri hôf ceffyl, un dril hau maip, dau *scuffler*, dau beiriant hau had gwair, dril hau a hofio ŷd, pedair trol Albanaidd a thri glöyn byw haearn. Cafodd John Edwards o Faenaddwyn nawdd y gymdeithas hefyd, yntau'n grefftwr medrus iawn. Ef a ddyfeisiodd yr injan eithin gyntaf ar batrwm y siafft-dorrwr – un o'r peiriannau mwyaf defnyddiol i tsiaffio eithin Môn, sef un o brydau hoffusaf y wedd. Bu gan offeiriaid yr ynys eu rhan yng ngwaith y gofaint. Dyfeisiodd y Parch. Hugh Wynne Jones, Treiorwerth, ddril i hau had rwdins ym 1810, peiriant bach hwylus a syml oedd yn ddigon ysgafn i gi mawr ei dynnu, ac onid y Parch. James Williams o Lanfairynghornwy oedd y cyntaf yn y sir i aredig efo aradr haearn?

Daeth y peiriannau hyn â rhyw fflêr fodern a newydd i amaethyddiaeth y cyfnod a rhoi rhyw falchder cystadleuol ymhlith ffermwyr Cymru, a Sir Fôn yn arbennig. Fe ragorai Môn gyda'i haradr Romax ar unrhyw aradr a gaed yn Lloegr. Yr oedd hefyd nithiwr bron ym mhob fferm o faint yma ym Môn, tra oedd peiriannau o'r math yn ddigon dieithr yn Lloegr. Fe ymffrostiai'r llywydd, wrth gyflwyno'r adroddiad ar gynnydd, y byddai Sir Fôn yn fuan iawn yn herio unrhyw ran o Loegr am berffeithrwydd ei pheiriannau amaeth. 'Gresyn,' meddai'r llywydd, 'yr erys dau rwystr o hyd i fwy o welliannau: yn ôl yr Adroddiad hwn y mae'r degymau yn gwasgu'n drwm iawn ac yn dwyn ein helw, ac mae gwir alw am brydlesi priodol – dwy fagl boenus.'

Pwysodd y llywydd wrth gloi yr adroddiad ar i'r *North Wales Gazette* gofnodi'n wythnosol brisiau bîff a chig moch ym marchnadoedd Lerpwl, Manceinion a Birmingham: 'Oni allesid codi lladd-dai ym mhorthladdoedd Môn i ladd ac allforio'n gwartheg a'n moch?' oedd ei ergyd olaf.[11]

Y mae cyfrwng arall a fu'n fuddiol ac effeithiol i hybu'r Chwyldro Amaethyddol. Yr oedd ffermwyr Cymraeg dan gryn anfantais i wella eu sgiliau gan na allent ddarllen dim yn Saesneg; yr oedd amryw ohonynt yn gwbwl unieithog. Yr oedd y rhelyw o gofnodion y dydd ar amaethu yn uniaith Saesneg. Synhwyrodd y Gymdeithas Amaethyddol fod galw am bamffledi gydag awgrymiadau buddiol ar destunau ymarferol a'r rheini yn Gymraeg. Bu hon yn gymwynas werthfawr iawn er hyrwyddo gwelliannau mewn amaethu ar Ynys Môn. Cyhoeddwyd newyddion cyson am y cynnydd mewn amaethyddiaeth ar yr ynys, fel y ffordd orau o dyfu rwdins.

Fe gyhoeddwyd toreth o lenyddiaeth addysgiadol ac ymarferol ar amaethyddiaeth yn Lloegr yn ystod y ddeunawfed ganrif a diau fod y llyfrau hynny gan landlordiaid Cymru a rhai o'r ffermwyr. Mor gynnar â 1711 fe gyhoeddwyd llyfryn Cymraeg hefyd – *Llaw-lyfr y Llafurwr*, hyfforddiant i wneud y gorau o amryfal weithredoedd ei alwedigaeth. Fe'i hysgrifennwyd yn wreiddiol yn Saesneg gan offeiriad 'er daioni i'w blwyfolion'. Cyfieithwyd y *Llaw-lyfr* i'r Gymraeg gan Moses Wiliams, curad o Gymro yn Chidingstone ar y Weald yng ngorllewin Caint, y tir mwyaf cynhyrchiol yn Ewrop. Hawdd credu y byddai offeiriad o Gymru ond yn rhy falch o gael cyfieithu'r gwaith er budd amaethyddol ei gyd-genedl yng Nghymru. *The Husbandman's Manual* oedd teitl y gwreiddiol, i gyfarwyddo'r amaethwr sut i ddiwygio ei alwedigaeth i ogoniant Duw. Ceir ynddo benodau byrion ynglŷn ag aredig, hau, llyfnu, lladd gwair, dyrnu a nithio ynghyd â sylw ar ddiwrnod talu rhent.

Yn gynnar yn y bedwaredd ganrif ar bymtheg fe droes y cymdeithasau amaethyddol at y beirdd a'r llenorion i ysgrifennu a chyfansoddi ar destunau yn ymwneud â'r Chwyldro Amaethyddol, i annog ac ysbrydoli'r amaethwyr i ddyblu eu brwdfrydedd. Ym 1816 comisiynodd Cymdeithasau Amaethyddol Môn a Sir Gaernarfon Dafydd Thomas (Dafydd Ddu Eryri) i ysgrifennu ynghylch llafurio'r tir. Mewn ymateb parod fe gyfieithodd yntau ddau draethawd Saesneg o'i waith ei hun i'r Gymraeg dan y teitl *Arddwriaeth Ymarferol*, a gyhoeddwyd yn llyfryn dros hanner can tudalen ym 1816 – llyfr llawn o gyfeiriadau buddiol iawn am fraenaru a thrin y tir.

Yn yr un flwyddyn cyhoeddodd Robert Roberts, Caergybi, lyfryn a neilltuodd ran ohono i ddisgrifio Cymru a'i chynhyrchion a'r gwahanol ddiwydiannau a geir mewn gwahanol wledydd. Cafwyd ganddo hefyd gyd-gyfrol ar *Saeryddiaeth*. Robert a ddaeth wedi hyn yn olygydd Almanaciau Caergybi, wedi marw ei dad. Ond heb os, llyfryn bach tair ceiniog Robert Roberts fu fwyaf poblogaidd gan ffermwyr Môn, sef *Egwyddorion yr Hin Wydr*, a adnabuwyd fel y baromedr. Daeth y proffwyd hwn yn ddodrefnyn ym mhob tŷ fferm ym Môn cyn diwedd y ganrif ac yn gwbl anffaeledig ei broffwydoliaeth!

Cafwyd pedwar traethawd Cymraeg yn Eisteddfod Biwmares 1832 ar y testun 'Amaethyddiaeth'. Aeth y wobr gyntaf i Aneurin Owen o Egryn, Dinbych, a'r ail wobr i William Jones o Bwllheli. Fe gyhoeddwyd y traethawd buddugol yn 49 o dudalennau yn Llundain gan Hugh Hughes ym 1839. Barnwyd y ddau draethawd arall yn y gystadleuaeth yn gydradd, mae'n debyg. Yr oedd y naill gan y Parch. Samuel Roberts, gweinidog Annibynnol Llanbrynmair, ac fe ailargraffwyd y traethawd yma yn *Gweithiau Samuel Roberts* (1856). Eiddo Morris Hughes oedd y traethawd arall ar yr un testun ac fe'i cyhoeddwyd ym 1833. Pwyslais amlwg y traethodau hyn oedd gwella'r bridiau o wartheg ar Ynys Môn. Ond yr oedd cryn wrthwynebiad i unrhyw fygwth ar fridiau cyntefig gwartheg Môn. Yr oeddynt mor galed i ateb i'r hinsawdd a safle agored a digysgod yr ynys ac amgylchiadau y ffermwr cyffredin.

Gymaint fu'r dadlau ynghylch gwartheg Môn fel y bu i'r Gymdeithas Amaethyddol, er mwyn cael mwy o wybodaeth ynghylch rhinweddau a gwendidau y gwartheg, gynnig gwobr o bum gini am y traethawd gorau ar y testun. Cyhoeddwyd y traethawd buddugol ym 1835 yn gyflwynedig 'I Gymdeithas Môn er annog amaethyddiaeth a diwydrwydd gyda mawr barch am eu hymgais clodwiw a thaer ddymuniad am eu llwyddiant.' Yn anffodus, roes yr awdur mo'i enw wrth ei waith. Wedi olrhain amrywiol rywogaethau gwartheg y byd o'r bron fe gydnebydd yr awdur, oherwydd natur wlyb y tir a'r ffaith fod yr ynys mor noeth a digysgod, na fyddai unrhyw frid arall o wartheg yn addas i Fôn ac eithrio'r gwartheg cyntefig. Yn ôl awdur y traethawd rhoes tair fferm o Fôn – Rhiwlas, Henblas a Phlasnewydd – gynnig ar y gwartheg byrgorn er mawr siom iddynt. Dyma'r disgrifiad a geir yn y traethawd o'r gwartheg hynny yn yr Henblas yn fuan: '… yr oedd y gwartheg dieithr mor isel o gâs, fel prin y gallant gerdded o'r beudy; tra yr oedd y gwartheg duon Môn, yn rholion o dew, ar yr un gadwraeth ym mhob modd.'

Bu'r eisteddfodau y tu allan i Fôn yn hybu'r genhadaeth amaethyddol hefyd. Yr oedd cystadleuaeth yn Eisteddfod Rhuddlan ym 1850 am draethawd ar 'Amaethyddiaeth Ucheldiroedd Cymru' ac ar 'Amaethyddiaeth Iseldiroedd Cymru'. R. H. Jackson o Sir y Fflint enillodd efo traethawd Saesneg ar yr ucheldiroedd a gyfieithwyd i'r Gymraeg gan y

Parch. John Roberts, Rhuthun. Enillwyd ar y traethawd ar 'Amaethyddiaeth Iseldiroedd Cymru' gan John Hughes (Ieuan Alaw), Swyddfa'r Post, Llannerch-y-medd, gyda £25 o wobr. Ymdrinia yn ei draethawd â'r cynlluniau a'r dulliau gorau i drin ac amaethu'r iseldiroedd. Cyhoeddwyd ei draethawd yn y *Traethodydd* ym 1854 (tt. 321–60; 385–423).

Yr oedd cryn ddarllen gan ffermwyr Cymru a Môn, yn arbennig ar gylchgronau'r gwahanol enwadau crefyddol, a buont yn gyfryngau effeithiol i hybu'r amaethyddiaeth newydd. Wedi'r cwbwl, yr ysgol Sul fu unig ysgol rhai o'r ffermwyr hyn a bu eu cysylltiad â hi yn hynod agos. Yr oedd gan yr Eglwys Wladol gylchgrawn da hefyd, ac ymddangosodd 12 ysgrif gan y Parch. Charles Ashton, Dinas Mawddwy, yn yr *Haul* (misolyn yr Eglwys Esgobol) o fis Medi 1887 hyd Fedi 1888 ar 'Egwyddorion Amaethyddol'. Yn ei ysgrif agoriadol y mae Ashton yn olrhain cychwyn llenyddiaeth amaethyddol ym 1523 gyda chyhoeddi'r *Book of Husbandrie.* Cyfeiria at gefnogaeth dda Cromwell i amaethyddiaeth yn cymell awduron i ysgrifennu ar wahanol agweddau ar amaethyddiaeth. Cyfeiria hefyd at gyfrolau gwerthfawr awduron fel Arthur Young a Syr John Sinclair ac fel y bu eu dylanwad ar ffermwyr Cymru. Sonia'r offeiriad am y dulliau gorau o godi, magu a phesgi anifeiliaid, gan gyfeirio hefyd at ddethol gwahanol rywogaethau er mwyn eu gwella. Pwysleisia y dylai ymdrechion Robert Bakewell, John Ellman a Jonas Webb ac eraill fod yn hysbys i bob magwr anifeiliaid, yn hollol fel y dylai gwaith Syr Richard Weston, Jethro Tull, Hobbs ac amryw eraill fod yn hysbys i lafurwyr y tir.[12]

Fe roed cryn bwyslais gan yr awduron hyn ar wella'r stoc hefyd; pa les gwella'r tir i gael gwell cnydau a phorfa heb wella'r stoc? Cafwyd traethawd gwerthfawr iawn i'r diben hwn gan y Parch. John Owen, Ty'n Llwyn, Bangor, sef 'Detholiad, Magwraeth a Rheolaeth y Da Byw Mwyaf Priodol i Gymru', a enillodd iddo wobr yn Eisteddfod Genedlaethol Caer. Yr oedd ganddo benodau neilltuol ar Geffylau, Gwartheg, Defaid, Moch, Geifr, Ffowls a Gwenyn. Cafwyd nodiadau buddiol iawn yn adran y gwartheg gan y Canghellor James Williams,

Llanfairynghornwy, gŵr a ymroes am hanner canrif i wella'r gwartheg Cymreig.

Ceir ysgrif ymarferol dda gan John Owen yn y *Trysorydd* ym 1868 ar amaethyddiaeth Cymru. Ymdrinia â thrin a gwrteithio gan roi sylw neilltuol i'r rhwystrau i lwyddo fel y dymunid. Fe noda rai o'r rhwystrau amlwg: prinder arian, prinder gwybodaeth, absenoldeb prydlesi a gormodedd o ymgeiswyr am ddyddynnod. Dyma, yn ôl John Owen, oedd i'w gyfrif fod amaethwyr yn methu â gwireddu eu breuddwydion.[13]

Fe roes Cymdeithas Gwartheg Duon Gogledd Cymru symbyliad da i ddethol a magu gwartheg ym Môn hefyd. Cyhoeddai'r gymdeithas hon lawlyfr yn flynyddol dan y teitl *Gwartheg Duon Gogledd Cymru* yn cynnwys pedigri y gwartheg Cymreig amgen wedi ei gynnull a'i drefnu gan y gymdeithas. Golygydd y gyfrol gyntaf (1883) oedd William Dew gyda William Evans, Tŷ Fry, Pentraeth, yn llywydd cyntaf y gymdeithas ac ef a roes yr anerchiad yn gyflwyniad i'r gyfrol ar destun priodol iawn, gwartheg duon Sir Fôn! Pwysleisiodd ddau bwynt cwbl hanfodol. Yn gyntaf – dewis y fuwch â'i blew yn ddu bitsh. Yr oedd yr un mor bwysig ei bod yn fuwch sgwarog ar ei choesau – coesau byr a chefn llydan, gwegil ar ffurf i gael cyfansoddiad iawn, asennau agored fel ambarél ar agor gyda chynffon fain yn claddu rhwng ei chrwmp, ei chluniau'n llawn ac yn cyrraedd yn isel at ei garrau, a'i mynwes yn ymestyn ymlaen. 'Dyna,' meddai'r llywydd, 'sy'n cyfansoddi buwch fagu dda.' Dylai'r tarw gael yr un nodweddion gyda rhai ychwanegiadau: ysgwyddau llydan, gyda gwegil llydan gwrywaidd a chluniau llydan a llawn i'r garrau; y fynwes yn isel ac yn ymestyn ymlaen rhwng y ddwy goes flaen fer a llydan; talcen llydan o lygaid i lygaid; rhaid cael blew trwchus gyda chyffyrddiad esmwyth, ac osgoi blew cyrliog. Bu i'r gymdeithas yma ennyn diddordeb os nad balchder yng ngwartheg duon Cymru ac yn arbennig felly ymhlith gwarthegwyr Môn.

Fel y cyfeiriwyd eisoes, yr oedd y landlordiaid yn fwy awyddus na neb i ddiwygio a gwella amaethyddiaeth; yn naturiol, mi fyddai hynny'n fanteisiol iawn iddynt. Ond i fod yn deg â'r landlord hefyd, fe gredent – fel amryw eraill o wybodusion y dydd – y byddai gwelliannau ym mhob adran o amaethyddiaeth yn fantais i bawb yn gyffredinol, ac yn wyneb y fath gynnydd yn y boblogaeth yr oedd yn gwbwl hanfodol. Yn eu hawydd i sicrhau hyfforddiant i'w tenantiaid anfonodd sawl tirfeddiannwr lythyrau at y tenantiaid i gyflwyno syniadau newydd ym mhob agwedd ar amaethyddiaeth, yn arbennig ynglŷn â thrin a gwrteithio'r tir ac ynglŷn â dethol, magu a bridio stoc well. Yr oedd cryn bwys hefyd ar godi cnydau glas fel maip, rwdins, tatws, mangel, ffacbys a meillion. Fe dyfodd yr arfer yma'n gyffredinol ymhlith y landlordiaid drwy'r wlad, arferiad a fu'n help i greu gwell perthynas rhwng landlord a thenant. Y mae llyfryn Thomas Johnes yr Hafod, *Cyngor Landlord o Geredigion i'w Denantiaid* (1799), yn bur enwog ac yn enghraifft dda o'r math o lythyrau a anfonai'r landlordiaid i'w tenantiaid. Y mae'r llyfryn yn cynnwys dyfyniadau o weithiau'r prif awduron Saesneg ar amaethyddiaeth gyda sylwadau gwreiddiol am yr offer fferm oedd ar gael ac i'w gweld yn yr Hafod. Yn unol â phwyslais y cyfnod fe gyfieithwyd y llyfrynnau hyn o wasg yr Hafod gan y Dr William Owen Pughe ar gost yr awdur (1800). Cyfeiria at bremiymau gan Thomas Johnes am y cnwd gorau o faip a'r rheolaeth orau ar y fferm.[14]

Mae gennym ninnau ym Môn landlord a wnaeth yn gywir yr un peth. Anfonodd Syr Richard Bulkeley, Baron Hill, lythyr maith i'w denantiaid ym 1835 rhag ofn y byddent ar ei hôl hi mewn unrhyw wybodaeth am syniadau newydd mewn amaethu. Gobeithiai drwy'r llythyrau hyn i ennyn brwdfrydedd ac ysbryd newydd yn ei denantiaid i gael y gorau o ddacar Môn, mam Cymru. Nid yn unig fe gredai'r landlord o'r Baron Hill y byddai'r gwelliant yn codi gwerth ei stad ond fe gredai hefyd y byddai'r gwelliannau hyn yn ychwanegu at esmwythdra ac annibyniaeth ei denantiaid wrth ei gwneud hi'n haws iddynt dalu'r rhent. Manteisiodd Syr Richard ar y llythyr hefyd i ganmol gwartheg cyntefig Môn gan rybuddio na ddylid eu croesi ag unrhyw frid arall. Os am fentro brid arall newydd, fel y gwartheg byrgorn, mi fyddai'n rhaid eu derbyn yn eu purdeb cyfan heb arlliw o groesiad ynddynt. Os am wella'r fuches byddai raid cadw'r heffrod gorau i'w cyfloi ac nid fel y gwneid ar y pryd, sef 'gwerthu'r gorau a chadw'r cwlins'. Wedi sôn am drin y tir, hau a gwrteithio fe bwysleisiodd werth cylchdroi cnydau gan dorri ar yr hen arferiad o lwgu'r tir wrth orgnydio yn ei unfan. Yr oedd hyn yn hynod o bwysig nid yn unig i dyfu ydau ond hefyd gyda gwreiddlysiau o faip, rwdins a thatws. Fe bwysleisiodd Syr Richard mai cwbwl ddi-fudd fyddai pob gwelliant mewn amaethu, yn enwedig ym Môn, heb yn gyntaf ddraenio'r tir a hynny ar raddfa eang iawn, gan nodi nad oedd yr un gilfach o ddaear Môn nas gellid ei sychu i'w throi'n dir llafur trwy ddraenio'n ddyfn a phriodol. Y mae'n cloi'r llythyr gyda chyfarchiad hynod o gyfeillgar: 'Eich cyfaill a'ch ewyllysiwr da.'

Nid yn unig fe anfonodd sgweier Baron Hill gopi o'r llythyr arbennig yma i'w holl denantiaid ond fe sicrhaodd hefyd fod y llythyr wedi ei gyfieithu i'r Gymraeg. Yr oedd yn ymwybodol fod canran uchel iawn o'i denantiaid yn uniaith Gymraeg, ac mi fynnai na fyddai'r un ohonynt yn colli allan. Defnyddiodd iaith syml gyda phob gair yn cyfieithu'n llyfn i'r Gymraeg – doedd ganddo'r un term technegol Seisnig drwy ei lythyr. Mae'n amlwg fod hyn yn ffactor bwysig iawn gan fod rhaid ennill a pherswadio'r ffermwyr hyn i ddarllen o gwbwl.

Yn ei ragymadrodd i gylchgrawn *Yr Amaethwr a'r Ffariwr* dyma fel yr ysgrifenna'r golygydd, William Aubrey: 'Nid llyfr i'r amaethwr dysgedig, sydd yn alluog i olrhain llyfrau Saesneg ac amgyffred a deall fferylliaeth amaethyddol ydyw'r llyfr hwn i fod, ond llyfr ymarferol i'r amaethwr Cymreig uniaith yw hwn sydd wedi ei adael bron yn amddifad hollol. Rhoes Syr R. Bulkeley Williams, Baron Hill gyngor da iawn inni pan fu inni ofyn ei farn, a dyma fo: "Nothing theoretical."' Bu i'r golygydd gadw at y cyngor hwnnw, er fod y cylchgrawn yn ymgais hynod o uchelgeisiol. Cyfrannwyd iddo gan wŷr reit enwog fel: Owen Pritchard, Tregalan; John Owen, Ty'n Llwyn; John Williams, Gyffin; y Parch. Owen Jones, Manceinion; y Parch. Robert Jones, Llangefni; Mr Roberts, Llanbrynmair; y Parch. William

Johnson, Llanbadrig; y Parch. D. W. Jeffreys, Niwbwrch; a Charles Ewing, Bodorgan. Daeth y rhifyn cyntaf o'r wasg ar 1 Mehefin 1870, wedi ei ysgrifennu a'i ddethol yn ofalus o weithiau diweddaraf y Saeson a'r Albanwyr. Fe'i hargraffwyd gan yr Amaethwr Publishing Company, Llannerch-y-medd. Beth bynnag a fu oes y cylchgrawn arbennig yma, fe wnaeth gymwynas werthfawr iawn yn dod â gweithiau diweddar ar amaethyddiaeth at ffermwyr Môn a gogledd Cymru a hynny yn eu hiaith eu hunain.

Yr oedd y cyfranwyr i gyd yn selogion yr amaethyddiaeth newydd ac yn awchus i genhadu eu cenhadaeth o wella amaethyddiaeth, fel y noda'r golygydd wrth gyflwyno'r cylchgrawn:

Y mae'r amaethwr Cymreig yn llafurio dan anfantais neilltuol. Nid oes ganddo yn ei iaith, hyd y gwn i, heblaw rhyw draethodau mân gan John Hughes, Swyddfa'r Post, Llannerch-y-medd a'r Parch. Samuel Roberts, Llanbrynmair ac Aneurin Owen o Ddinbych yn traethu ar y gelfyddyd, tra y mae gan yr Ysgotiaid a'r Saeson ugeiniau o wahanol gyfrolau o waith gwahanol awduron yn eglurhau egwyddorion ac ymarferiad y gelfyddyd. Y mae'r amaethwyr hynny yng Nghymru sydd yn gallu darllen a deall llyfrau Cymraeg ar gelfyddyd yn dyfod yn amaethwyr gwych, anrhydeddus a chyfoethog trwy hynny. Dyma'r ffermwyr, bron bob amser, sy'n cipio gwobrwyon yn yr arddangosfeydd a'r Sioeau Amaethyddol – y ffermwyr hynny sydd yn astudio llyfrau y Saeson ar amaethyddiaeth, ac yn eu dwyn i arferiad. Cymaint fedr y Cymro uniaith wneud ydyw ymdrechu i ddilyn eraill. Ond crynhoir yn y gwaith hwn cyn ei ddiwedd, os y ceir cefnogaeth dda – mewn iaith hawdd i'w deall, brif bethau y llyfrau pennaf sydd wedi eu cyhoeddi ar y gwahanol ganghennau yr ydym wedi eu nodi allan, fel y caffo'r Cymro yn ei iaith ei hun, wrth ei law o hyn allan, y peth y mae wedi bod trwy'r oesoedd yn amddifad o honno.[15]

Mae'n gwbwl naturiol y byddai cylchgrawn fel *Yr Amaethwr a'r Ffariwr* yn codi o ganol Ynys Môn yn Llannerch-y-medd ac yn arbennig yn y cyfnod penodol yma. Erbyn hyn yr oedd y dwymyn amaethyddol wedi taro landlordiaid yr ynys ers tro bellach, fel y gwelsom yn sgil llythyr Syr Richard Bulkeley i'w denantiaid, ac oni fu i Owen Putland Meyrick, Bodorgan, ym 1810 groesawu'r system prydles flynyddol a chymell ei denantiaid i ymarfer y system cylchdroi cnydau? Gofynnid i'r tenantiaid arwyddo cytundeb a fyddai'n eu hymrwymo i ddilyn a chadw at drafod y tir âr mewn cwrs o amaethyddiaeth. Heb os, gyda chymhellion ar y tenantiaid a'r ffermwyr fe'u henillwyd hwythau i'r amaethyddiaeth newydd.

Nid ar y ffermwyr yn unig y bu dylanwad ac apêl y Gymdeithas Amaethyddol – cafodd y dwymyn gystadleuol afael ar y bythynwyr hefyd. Magodd y bythynwyr, er mor llwm a thlawd oedd eu hanheddau, ryw falchder rhyfeddol, yn arbennig yn eu gerddi. Fe ddaeth galw am amgenach gwybodaeth na rhyw synnwyr pen bawd. Atebwyd y gofyn yma gan Charles Ewing, cymrawd o'r Gymdeithas Amaethyddol a gŵr graddedig mewn amaethyddiaeth a gyfrannai i'r *Amaethwr a'r Ffariwr*. Cyhoeddodd lyfryn trwchus 100 tudalen ym 1860 fel math o arweiniad garddio i'r ffermwyr a'r bythynwyr dan y teitl *Garddwr i'r Amaethwr a'r Bythynnwr*. Yr oedd hwn yn llyfryn hynod o ddefnyddiol yn llawn cyfarwyddiadau ynghylch pa bryd a pha fodd i wneuthur a meithrin gardd fechan gyda'r llysiau a'r ffrwythau mwyaf addas. Ceir ganddo hefyd gynghorion a chyfarwyddiadau addas ar ba fodd i gyffeithio ffrwythau, arlwyo llysiau a phreserfio ffrwythau. Yr oedd y rhain yn syniadau pur newydd i fythynwyr cefn gwlad. Dyma fel y cyflwyna'r awdur ei waith: 'Ymdrechais i gyflwyno mewn iaith syml, lyfryn a fyddai'n arweiniad da i'r garddwr. Amcenais roi cyfarwyddiadau ar dyfu ffrwythau a llysiau addas ac o fewn cyrraedd y bythynwyr.' Y mae'r awdur o'r farn y byddai'n fuddiol i'r genhedlaeth oedd yn codi plant y werin pe bai garddwriaeth yn rhan o'u gwersi ysgol. Credai Ewing fod garddwriaeth yn hyfforddiant i iechyd ac i agwedd gymdeithasol iach, bodlonrwydd i feddwl a thueddiadau buddiol a chredai fod garddio'n ddifyrrwch pur. Credai na ellid gwneud cymwynas well ag unrhyw weithiwr na rhoddi llain o dir iddo wrth ei fwthyn iddo'i drin yn ardd. Yr oedd prydferthwch gardd yn ddifyrrwch o fewn cyrraedd y tlawd a'r cyfoethog a dylai fod llain o dir wrth bob bwthyn i wneud gardd, yn ôl Charles Ewing.

Gan y bu i'r cynnydd mewn poblogaeth droi'n alwad am fwy o fwyd, a'r alwad honno'n alwad am godi mwy o rawn, bu raid ymroi i drin a braenaru'r tir – a'r prif erfyn oedd yr aradr. Llwyddodd y Gymdeithas Amaethyddol i ennyn balchder y certmon at y wedd a'r aradr. Gwelsom eisoes fel y bu Sir Fôn yn flaengar iawn yn ei gofaint yn cynllunio a gwneud erydr. Rhoes y Gymdeithas Amaethyddol wobr am aredig efo gwedd o geffylau a gerddai ochor yn ochor ac nid ben yn din fel cynt, â dyn ychwanegol i dywys y wedd fain.

Ganwyd celfyddyd newydd, sef tywys y wedd â rêns o'r tu ôl wrth gyrn yr aradr. Dyma gefnu ar yr hen ddull o dywys yr eidion fel y gwnâi'r geilwad. Yn ddiddorol iawn, fe geid cystadlaethau pwy allai aredig hanner acer gyntaf, gwedd o geffylau ynteu dau bâr o ychen. Câi'r buddugwr smoc (ffroc) yn wobr a rhodd ariannol i berchennog yr aradr. Bu'r amaethwyr yn hynod o gyndyn i dderbyn y wedd yn lle'r eidion a'r geilwad, er fod y wlad yn galw am fwy o fara, fel yr awgryma'r dyfyniad hwn: 'Bu i William Bulkeley ar ôl 20 mlynedd o aredig gyda cheffylau, droi'n ôl at yr ychen am eu bod yn rhagori mewn sawl modd, yn un peth yr oeddynt yn llawer rhatach i'w cadw. Yn ôl Arthur Beckett elai pâr o eidion drwy fwy o waith na gwedd o geffylau mewn daliad.'[16] Ond erbyn diwedd y bedwaredd ganrif ar bymtheg yr oedd y wedd yn prysur ennill ei phlwyf a than nawdd y Gymdeithas Amaethyddol ym Môn cafwyd ymrysonfeydd aredig a chystadlu brwd gan y cyfrifid y grefft o aredig yn un o gampau mwyaf nodedig y fferm. Nid rhyfedd i un â'r ffugenw 'Sion yr Arddwr' ym 1890 gyhoeddi llawlyfr 56 tudalen ar y grefft o aredig. Yn wir, gyda'r ymrysonfeydd mewn golwg y cyhoeddwyd y llyfryn, sy'n cynnwys awgrymiadau hynod o fuddiol i'r arddwr. Mae'n amlwg fod Sion wedi casglu at ei gilydd amrywiol *tips* i'r cystadleuwyr – dyma'r rhai mwyaf amlwg sydd ganddo:

a) Cyn y gall yr aradwr fod yn feistr ar ei grefft rhaid iddo fod yn feistr ar y wedd – peidio gweiddi ac yn siŵr peidio rhegi.

b) Agor – peidio fyth ag agor ar i waered ond ar i fyny bob amser, gan droi y gŵys yn erbyn y tir.

c) Ymorol cael cyrchnod amlwg ac nid fel y certmon hwnnw a anelodd at y nod claerwyn ar y dalar o'i flaen; hanner ffordd at y nod, cododd y wylan a'i adael fel llong yn y niwl.

Dyna ni wedi ond prin gyffwrdd â'r doreth o lenyddiaeth amaethyddol a fwriadwyd i hyrwyddo a symbylu'r ffermwyr ac i wella a diwygio 'crefft gyntaf dynolryw'. Daeth yr anogaeth bennaf gan y tirfeddiannwr a'r offeiriad, a beth bynnag fu'r fantais iddynt hwy eu hunain, mi fu'r gwelliannau hyn yn fendith amserol i'r holl deyrnas.

Goruchwylio'r Fferm

AETH Y GWAS ffarm bellach i berthyn i'r oes o'r blaen. Y mae'n dal yn eithaf byw ar gof y bobol hŷn ond, yn nychymyg y genhedlaeth iau, bod rhithiol ac annelwig ydyw. Does yna ddim i'w gymharu â'r gwas ffarm, a gresyn eu bod wedi diflannu mor llwyr a dim ond arogl mwg lle buont. Mae hi mor anodd darlunio'r fath gymeriad a'r byd a grëwyd ganddo – byd a bywyd cefn gwlad erstalwm. Mi fyddai'n sarhad ei gymharu ef a'i fyd â'n dropowts ni heddiw, ac er i Bob Owen ei alw'n 'fywyd gwyllt', fu erioed weithiwr caletach na mwy cydwybodol na'r gwas ffarm a chofiwn mai rhyw dduwolion hunangyfiawn a'i portreadodd yn bechadur dua'i oes.

Diolch byth, fe gadwyd bywyd ac arferion amaethyddol yn hirach yn Sir Fôn nag yn unrhyw ran arall o'r wlad ac eithrio Llŷn – nodwedd ynys, mae'n debyg. Yr oedd yr arferion hyn yn rhyw hanner ffiwdal, ac fe lynwyd yn bur glòs wrth y gwahaniaethau dosbarth yn hirach ym Môn. O ganlyniad mae gennym dystiolaeth a darluniau llygad-dystion. Pwy yn well nag Ifan Gruffydd a Charles Williams? Cawsom gan y ddau ddarlun byw a difyr o'r gwas ffarm a'i fyd cyn i'r llenni gau ar un o'r dramâu difyrraf. 'Dedwydd yw Môn o'i dyddiaduron,' meddai Helen Ramage – dyddiaduron dau sgweier o deulu'r Bwcleaid. Mae Môn yr un mor ddedwydd o'i dau hunangofiant – *Y Gŵr o Baradwys* gan Ifan Gruffydd a *Wel Dyma Fo...* gan Charles Williams. Nid dau ymchwilydd mewn hen ddogfennau oeddynt, ond dau was ffarm yn adrodd eu profiad am fywyd a byw cyn iddo ddiflannu am byth. A thra wyf yn sôn am hunangofiannau, mae ym meddiant Carol Hughes, cyn-brifathrawes Ysgol Bodedern, 'Hunangofiant Gwas Ffarm', gwaith Thomas Williams, Cottage, Tudweiliog (1850–1935), a gynigiwyd yn Eisteddfod Genedlaethol Pwllheli 1925. Y mae'r gwaith hwn, fel eiddo'r ddau o Fôn, yn ddogfen hynod werthfawr ac yn rhoi cip inni ar fywyd cefn gwlad yn Llŷn ar ddiwedd y bedwaredd ganrif ar bymtheg.

Nid yn unig mae gan Fôn ddau hunangofiant gan ddau was ffarm, mae gan yr ynys hon hefyd ddwy glasur o ddarlith gan ddau was ffarm, y naill gan y Parch. Huw Jones, 'Y Llofft Stabal', a'r llall, 'Tenant Llofft Allan', gan Edward Williams (Ned Siop Grey). O'r pedwar does ond y pregethwr yn fyw – pedwar adawodd eu marc ar ynys eu maboed, pedwar a berthynai i'r genhedlaeth honno a wyddai am y bywyd gwledig creadigol, lle yr oedd pob person yn gymeriad ac yn cyfoethogi patrwm y gymdeithas, cenhedlaeth sy'n cael ei disodli rŵan gan genhedlaeth ddi-liw a materol y trefi. Y mae un arall a haedda le yn oriel 'y gwas ffarm', sef Glyn Owen o Bensarn ger Amlwch. Heb os, Glyn Bach, fel y'i gelwir gan ei gyfeillion, oedd yr olaf ar Ynys Môn i fyw mewn llofft stabal ac o ganlyniad y mae Glyn yn dipyn o 'seleb' yn y byd hwnnw! Mae'n anodd credu mai'r un oedd cyflwr y llofft olaf a'r gyntaf erioed yn ôl disgrifiad Glyn ohoni wrth Owie Jones o Bensarn: 'Yr uwch-ystafell ddiaddurn oer ryfeddol yn y gaeaf, y to mor isel ac oni bai am hen dop côt Home Guard i roi trostaf mi faswn wedi rhewi'n gorn. Ac mi roedd yn y stabal 'no hen gaseg a fyddai'n chwrnu'n ychal a 'nghadw'n effro, doedd dim modd cysgu yn sŵn y g'nawas' (*Fferm a Thyddyn*, Calan Mai 2007).

Fel pob gwas ffarm, yr oedd Glyn Bach yn botsiar ond, yn wahanol i'r rhelyw, yr oedd yn botsiar cyfreithlon – fe ddaliai dir saethu! Fel heliwr wrth reddf fedrai Glyn ddim maddau i geiliog ffesant na'i wraig, petris na hwyaid gwylltion lle bynnag y bônt. Yn ei dro fe alwodd asiant y stad heibio i fferm Llanaeddog a gan fod adeiladau'r fferm yn rhan bwysig o'i swydd, gydag ychydig drafferth cyrhaeddodd Cyrnol Gryer y llofft stabal. Gyda holl awdurdod stad Dulas bytheiriodd mewn Saesneg crand pan welodd dri gwn – ffôr ten, twelf bôr a tŵ tŵ – yn y gornel wrth y gwely, ynghyd â rhwyfau'r cwch a gadwai Glyn mewn cilfach yn Nhraeth yr Ora gerllaw: 'Is this a bothy or an armoury?'

Ond er mor oer a diaddurn y llofft olaf hon, fel y gyntaf, dewis Glyn oedd cysgu yma, er i deulu Llanaeddog, Daniel Hughes a'i ddwy chwaer Grace a Bessie, bwyso arno i ddod i'r tŷ i gysgu. I Glyn, fel pob gwas ffarm arall erioed, yr oedd diodde'r oerni a'r annibendod i gyd er mwyn annibyniaeth a bywyd ffri y llofft heb wraig na theledu i aflonyddu ar lonydd gorffenedig y lle yn werth yr aberth.

Y mae stori Glyn Owen yn f'atgoffa innau mai Harri 'mrawd a minnau oedd y ddau olaf yn Llŷn i fyw mewn llofft stabal – ffaith a wnaeth faledwr o Harri a phregethwr o ryw fath ohonof innau.

Ond er ymffrost y pump ohonynt, rhaid inni gydnabod y perthyn y gwas ffarm i'r dosbarth isaf un yn y gymdeithas. Felly yr edrychai pawb arno. Sawl mam a rybuddiodd neu'n wir a ddychrynodd ei phlentyn diog, gan ddweud wrtho os na fyddai'n gafael ynddi yn yr ysgol, 'yna gwas ffarm fyddi di', fel pe bai hynny'r gwarth mwyaf a ddeuai i ran neb. Clywsom ambell brifathro diddychymyg yn proffwydo'n gyhoeddus mai gweision ffermydd fyddai bechgyn y desgiau cefn. Cofiai'r Parch. Edgar Jones ei fam yntau yn ei rybuddio ar y ffordd i'r ysgol yn Llaniestyn, 'Gwna di dy ora, 'ngwas i, neu cofia di, gwas bach yn Nhregarnedd fyddi di!' A phan ddechreuodd Lisi Ann roi rhyw lyfiad o lipstic a thipyn o eli cau tylla ar ei hwyneb, amneidiodd y fam arni'n reit ddirybudd, 'Cymer di bwyll, mai ledi, dim ond tair ar ddeg oed wyt ti, ac os na fyddi di'n reit ofalus, gwas ffarm gei di'n ŵr.' Pa obaith oedd gan hwn i godi uwch bawd sowdl?

a) Llanciau'r Llofft Stabal

Yr oedd gweision ffermydd gydol y bedwaredd ganrif ar bymtheg yn rhannu'n ddau ddosbarth, nid fel y disgwyliem ar gyfrif eu safle ymhlith eu cyd-weithwyr na'u hoedran ond ar gyfrif eu llety. Fe drigai'r gwŷr priod mewn bythynnod bychan o fewn cyrraedd cerdded i'w gwaith ar y fferm tra lletyai'r llanciau di-briod a phlant o 9 i 13 oed ynghyd â'r morynion yn adeiladau'r fferm, y llofft stabal gan amlaf. Y cartrefi hyn a roes iddynt statws mor israddol ar waelod y gymdeithas wledig, fel y rhoes y plasty y sgweier ar ben yr ysgol honno. Ac eto, y dosbarth yma oedd canolbwynt bywyd amaethyddol yng nghefn gwlad Cymru yn y bedwaredd ganrif ar bymtheg ac fe synnai Bobi Jones i awduron llenyddol a chymdeithasol anwybyddu sefydliad mor nodweddiadol Gymreig. Fe gofnoda Lleufer Thomas yn Adroddiad y Comisiwn Brenhinol ar Sir Fôn ym 1893 fod mawr ofal am wneud y ceffylau a'r gwartheg yn gyfforddus, a bod pob darpariaeth hyd yn oed ar gyfer y moch, ond eto ni roddwyd unrhyw sylw i ofynion y gweision a'u llety. Yr oedd cryn anfodlonrwydd drwy'r ganrif ynglŷn â bythynnod y llafurwyr priod, a rhoes Walter Davies ddisgrifiad o'r bythynnod hyn mewn dau air, sef 'habitations of wretchedness'.

O ble tybed y tarddodd trigfan mor unigryw â'r llofft stabal? Mae hi'n anodd gosod bys a nodi'r man a'r lle y tarddodd y llofft hon. Mae'r Dr Eurwyn Wiliam yn ei holrhain yn ôl i'r Oesoedd Canol, i oes yr ych fel brenin y fferm.[1] Aredig â'r ych yw'r dull hynaf o drin y tir, felly nid rhyfedd i gymaint o lên gwerin dyfu o gwmpas y grefft. Yr oedd hen syniad yn bodoli y dylai'r geilwad ganu i'r ychen i'w cymell at eu gwaith; credent fod rhyw ddeallusrwydd cyfriniol yn perthyn iddynt. Fe gofnoda William Bwcle, Y Brynddu, ym 1748 iddo droi'n ôl at yr ychen ar ôl 20 mlynedd gyda'r ceffylau, gymaint oedd ei serch at yr ychen. Byddai'r beirdd hwythau yn hoff iawn o wylio'r arddwyr hyn wrth eu gwaith gan eu canmol a'u clodfori fel 'teilwriaid y talarau'. Yr oedd gan y geiliaid wir serch at eu hychen ac roeddynt yn fawr eu gofal am eu lles. Cawn ddarlun graffig gan y bardd Llawdden o'r modd y deuai'r geiliaid a'u hanifeiliaid i'r tŷ hir ac yno y cysgent, yr anifeiliaid, y certmyn a'r geiliaid:[2]

Lle'r nos ar y llawr nesaf
At y gell i'r tŷ a gaf.
Gwely'r amaeth a'r geilwad
Wrth y côr, fel eith y'i cad.[3]

Fe gefnogir hyn gan Syr Walter o Henley, goruchwyliwr stad o'r drydedd ganrif ar ddeg; yn ei draethawd ar hwsmonaeth, fe bwysleisia yntau fod yr ych yn anifail hynod o sensitif ac yn hawlio llawer o sylw, ond yn hawdd i'w ddysgu ac yn dawel wrth ei waith. Fe gredai Syr Walter ei bod yn bwysig iawn i greu perthynas gynnes ac agos rhwng y certmon a'r ceffyl a rhwng y geiliaid a'r ych: 'Each waggoner shall sleep every night with his horses and keep guard over them, and so shall the oxherds sleep in the same way with their oxen.'[4]

Ond er pobloged yr ychen, erbyn canol y bedwaredd ganrif ar bymtheg yr oedd ceffylau yn prysur ennill eu plwyf, yn enwedig yn Sir Fôn. Fe gyfrifid cig yr eidion yn fwy gwerthfawr na'i gyfraniad fel anifail gwaith. Daeth y wedd geffylau i ddisodli'r ychen a daeth y stabal yn brif adeilad ym mhob buarth fferm. Safai'r stabal gryn dipyn yn uwch na'r un adeilad arall, gyda drws llydan yn rhannu'n ddau ac yn uchel iawn, a'r ffenestri yn llawer mwy o faint na ffenestri adeiladau eraill. Ceid dwy stabal yn y ffermydd mwyaf, un i'r ceffylau gwaith – gwaith caled pob dydd y fferm – a'r llall i'r ceffylau hacnai a chyfrwy a cheffylau ysgafn i'r car a'r trap.[5] Yr oedd llofftydd yn bur gyffredin mewn stablau Cymreig i gadw gwair a gwellt i'w fwydo i'r ceffylau trwy dyllau yn llawr y llofft uwchben y rhesel. Yn ôl rhai, pwrpas pennaf y llofft oedd insiwleiddio'r stabal a'i chadw'n weddol gynnes i'r gweddoedd chwyslyd wedi daliad o waith caled o aredig tyndir. Gan fod grisiau o gerrig garw o'r tu allan i'r llofft, naturiol fyddai trefnu lle i'r gweision gysgu a'r un pryd gadw golwg ar y ceffylau islaw. Barna'r Dr Eurwyn Wiliam mai gweddillion o ddyddiau'r ychen a'r geiliaid a'r certmon a'r wedd yw'r llofft stabal fel llety'r gweision.[6] Y ceffylau oedd yr anifeiliaid pwysicaf ar y fferm gan y dibynnai'r holl waith arnynt a phob cludiant, felly fe hawlient y gofal gorau nos a dydd, a phwy'n well i hynny na'r certmon a weithiai'r ceffylau yn y dydd ac a gysgai uwch eu pen drwy'r nos?

Ond doedd llofft y llanciau ddim uwchben y stabal ym mhob fferm a chred rhai mai yn yr hen dŷ fferm y mae tarddiad y llofft. Bwthyn ar raddfa ychydig yn ehangach oedd y tŷ fferm ar y dechrau. Yr oedd rhai ohonynt o wneuthuriad gweddol. Yr oedd ym mhob un ohonynt lofft eang lle cysgai'r gweision a'r morynion, tra cysgai'r meistr a'r feistres yn y siambar oddi tanynt. Yr oedd grisiau o'r tu allan i'r llofft gan nad oedd mynediad iddi o'r tŷ. Ceid palis tenau i wahanu gwelyau y gweision a'r morynion. Dro arall fe rennid y llofft i wahanu'r ddau ryw gyda chypyrddau, cistiau neu ryw ddodrefn eraill, a byddai modd gweld dros y terfyn! Ac yn ogystal â bod yn llofft i'r gwasanaethyddion yr oedd hefyd yn storfa i gadw ŷd, gwlân, afalau a thatws.[7]

Yn ddiddorol iawn, ceir yn Sir Fôn sawl enghraifft o hen dai ffermydd gyda'r math yma o lofftydd dan yr unto a'r grisiau o'r tu allan. Yr enghraifft orau yw'r un ym Maen Eryr ym mhlwyf Tregaean, gyda'r gwahaniaeth mai gweision a gysgai yn y siambar a'i llawr wedi ei theilsio'n gywrain, ac yn y llofft eang uwchben yr oedd y granar i storio'r grawn. Mae'n debyg y bu'r newid pan adeiladwyd tŷ fferm newydd ac i'r meistr a'i briod symud i hwnnw. Gwelir yr un patrwm yn y Neuadd ym mhlwyf Coedana gyda hen dŷ fferm â llofft eang yn estyniad heb ddrws yn eu cysylltu, a grisiau cerrig eang yn arwain iddi o'r tu allan. Bellach mae'r llofft hon yn storfa ŷd a thatws gyda hoywal oddi tani. Yn ddiddorol iawn, ni chodwyd tŷ newydd yn y Neuadd; yn hytrach, fe godwyd llofft uwchben y stabal yn y rhes o adeiladau i lawr yr iard. O symud i blwyf Rhodogeidio ar y terfyn fe geir siambar yr hogiau gyda'r granar uwchben yn rhan o'r hen dŷ fferm – Pwllgynnau. Symudiad cymharol ddiweddar fu ym Mhwllgynnau a'r hen dŷ mewn cyflwr da. Mae yma eto yr un patrwm gyda mynediad o risiau o'r tu allan i'r llofft.

Ond o ble bynnag y tarddodd y llofft stabal neu'r llofft allan, yr un oedd ei hansawdd a'i chyflwr a doedd Sir Fôn ddim yn eithriad yn hyn o beth. Yn ei dystiolaeth i'r Comisiwn Brenhinol ar y gweision ffermydd (1893) fe ddywed Samuel Hughes, Cadeirydd y Cyngor Sir: 'Bellach nid oes croeso i weision ffermydd hamddena yn y gegin ar ôl hwyrbryd ar nosweithiau oer o aeaf. Fe ddisgwylir iddynt adael yn syth i'r llofftydd stabal oer neu grwydro'r ffyrdd.' Fe gytunai Richard Rowlands o Walchmai fod amgylchiadau'r gweision ffermydd yn ddifrifol iawn, gan y byddai raid iddynt adael y gegin gynnes am y llofft stabal oer neu gymowta hyd y ffyrdd. Yn ôl John Hughes, gwas ffarm o Aberffraw, yr un yn union oedd y stori yn ffermydd yr ardal honno a chwynai am gyflwr y llofft, a oedd yn gwbl anghyfforddus i greadur dynol fyw ynddi. Yn naturiol, yr oedd Thomas Pritchard, asiant stad Bodorgan, yn credu bod llawer iawn o'r bai am gyflwr y llofft stabal ar rai o'r gweision a'u hymddygiad anystyriol – hen labystiaid gerwin yn malurio popeth ar ffurf dodrefn a roed yn y llofft. Mae'n wir fod rhai ohonynt yn gwbl anystyriol eu hymddygiad, tra ar y llaw arall yr oedd rhai yn ymddwyn yn gyfrifol a pharchus. Byddai rhai, yn ôl y sôn, yn gosod eu dillad yn eu trefn yn fwdwl taclus wrth droed y gwely fel y gallent wisgo heb olau'r gannwyll fore trannoeth. Mae'n gryn syndod y byddai'r llanciau hyn mor fodlon a thawel eu byd dan amgylchiadau mor giaidd.

Ond mae eithriad o hyd ac yr oedd Owen Lewis o'r Gaerwen yn un o'r eithriadau hynny, gan iddo gwyno'n swyddogol mewn llythyr. Yr oedd Owen yn gyflogedig i William Hughes, Cefn, Llanddeiniolen. Fe'i trawyd â chlefyd y Brenin, sef y *scrofula* – clefyd annymunol iawn. Yr oedd Owen Lewis yn grediniol mai cyd-gysgu â'r gwas arall oedd yr achos iddo ddal y clefyd yma. Doedd dim amdani ond torri'r cytundeb cyflogaeth a hynny trwy lythyr, Saesneg wrth gwrs. Tybed a gafodd o rywun i ysgrifennu'r llythyr ar ei ran? Does dim i ddweud a lwyddodd y llythyr i'w ryddhau o'i gytundeb:

Gaerwen
14 July 1854

William Hughes
Cefn,
Llanddeiniolen

Sir,
I hereby give you notice that I shall leave your service in the month from the above date and request that you will in the meantime find another man in my place. Having come to your service clean from any Scroful but since had the misfortune to catch the itch from a fellow servant while sleeping with him which is my reason for giving you the notice.
Owen Lewis.[8]

Ond beth bynnag am gyflwr y llofft stabal, hon oedd dewis y llanciau wrth iddynt gael eu cyflogi. Yr oedd ganddynt ddau gwestiwn cyn cyflogi a phenderfynu ar le, 'Sut fwrdd sy' yno, a lle bydda i'n cysgu?', ac yn ddieithriad y llofft stabal fyddai'r lle cysgu delfrydol. Caent dragwyddol annibyniaeth yn y llofft yma heb neb i holi 'Lle buost ti?' Byddai'r llanciau'n eithaf bodlon i oddef byw yn y fath le a dan y fath amgylchiadau mewn ystafell lom, ddiaddurn ac oer heb dân, heb olau ond golau gwan y gannwyll, heb ffenestr ond sgeulat o faint sglatsen, dim math yn y byd o awyru a thoiled y dyn cyntefig. Fu erioed gartref mwy gresynus na'r llofft stabal, a phwy welai fai arnynt am droi allan ar nosweithiau oer y gaeaf i gymowta hyd yr ardal ar stumogau a phocedi gweigion? Yn reddfol rywfodd, a heb ymwybod, bu iddynt gydio mewn arferion caru o'r Oesoedd Canol, hen arferion nad ydynt yn gyfyngedig i ardaloedd amaethyddol Cymru ond i rannau o Ewrop yn ogystal. Ar y cyfan byddai'r arferion hyn yn ddigon derbyniol gan gymdeithas er mwyn i'r ddau gariad ddod i gydnabyddu â'i gilydd cyn priodi. Cyrchai'r mab at gartref y ferch a cheisio tynnu ei sylw trwy dapio'r ffenestr yn ysgafn neu daflu graean mân yn gawod ysgafn at ei ffenestr. Daeth yr arferiad yma'n gyffredin iawn yn ardaloedd amaethyddol cefn gwlad Cymru ac mae'n amlwg y daeth yn arferiad hynod o boblogaidd yn Sir Fôn dan yr enw 'streicio'.

Does neb a wad nad oedd i arferion o'r fath eu peryglon amlwg ac o ganlyniad byddai raid dyfeisio atalfa. Fe geid carchar-wely ym Mhen Llŷn, un syml iawn ond hynod o effeithiol: byddai un o'r ddau yn gorwedd oddi tan y gynfas tra gorweddai y llall arni ac o ganlyniad yr oedd y gynfas yn wahanlen rhwng y ddau. Ceid dyfais debyg yn Sir Feirionnydd: rhoi dwy goes y ferch mewn un hosan fawr gyda gardas gref am ei chanol.

Yr oedd yn rhaid cael cyfleon caru i barau ifanc gael dod i adnabod ei gilydd, gan y byddai amgylchiadau teuluoedd cefn gwlad mor anodd. Yr oedd y tai'n fychan, y teuluoedd mor niferus, y tanwydd mor brin ac oriau gwaith ar y ffermydd mor faith. O ganlyniad fe gâi'r arferiad yma o garu groeso yn ardaloedd cefn gwlad Cymru. Pan syrthiodd Gweirydd ap Rhys mewn cariad â Grasi Tŷ Capel, Bethel Hen, Llanrhyddlad, a honno'n aelod o'r Seiat Fethodistaidd bu raid i'r ddau ddilyn rheol yr enwad hwnnw ym Môn. Bu raid hysbysu un o flaenoriaid y capel i ddechrau a hwnnw'n penderfynu ar y man i gadw oed â'i gilydd. Pulpud Bethel Hen fu'r man cyfarfod i Robert a Grasi a hynny am awr bob nos Fawrth. Gydag amser, â'r garwriaeth yn cynhesu, estynnwyd yr amser ac amrywio'r lleoliad.[9]

Ond er fod sêl bendith Methodistiaid Môn ar y fath arferiad, eto fe welai'r Parch. William Jones, Curad Llanbeulan, lu o demtasiynau yn yr arfer, ac ni fu'n ôl o fynegi ei feirniadaeth: 'Un o'r camweddau pennaf ag sydd gyfrifedig yn erbyn nodwedd y Cymru, a dardd oddi wrth y dull y mae pobol ieuainc yn cymdeithasu â'i gilydd cyn iddynt fyned i'r cyflwr priodasol, yn cyflawni y trosedd gwaradwyddus hwnnw.'[10]

Er pob beirniadaeth, ni lwyddwyd i ddiddymu'r arferiad

a phrawf o hynny yw'r sylw a gafodd yn ein caneuon gwerin
a'n baledi dros gyfnod maith. Cafodd y faled Gymraeg a'i
chefndir Celtaidd ddylanwad amlwg ar feirdd fel Robert Burns
a'i defnyddiodd mewn dulliau mwy llenyddol, fel y gwnaeth
Cynan ac I. D. Hooson. Dyma faled Burns i Mary Morison:

> O! Mary, at thy window be,
> It is the wish'd, the trysted hour!
> Those smiles and glances let me see,
> That make the miser's treasure poor.

Ceir yr un syniad yn yr hen gân werin yma:

> "Fy nghariad annwyl, dyner, glws,
> Tyrd i'r ffenest' neu i'r drws.
> Mae gŵr ifanc dan y pared
> Yn dymuno cael dy weled."

Daeth yr ateb i'w gais yn ddiymdroi:

> "Yn wir ni chodaf i o'm gwely
> I siarad gwagedd drwy'r ffenestri.
> Mae'r gwynt yn oer, a minnau'n dene,
> Dowch yn gynt neu sefwch gartre."[11]

Byddai raid i lanciau'r llofft stabal wrth ysgol i gyrraedd
at ffenestr llofft y forwyn yn y tŷ fferm. Byddai'r forwyn wedi
gofalu y byddai ysgol mewn lle hwylus a phan glywai hi'r
gawod o raean ar y ffenestr byddai'n disgwyl am y streiciwr.
Ond doedd hi ddim mor hwylus bob tro, a gwely gwag a gâi'r
gwas druan weithiau:

> Cael yr ysgol ar y pared,
> Cael y ffenestr yn agored,
> Cael y gwely wedi'i gyweirio
> Methu cael f'anwylyd ynddo.

Mi glywais Tommy Williams o'r Sarn ym Mhen Llŷn yn cael hwyl anarferol ar ganu'r 'Gwydr Glas', hen faled sy'n ddisgrifiad da o'r hen arferiad o streicio:

Os daw fy nghariad yma heno,
I guro'r gwydr glas
Rhowch ateb gweddus iddo,
Na 'thebwch mono' gas.

Nad ydy'r ferch ddim gartre,
Na'i (h)wyllys yn y tŷ,
Llanc ifanc o'r plwy' arall,
Sydd wedi mynd â hi.

Ond heb os, y gân werin enwog fwyaf poblogaidd a'r fwyaf adnabyddus am streicio yw 'Titrwm, Tatrwm'. Cawn yn hon enghraifft dda o onomatopeia wrth inni glywed sŵn y graean yn disgyn ar y gwydr.

Mae gennym dystiolaeth lawer nes na'n canu gwerin; mae rhai'n cofio'r arfer o streicio ar Ynys Môn o hyd, ac fel y byddai llanciau'r llofft stabal yn galw ar y morynion i'w derbyn atynt i'w gwelyau. Mi fûm yn ddigon ffodus i gael sgwrs faith am y pwnc efo John Hughes, Tŷ Hir, Dothan, cyn iddo ein gadael yn 2010. Bu llanciau'r llofft yn streicio ym Môn hyd ganol y 1930au yn ôl John Hughes. Arferai llanciau cylch Dothan gasglu yng ngweithdy'r crydd wrth y groesffordd enwog. Yr oedd modd gweld goleuadau ffermdai mwyaf yr ardal o'r groesffordd. Cofiai John Hughes yn dda i ddau o'r criw sylwi bod golau llofft y giaffar a'r fistras wedi diffodd yng Ngherrighafal. Llwybrodd y ddau drwy'r nos nes cyrraedd y gadlas, cydio yn yr ysgol a oedd ar bwys y wal, ac yna lluchio dyrnaid o bridd bras at ffenestr y forwyn. Clywsant wich neu ddwy yr agor, diolchodd un ohonynt i'w gymar am ei help ac mewn dim o dro yr oedd yng nghesail y forwyn mewn nefoedd o wely plu. Bu'r ddau'n sisial yn dawel â'i gilydd am hydion byd a thyfu'n hyfach o hyd. Synhwyrodd y feistres ei bod yn clywed lleisiau yn rhywle, ond eto ymhell. Cododd, mynd at ddrws llofft y forwyn a chael tarddle'r lleisiau. Agorodd ddrws y llofft, ac yng ngolau gwan y gannwyll gwelodd ddau ben yn lle un. Roedd yr hen arfer diniwed i ddau gariad gyfarfod â'i gilydd i gydnabyddu wedi mynd yn bechod ffiaidd yng ngolwg Methodistiaid Môn. Terfynwyd hwyl y gwas a'r forwyn y noson honno yn y fan a'r lle ac fe derfynwyd cytundeb y forwyn druan.

Yr oedd bywyd y forwyn yn llawer iawn mwy caeth na bywyd y gwas, er fod hwnnw ynddo'i hun yn fywyd llwm a chaled. Nos Fercher a nos Sadwrn oedd yr unig nosweithiau rhydd i'r forwyn a byddai raid iddi fod yn y tŷ erbyn deg. Yr oedd hi'n ddeg munud wedi deg pan gyrhaeddodd dwy forwyn Treiddion adref un nos Fercher a chael y drws ar glo. Feiddiai yr un ohonynt guro'r drws; byddai'n well ganddynt gysgu yn y beudy na dioddef tafod y feistres ar ôl ei chodi yr awr honno o'r nos. Aeth y ddwy at ddrws y llofft stabal a mentro curo. Agorodd John Hughes y certmon, a oedd yno ei hun, a chawsant wahoddiad llaes i rannu'r llofft stabal â'r gwas – beth bynnag am y gwely! Pan ddeffroes John Hughes fore trannoeth yr oedd y ddwy foneddiges wedi gwisgo ac yn cwmanu i lygadu trwy dwll y glicied i ffendio'u ffats i groesi'r buarth am ddrws y briws.

Cafodd gŵr a gwraig Treddolffin ym mhlwyf Ceirchiog wahoddiad i Dŷ Mawr Llanbeulan, arferiad cyffredin ymhlith cymdogion cefn gwlad Môn erstalwm. Mi fanteisiodd y forwyn ar y cyfle i wahodd ei chariad am damaid o swper i Dreddolffin, a fu dim raid iddo streicio, dim ond cyffwrdd y ffenestr ac fe agorodd y drws. Wedi swper gwas a morwyn ar y bwrdd crwn wrth y tân symudodd y ddau i eistedd ar y setl fawr gefn uchel oedd wedi ei gogwyddo at y tân. Yno y bu'r ddau'n caru'n frysiog yn y gwres llethol nes colli pob syniad o amser a lle. Yn gwbwl ddirybudd, agorodd drws y briws a daeth gwesteion Tŷ Mawr adref yn rhy gynnar o lawer yn nhyb y ddau gariad. Deifiodd y gwas druan dan fwrdd mawr y gegin gydag esgid drom gŵr y tŷ yn gwanu i'w afl dender. Heb sythu o'i gwman anelodd am y drws a ffoi i'r nos yn nhraed ei sanau.

Mi gafodd y gwas hwnnw a aeth ar ei feic o Ros-y-bol i

ardal Llanfaethlu i streicio dro digon trwstan. Gwyddai'n dda am lety'r forwyn ym Mhlas Uchaf; yr oedd y llofft dan yr unto â'r tŷ, ond bod y fynedfa o'r tu allan gyda grisiau cerrig fel y rhai a arweiniai i lofft stabal. Mewn gwirionedd y granar oedd hwn, gyda phalis tenau yn gwahanu'r grawn a llofft y forwyn. Cafodd y streiciwr o Ros-y-bol groeso mawr a maes o law aeth y ddau i gysgu. Deffrowyd y ddau fore trannoeth gan chwyrnu'r dyrnwr mawr a'r tracsion yn gymysg â lleisiau pobol. Yr oedd hi'n ddiwrnod dyrnu ym Mhlas Uchaf, y diwrnod pwysicaf yng nghalendr pob morwyn fferm. Ar amrantiad fe wisgodd y llanc o Ros-y-bol amdano a diflannu i blith y dyrfa ac i sŵn byddarol y peiriannau heb i neb sylwi bod dieithryn yn eu plith, fel rhyw *walk-on* mewn ffilm. Gadawyd y forwyn druan i wynebu'r miwsig tua'r tŷ.

Yr oedd peth gwahaniaeth yn yr arferiad o streicio ym mhlwyfi'r glannau – Llaneilian, Llanwenllwyfo a Phenrhosllugwy. Soniai Hefin Hughes, Ty'n Rhos, Pensarn, am ei dad, Owen Hughes, yn cael ei droi allan i weini yn blentyn 12 oed a'i fam yn prynu cist gwas ffarm iddo am ddwybunt – dyma ddodrefnyn pwysicaf y llofft stabal. Daeth certmon y Gwlybgoed i gyrchu'r gwas bach a'i gist i'w le cyntaf efo'r drol. Ar wahân i ychydig ddillad doedd dim arall ond consertina, un o offerynnau cerdd y llofft, ynghyd ag organ geg. Yr oedd Owen Hughes yn offerynnwr pur fedrus a bu ei ddawn yn gryn bleser i'r llanc o Fodorgan a rannai'r llofft ag ef. Beth tybed fyddai hanes y gwas bach cerddorol hwn pe câi gyfleusterau heddiw?

Ond yn oes y consertina a'r organ geg yr oedd llawer iawn mwy o fynd ar fercheta yn ystod amser hamdden. Yr oedd yn arferiad yn ardaloedd y glannau i'r llanciau droi allan yn hwyr y nos i streicio yn griw mawr gyda'i gilydd. Yn ôl John Jones, Pen Cefn Bach, Llannerch-y-medd, tua hanner nos y cychwynnent ar daith streicio.[12] Yn ôl Owen Hughes fe gâi'r gwas bach, faint bynnag ei oedran, ymuno â'r criw streicio er mwyn iddo ddysgu'r grefft! Arferai Owen adrodd hanes un noson nodedig iawn. Pentreirianell yn Nulas oedd galwad gynta'r giang y noson arbennig yma, nid i holi am Forrisiaid Môn ond i geisio croeso'r forwyn. Agorodd ffenestr y llofft a sibrydodd un o'r criw y câi hi ei dewis; gwnaeth y forwyn y dewis yn y tywyllwch distaw. Erbyn hyn yr oedd yr ysgol ar bared y tŷ yn anelu at ffenestr llofft y forwyn. Yn anffodus, yn ei hanwybod bu i'r forwyn ddewis y tewaf a'r mwyaf trwsgl o'r giang. Yr oedd hi'n gyfyng ryfeddol arno wedi cyrraedd pen yr ysgol, a bu'n sad gysidro sut y byddai orau iddo fynd i fewn – ei ben yntau ei ben-ôl gyntaf. Er mwyn glanio ar ei draed aeth i fewn wysg ei din. Ond dylsai'r forwyn fod wedi ei rybuddio fod yna bron i ddwylath o gwymp o'r ffenestr i lawr y llofft. Disgynnodd y llabwst mawr yn ddiarbed i'r llawr a glanio yng nghanol y llestri llaeth gweigion yn y tŷ llaeth oddi tan y llofft. Bu'r fath daran yn ddigon i ddeffro dinas dawel Dulas heb sôn am deulu'r Morrisiaid.

Y mae gan Ifan Gruffydd hanes am dro trwstan tebyg pan aeth cymeriad trwsgl i alw efo'i gariad yn Nhregwehelyth ym mhlwyf Llanfugail. Trefnodd y forwyn awyddus honno fod ysgol ar y pared yn disgwyl ei chariad oddeutu hanner nos gyda'r addewid y câi aros tan y bore. Ond er yr holl hwylusterau hyn yr oedd y ffenestr yn rhy fach neu'r streiciwr yn rhy fawr ac ni allai symud yn ôl na blaen. Yno yr oedd yn siglo ar ei fol ac yn dyhefod fel dafad rhwng llofft y forwyn a'r awyr agored. Synhwyrodd y forwyn nad oedd yn sefyllfa i neb fod ynddi'n hir, felly gafaelodd yn llabedau ei gôt fawr a thynnu fel pe'n tynnu llo. Disgynnodd ei chariad yn llabwst llonydd ar lawr y llofft a threuliodd y forwyn druan y noson ar ei hyd yn ei nyrsio.

Ond doedd yr arferion hyn o streicio a charu yn y gwely ddim mor ddiniwed ac ysgafala ag yr ymddengys; yr oedd yn enghraifft o chwarae'n troi'n chwerw ac o'r addfwyn rai yn dwyn y bai. Fe chwalwyd bywyd sawl merch ifanc o forwyn a bu bys gwaradwydd byd ac eglwys yn nodi ei phechodau gydol ei hoes. Bu raid i'r merched hyn wynebu'r llys i brofi tad i'w plentyn anghyfreithlon, profiad cywilyddus a rhwystredig i ferched ifanc na allent gymaint ag ysgrifennu eu henwau. Yn rhinwedd ei swydd fel twrnai i gynghorau Môn fe gadwodd Thomas Pritchard, Llwydiarth Esgob, fanylion am yr achosion hyn gan eu cofnodi'n ofalus yn ei lawysgrif mewn llyfr, y *Bastardy Minute Book*.[13] Fe ddisgwylid i'r Cyngor Plwyf helpu'r merched hyn yn ariannol ac roedd yn hanfodol fod ganddynt holl fanylion yr achosion. Fe nodwn rai o'r ugeiniau o achosion a gofnodwyd a gwelwn ynddynt agwedd ddideimlad a diymgeledd oes Fictoria tuag at ddosbarth difreintiedig gweision a morynion ffermydd a weithiodd mor egnïol ac onest ar gyflog bychan a bwyd gwael.

Fe anwyd plentyn anghyfreithlon i Mary Williams, morwyn yn Nhŷ Mawr, Llangwyllog, ar 25 Mawrth 1857. Haerodd Mary yn y llys mai Owen Hughes, gwas Tyddyn Owen, Llangwyllog, oedd tad ei phlentyn, ac y deuai i'r gwely ati'n gyson bob wythnos wedi iddi hi agor y ffenestr iddo. Cefnogwyd ei thystiolaeth gan Mary Thomas, y forwyn fach a rannai'r gwely efo hi. Yn ôl y forwyn fach, byddai Mary Williams yn disgwyl wrth y ffenestr i glywed sŵn y graean ac yna byddai'n ei hagor led y pen. Deuai Owen Hughes at y ddwy i'r gwely, 'a chyn i mi gysgu,' yn ôl Mary Thomas, 'byddai cryn fwstwr rhwng y ddau.' Plentyn o 13 i 15 oed fyddai'r forwyn fach a bu amryw ohonynt yn dyst i sefyllfaoedd o'r math. Cafwyd Owen Hughes yn euog a gorchmynnwyd iddo dalu swllt a chwech yr wythnos am fagu'r plentyn ynghyd â deg swllt i'r fydwraig. Ni allai yr un o'r ddwy forwyn arwyddo'u henwau ar ddogfen y llys.

Gwrandawyd achos Catherine Jones o Langefni gerbron yr ynadon Weyn Jones, Richard Bulkeley a G. R. Griffiths. Yr oedd Cathcrine yn forwyn yng Nghefndu Mawr, Gaerwen, a beichiogodd gan honni mai Thomas Owen, gwas ffarm o Langaffo, oedd y tad. Dyna hefyd oedd tystiolaeth y forwyn fach a rannai'r gwely efo Catherine. Yn ôl tystiolaeth y forwyn fach, fe ddeuai Thomas Owen i'r gwely at Catherine a hithau ddwy noson yr wythnos ac aros efo nhw drwy'r nos. Cytunai'r ddwy forwyn â'i gilydd na ddeuai neb arall atynt i'r llofft yn ystod y nos ond Thomas Owen. Cafwyd Thomas Owen yn euog o dadogi plentyn Catherine Jones a gorchmynnwyd ef i dalu swllt a chwe cheiniog yr wythnos at fagu'r plentyn a thalu deg swllt i'r fydwraig am ei gwasanaeth. Rhoes Catherine a'r forwyn groes fel arwydd o'u henwau ar ddogfen y llys.

Ganwyd plentyn anghyfreithlon i Jane Roberts o Hen Eglwys ar 6 Tachwedd 1857 a hithau'n forwyn ym Mhlas Bach, Cerrigceinwen. Yr oedd Jane yn eithaf sicr mai John Jones, gwas Prys Iorwerth, oedd tad ei phlentyn. Treuliai John ddwy noson bob wythnos yn ei gwely hi a'r forwyn fach o Glanmai hyd Glangaeaf a dyna oedd tystiolaeth y forwyn fach hefyd. Dedfrydwyd John Jones i dalu hanner coron yr wythnos am fagu'r plentyn am y chwe wythnos er ei eni ac yna i dalu swllt a chwe cheiniog yr wythnos bob wythnos wedyn a thalu deg swllt am wasanaeth y fydwraig. Yn yr achos yma yr oedd 19 swllt o gostau llys i'w talu hefyd.

Erbyn ail hanner y bedwaredd ganrif ar bymtheg edrychid ar yr arfer o streicio a threulio'r nos yng ngwely'r forwyn fel pechodau mwyaf yr oes ac ar lawer cyfrif yn anfaddeuol. Cododd lleisiau beirniadol yn condemnio'r fath arferion o'r byd a'r betws. Fe gynhwysir llawer iawn o'r condemnio yn Adroddiad y Comisiwn ar y Tir yng Nghymru, gan bwysleisio mai gweision a morynion ffermydd oedd yn gwbwl gyfrifol am yr ymddygiad anfoesol yma. Fe dystia rhyw Dr Rowlands o Lanaelhaearn a oedd yn ynad ym Mhwllheli mai'r gweision ffermydd yn unig a ddeuai o flaen y llys ar achosion tadogaeth ac na welid fyth y chwarelwyr o'u blaenau.[14] Credai'r doctor mai cyflwr eu llety yn adeiladau'r fferm oedd yn bennaf cyfrifol am ymddygiad y dosbarth yma. Doedd Thomas Pritchard, asiant Bodorgan, ddim yn cytuno'n hollol â'r condemnio yma. Credai ef, ar sail ffigyrau plant anghyfreithlon ym 1842, fod pethau'n well erbyn 1888 a mynnai fod cyflwr eu llety lawer yn well nag ydoedd 50 mlynedd ynghynt.

Fe anfonodd y Llywodraeth arolygwr o'r enw Mr Johnson i Gymru i baratoi adroddiad ar yr ysgolion. Ymhlith pethau eraill rhoes Mr Johnson gryn bwys ar fuchedd y Cymry. Dyma bwt o gyfraniad y Parch. William Jones, ficer Nefyn, i'r adroddiad.

Bu William Jones yn beriglor yn Eglwys Llanbeulan ym Môn am bum mlynedd ymhlith ffermwyr, tyddynwyr a gweision ffermydd o 1837 hyd 1842: 'Y mae merched ffermydd Lloegr yn hynod o barchus, tra mae merched ffermydd Cymru yn caru ar y gwely yn wastad. Y mae'r fath ddrygwaith yn gyffredin iawn ymhlith morwynion y ffermydd.' Morynion ffermydd Môn oedd ganddo mewn golwg, wrth gwrs. Fe symudodd y periglor i fod yn ficer Nefyn yn Llŷn ym 1842 a chael fod pethau cynddrwg yno, os nad yn waeth! Bu raid iddo roi barrau ar ffenestri llofftydd y Ficerdy am fod llanciau ffermydd Llŷn, fel rhai Môn, yn siŵr o dorri fewn at y morynion. Ond fe'i rhybuddiwyd gan un o'r plwyfolion na fyddai'r un forwyn yn aros yno dan y fath amodau ac, o'r ddau ddewis, dewisodd William Jones y morynion heb y barrau.

Fe ddilynwyd William Jones yn Llanbeulan gan y Parch. J. W. Trefor, a oedd yn gaplan i Esgob Bangor yn ogystal. Fe gyfrannodd yntau i'r adroddiad ar addysg yng Nghymru: 'Ni chyfrifa pobol Cymru fod puteindra yn bechod o gwbwl, ni chyfrifent ei fod yn ddi-chwaeth hyd yn oed, fe dderbynient buteindra fel cwrs naturiol yn y broses arferol at briodas. Y mae ffermwyr Môn yn cefnogi'r arferiad o garu ar y gwely, y maent yn cyflogi eu gweision gan gytuno â'r amod y caent bob rhyddid i buteinio.' Doedd gan gaplan yr esgob ddim amheuaeth o gwbwl fod cyfartaledd plant anghyfreithlon ymhlith y boblogaeth yn uwch o lawer yn Sir Fôn nag yn unrhyw sir arall yn y deyrnas.[15]

O ganlyniad i'r ffigyrau yma mi gafodd gweision a morynion ffermydd Sir Fôn eu condemnio'n ffiaidd gan gylchgronau'r dydd. Hon oedd oes aur y cylchgronau yng Nghymru, y rhai cymdeithasol ac enwadol. Cyhoeddodd golygydd yr *Eurgrawn Wesleaidd* ysgrif yn ei chrynswth o *Seren Gomer* y Bedyddwyr dan y pennawd 'Caru wedi Pryd Cysgu'. Honnai awdur yr ysgrif fod y rhai isel radd o'r Cymry yn gwneud puteiniaid o'u gwragedd cyn priodi, a bod mwy o buteindra mewn rhai parthau o Gymru nag mewn unrhyw wlad arall yn y byd! Holai'r awdur yn betrus beth a ddywedai holl elynion Cristnogaeth pe clywent fod godineb yn ffynnu fwyaf yn yr ardaloedd hynny lle yr oedd fwyaf o bregethu.[16]

Ceir beirniadaeth ddeifiol gan un, Gobler, ar 'Lygredigaeth yr Oes' yn y *Dysgedydd*: 'Nid rhyfedd fod cymaint o fenywod prydweddol yn cael eu darostwng, neu'n hytrach yn ymddarostwng a bod cymaint o fastardiaid yn cael eu cenhedlu yn ein gwlad, aent o warth! O gywilydd! O aflendid!, creaduriaid rhesymol yn mynd yn is na'r anifeiliaid!'[17]

Manteisiodd ambell i glerigwr o'r Eglwys Esgobol ar y cyfle i sgorio mantais ar yr Ymneilltuwyr drwy eu cyhuddo o fod yn dawedog ynghylch arferion mor llygredig. Cyhuddent y capeli fod niferoedd y bastardiaid yn uwch o lawer yn eu cadarnleoedd hwy, lle yr oeddynt gryfaf. Cyhoeddodd y *Llan*, cylchgrawn wythnosol yr Eglwys, sawl llythyr i'r perwyl: 'Yn Llŷn, Môn a Cheredigion y mae'n wybyddus i bawb mai yn y parthau hyn y mae anfoesoldeb uchaf ei ben. Clywsom am un blaenor yn ceisio hudo morwyn i ddod i'r Capel yn lle mynd i'r Eglwys gan y byddai gwell cyfle yno iddi gael cariad.'[18]

Cyhoeddodd *Baner ac Amserau Cymru* hefyd doreth o lythyrau yn condemnio arferion caru'r dydd ac mae'n amlwg fod y storïau yn help mawr i werthiant y cylchgrawn. Cyhoeddodd golygydd y *Faner* apêl am lythyrau a fyddai'n condemnio arferion gwarthus o'r math yng nghefn gwlad. Dyma enghreifftiau o ddau gwr y wlad. Yn gyntaf, llythyr o Gwm Penmachno ar 'Arferion Gwarthus': 'Yr ydym yn nôd a gwarth i'r Saeson, nid yw'n deilwng o wlad oleu yr Efengyl. Nid yw ein gweinidogion yn talu sylw priodol i'r pechod yma fel un o brif bechodau'r oes.' A dyma lythyr arall o Sir Gaerfyrddin dan y pennawd awgrymog 'Caru drwy'r Nos': 'Y mae arferion mor isel yn ddigon i dynnu i lawr gymeriad unrhyw genedl, rwy'n beio'r rhieni a'r amaethwyr parchus a gredant fod arferion o'r math o eiddo'u plant, y gweision a'r morwynion yn ddim ond adloniant diniwed a chariad.'

Yr oedd y byd a'r Eglwys fel ei gilydd yn cystwyo'r arferion hyn fel pe na byddai bechodau eraill i'w cael ac yn gwneud hynny'n gyson yn y wasg ac o bulpudau'r wlad. Roes neb ystyriaeth am funud i amgylchiadau di-fai y dosbarth yma, gweision a morwynion ffermydd. Fe bwysleisia'r Dr Tudur Jones y dylem weld yr arferion hyn yn eu cyswllt hanesyddol. Fe gyfeirir at y budreddi, y drewi, y tlodi a'r fath ddiffyg glendid yn esgor ar salwch parhaus , 'a phobol ifanc yn slafio heb obaith dianc o'r carchar cymdeithasol'.[19]

Yn ddiddorol iawn, cafodd y llanciau hyn a'u harferion amddiffynnwr annisgwyl. Fe gododd y Prifathro Lewis Edwards, Y Bala, ei lais i amddiffyn arferion caru ei enwad, y Methodistiaid Calfinaidd, a chafodd gweision a morynion y ffermydd loches yn ei gysgod. Yr oedd Lewis Edwards yn fab ffer m o gefn gwlad Ceredigion ac yn adnabod byd a bywyd y gweision ffermydd yn dda. Mynnai'r prifathro fod ffigyrau'r moesolwyr hunangyfiawn ynglŷn â phlant anghyfreithlon yng nghefn gwlad a'u honiad bod cyflwr pethau yn Sir Fôn, lle y bu pregethu mawr yr Ymneilltuwyr, yn waeth nag unman yn gwbwl gamarweiniol. Atebodd honiad y Parch. J. W. Trevor, Periglor Llanbeulan, Môn, a gyhoeddodd fod cyfartaledd plant anghyfreithlon i'r boblogaeth yn uwch ym Môn nag yn unrhyw sir arall drwy'r deyrnas. Yn ei ateb yn y *Traethodydd* holai Lewis Edwards: 'Bobol Môn, a yw y dystiolaeth hon yn wir? Os ydyw, nid ydych yn deilwng o gael eich galw'n ddynion, chwaethach yn Gristnogion. Ai dyma'r wlad lle y bu Christmas Evans a John Elias yn llafurio am gynifer o flynyddoedd? Ond gwyddom nad yw'n wir, nis gall fod yn wir a dylech chwithau alw ar y Trevor hwn [Y Parch. J. W. Trevor] i brofi ei gyhuddiad neu gyfaddef ei fod wedi dwyn camdystiolaeth. Ond gadewch i ni weled pa beth y mae efe ei hun yn ci wneud at ddiwygio y bobol ddrygionus y mae'n byw yn eu plith. A ydyw yn gwneud rhywbeth heblaw llafurio i argyhoeddi ei blwyfolion o'r ddyletswydd bwysig o dalu degwm ar pytatws?'[20] Aiff Lewis Edwards ymlaen rhag blaen gydag ateb a oedd yn gaead ar biser y Periglor o Fôn trwy ddyfynnu o siart argraffedig y Parch. E. Jones, Tredigar, ganlyniad ymchwil i ffigyrau anghyfreithlon wrth y cant i enedigaethau cyfreithlon. Nodwn ardaloedd gogledd Cymru o'r siart am 1842:

Ardaloedd	Yr holl enedigaethau	Genedigaethau anghyfreithlon	Cyfartaledd wrth y cant
Wrecsam, Sir Ddinbych	1,117	102	9.1
Llanfyllin, Machynlleth, Sir Drefaldwyn	829	66	8.0
Sir Fôn	1,032	80	7.8
Dolgellau, Corwen, Ffestiniog	1,336	102	7.6
Pwllheli, Caernarfon	1,584	121	7.6
Llanrwst, Llanelwy, Rhuthun	1,246	87	7.0
Bangor, Conwy	1,114	69	6.2

Yn adroddiad y Comisiynwyr Brenhinol ar dir mae Thomas Pritchard yn dyfynnu ffigyrau'r Dr Albert Leffingwell.[21] Y mae'r doctor yn dyfynnu o Gofrestr Ardaloedd Cymru a Lloegr ar niferoedd y genedigaethau anghyfreithlon o bob mil o enedigaethau ym 1842. Nodwn rai o ardaloedd gogledd Cymru:

Ardaloedd	Cyfartaledd blynyddol
Pwllheli	114
Llanfyllin	103
Machynlleth	93
Sir Fôn	89
Y Drenewydd	95

Yn y flwyddyn 1842 yr oedd ffigyrau Môn yn y gwaelod, ond mae'n wir, fel y dywed Thomas Pritchard, y bu i'r cyfartaledd godi yn Sir Fôn yn y pum mlynedd rhwng 1884 a 1888 i fod yn gydradd â ffigyrau ardaloedd eraill yng ngogledd Cymru. Pwy tybed a roes ym mhen Daniel Owen mai Sir Fôn ydoedd sbotyn du anghyfreithlondeb Cymru, gan iddo agor y bennod gyntaf yn Enoc Huws â brawddeg fwyaf cyfarwydd y nofel Gymraeg: 'Mab llwyn a pherth oedd Enoc Huws, ond nid yn Sir Fôn y ganed ef.'

Ond gyda'r blynyddoedd fe newidiodd arferion caru, hyd yn

oed yng nghefn gwlad ymhlith gweision a morynion ffermydd, er y bu ambell ardal bellennig yn gyndyn iawn o symud efo'r oes. Gwelwyd cyplau ifanc yn cydgerdded fraich yn fraich yn gyhoeddus ac nid yn caru ar y gwely yn y dirgel. Wedi'r Diwygiad daeth y capel a'i gymdeithasau yn fwy o atyniad ac yn fan cyfarfod i gariadon. Yr oedd ffermwyr a meistradoedd Môn bellach yn cymell y gweision a'r morynion i fynd i gapel Sul, gŵyl a gwaith. Fe newidiodd agwedd y ffermwyr at yr hen arfer o garu ar y gwely, ac aeth rhai ohonynt yn eithafol yn erbyn yr arferion hyn. Yn ôl adroddiad yn y *Faner* ar 19 Chwefror 1868 bu i ffermwr o Fôn losgi gwely ei forwyn a ddaliwyd yn caru arno oriau ynghynt gan wneud esiampl ohoni yn gyhoeddus.

Heb os fe baentiwyd darlun llawer rhy ddu o fywyd y gwas ffarm yn y bedwaredd ganrif ar bymtheg gan adroddiadau ar amaethyddiaeth, y beirniaid yn y wasg a'r moesoli cul ym mhregethu'r gweinidogion a'r personiaid, a hynny heb ystyried eu hamgylchiadau a'r amodau y bu raid iddynt fyw ynddynt. Fe anwybyddwyd y diddordebau diwylliannol a oedd gan gynifer o lanciau'r llofft stabal, fel darllen, arlunio, cerfio a chyfansoddi cerddi. Yr oedd ambell i gwmni llofft stabal yn nodedig am eu gorchestion difyrrus a digon diniwed. Mi gofia Hugh Jones hyd heddiw am ei silff lyfrau yn y llofft honno yn ardal Cemaes, Môn; dyma hi: *Rhys Lewis, Gwen Tomos* ac *Enoc Huws* gan Daniel Owen; *Gŵr Pen y Bryn, Y Doctor Bach, Nedw, Hunangofiant Tomi, Lewsyn yr Heliwr, Helynt Coed y Gell, Pentre Gwyn, Llyfr y Dyn Du* a *Cwm Eithin.* Dyna addysg feithrin i was ffarm a gwblhaodd ddau gwrs Prifysgol Cymru yn llwyddiannus! Cawn eto atgofion buddiol gan Elizabeth Williams, gyda syndod a gwerthfawrogiad o'r gymdeithas unigryw yma. Rhydd inni ddarlun byw trwy lygaid plentyn o lofft stabal Cefndu Isa ym Mhentre Berw, Môn. Llofft uwchben y gegin foch oedd hon. Byddai tanllwyth o dân coed gwresog ran helaeth o'r dydd yn y gegin hon a'r gwas bach yn ei fwydo'n gyson efo bonion eithin crin; sôn am 'uffern dân', wel, dyma fo. Byddai'r tân yn rhannu ei fendithion i sawl pwrpas ar wahân i ferwi tatws y moch. Manteisiai'r gweision arno i rostio tatws trwy'u crwyn ym mhoethwal yr eithin. Pa groeso gwell a gâi llanciau'r fro, ac weithiau'r plant, na thatws dan grât? Byddai croeso neilltuol iawn yn y llofft tua'r 'Dolig ar noson gwneud cyflaith, a byddai sôn am 'gyflaith y gegin fach' yn ambell ardal.[22]

Mae'n amlwg, er gwaetha'r amgylchiadau celyd a llwm, y bu i'r llanciau hyn droi'r llofft stabal yn gartref dros dro a llwyddo i wneud y gorau o'r gwaethaf. Ac er i'r Comisiynwyr Brenhinol baentio darlun digon anffafriol o fywyd ac arferion y gwas ffarm a'r forwyn, y mae iddynt le neilltuol iawn yn hanes cefn gwlad Cymru yn y bedwaredd ganrif ar bymtheg. Mae'n gryn ryfeddod y bu i blant mor ifanc â 13 oed a fagwyd o'r oed hwnnw mewn llofft stabal droi allan i fod yn ddynion da i'w cartrefi a'u cymdeithas. Dyma dystiolaeth John Hughes o'r Berffro i'r Comisiwn Brenhinol yn Llangefni ym 1893: 'Mae'r ysgolion yn dysgu'r plant hyd at dair ar ddeg oed ac yna ânt i weini ar ffermydd yr ardal a'u rhoi i gysgu fel anifeiliaid, ac mewn dim o dro fe gollant y cyfan a ddysgent yn yr ysgol a deuant o'r un natur â'r anifeiliaid.'[23]

Ond bu ambell blentyn yn llawer mwy lwcus a chael addysg ymarferol dda gan ei feistres, a oedd mor ddawnus i ddysgu plant ag unrhyw athrawes drwyddedig. Pan derfynwyd cwrs ysgol y plentyn 11 oed hwnnw gan brifathro Ysgol Llannerch-y-medd, yn ei phryder aeth ei fam weddw ag ef at Mr Pierce, Tŷ Croes, Carmel, un o ffermydd mwyaf yr ardal yn mesur 200 o aceri. Cydnebu'r fam iddi hi a phrifathro'r ysgol fethu'n lan ulw â chael unrhyw wastrodaeth ar y creadur didoriad, ac meddai wrth ei feistr newydd, 'Gwnewch fel a fynnoch ag o, yn unig peidiwch â'i ladd!' Yn ôl tystiolaeth daeth Robert Owen (yr hogyn drwg) yn ddyn gonest ac yn was ffyddlon.[24] Fe roes Syr O. M. Edwards, o bawb, y gymeradwyaeth uchaf i weision ffermydd Cymru gan eu gosod yn ail da i'r chwarelwyr am ddarllen cylchgronau. Ym 1891 fe sefydlodd O.M. ei gylchgrawn ei hun, *Cymru*, a bu'r gweision ffermydd yn ddarllenwyr eiddgar o'r cylchgrawn safonol hwnnw.[25]

b) Llafurwyr y Bythynnod

Cyflogid llanciau'r llofft stabal fel certmyn a chowmyn gan y byddent o fewn clyw a chyrraedd y ceffylau nos a dydd. Bu'r gwasanaeth yma yn werthfawr ryfeddol ac yn wasanaeth rhad i'r ffermwyr ac yn falchder a phleser i'r gwas. Fe gyflogid y gwŷr priod i amaethu'r tir ac fel crefftwyr i dasu a thoi tas wair ac ŷd. Yr oedd y grefft o doi y teisi hyn yn grefft hynod o werthfawr yn Sir Fôn i gadw'r cynhaeaf rhag gwyntoedd a glawiau'r gorllewin. O'r dosbarth yma y deuai'r hwsmyn a fyddai'n arolygu gwaith y fferm. Yr oedd y llafurwyr hyn yn grefftwyr nodedig iawn mewn wynebu clawdd pridd â thywyrch neu â cherrig – campwaith a fyddai'n wledd i'r llygad ac yn orchest bennaf y llafurwr.

Ond er ei gampweithiau â'i law a'i raw, yr oedd ei lety yntau mor llwm a thlawd â llofft stabal y llanciau. Cafodd bythynnod y chwarelwyr a thai y glowyr gryn sylw gan y bardd a'r llenor, llawer mwy nag a gafodd bwthyn y llafurwr tir. Diolch i'r Dr Eurwyn Wiliam am gynnwys y bwthyn hwn yn *Y Bwthyn Cymreig*, gan nodi ei fod yn 'un o nodweddion mwyaf arbennig tirwedd Cymru' sydd 'bellach yn adeilad eithaf prin am i filoedd o enghreifftiau ohono ddiflannu dros y can mlynedd diwethaf'.[26] Yr oedd y bythynnod hyn yn nodwedd amlwg iawn o dirwedd Ynys Môn 100 mlynedd yn ôl, ac yn ôl yr adfeilion prin a geir ohonynt mae'n amlwg iddynt fritho'r ynys bryd hynny.

Yn yr 'Adroddiad ar gwestiwn tir mewn rhannau o Ogledd Cymru' a wnaed yn Hydref 1912 cawn gipolwg ar niferoedd y bythynnod yn Sir Fôn bryd hynny:[27] yr oedd 163 o fythynnod ym mhlwyf Aberffraw a Llangwyfan; 169 ym mhlwyf Llannerch-y-medd a Rhodogeidio; plwyf Llangoed, 140; plwyf Rhos-y-bol, 38; plwyf Heneglwys, 57; a phlwyf Llanfechell, 85. Nid yn unig fe rydd yr adroddiad inni rif y bythynnod ond hefyd eu cyflwr truenus yn ail ddegawd yr ugeinfed ganrif.

Ond er eu cyflwr adfydus, bu'r bythynnod hyn yn gartref i ddosbarth tlotaf ein cymdeithas ac fe gyfeiria eu hadfeilion yn ôl at flotyn du yn ein hanes. Y mae'n ffaith anhygoel y magwyd y fath dyeidiau o blant yn y bythynnod hyn. Yr oedd y system hon o gartrefu gweithwyr mewn bythynnod bychan a chyfyng yn siŵr o esgor ar yr un canlyniadau â lletya'r llanciau mewn llofft stabal. Gyda dim ond un ystafell gysgu i deulu mawr, heb unrhyw awyru, yr oedd yn beryglus i iechyd, a diffyg preifatrwydd yn golygu eu bod yn agored i demtasiynau moesol. Eto, nid rhamantu fyddai dweud y codwyd dan y fath amgylchiadau genhedlaeth nodedig iawn, a hynny'n glod i rieni da am droi y fath adeiladau yn gartrefi a magu'r fath dyeidiau o blant ar gyflogau pitw. Rhydd Cybi ddarlun da o'r bwthyn yma:

Yn ei fwthyn, prin yw'r moethau,
Namyn torf o dlysion wenau!
Pan yn sangu'r hiniog fwyndlos,
Cyll y tad flinderau'r wythnos.[28]

Oes aur y bythynnod oedd y cyfnod rhwng 1750 a 1850 pryd y darparai'r tirfeddianwyr a'r tenantiaid fel ei gilydd fythynnod ar gyfer eu gweithwyr. Bu cryn gynnydd ym mhoblogaeth cefn gwlad yn ystod y blynyddoedd hynny ac o ganlyniad bu galw am fwy o fythynnod. Ychydig iawn o'r bythynwyr oedd yn berchenogion gan mai eiddo'r landlord a'r tenant oedd y bythynnod. Doedd gan y perchenogion fawr o drefn na system ac o ganlyniad yr oedd ambell i lafurwr yn byw yn rhy bell o'i waith a byddai raid iddo gysgu yn y llofft stabal gan alw adref efo'r teulu nos Sadwrn tan bnawn Sul – ac weithiau'n gorfod troi'n ôl nos Sadwrn ar ôl newid ei grys a weindio'r cloc mawr a cherdded rhai milltiroedd i'r fferm gan fod oriau gwaith mor hirfaith, o bump y bore tan wyth y nos. Prinder bythynnod oedd i gyfrif am y fath anhwylustod. Nid yn unig yr oedd y landlordiaid yn gyndyn o adeiladu bythynnod newydd, yr oeddynt yn amharod i ripario'r bythynnod a oedd ganddynt hefyd a buan iawn y dadfeiliodd llawer ohonynt. Aeth y landlord a'r tenant i ddechrau amau gwerth y system bythynnod gan nad oedd proffid amlwg ynddi. Mor gynnar â dechrau'r bedwaredd ganrif ar bymtheg bu i ysgrifenwyr amaethyddol gymell y landlordiaid i ddal i adeiladu bythynnod ac ymdrechu i gynnal a chadw y rhai oedd ganddynt. Dyma rydd-gyfieithiad o ddau o lythyrau un a ysgrifennai i'r *North Wales Gazette* dan y ffugenw Agricola, y cyntaf ar 18 Ionawr 1809:

Y Bythynnod

Y mae awduron amaethyddol yn gytûn fod bythynnod i'r gweithwyr yn fuddiol iawn i amaethyddiaeth. Fe gred Mr Rudge, yn ei arolwg o amaethyddiaeth yn Swydd Gaerloyw, fod bythynnod y llafurwyr mor gwbwl angenrheidiol â'r plasty neu'r tŷ fferm, er nad yw'n ymddangos felly. Y mae tueddiad i wneud esgus o gyflwr y bythynnod oherwydd costau defnyddiau a chyflogau'r adeiladwyr. Fe gred y landlordiaid fod adeiladu bythynnod yn wario dibroffid iawn, ond sut y gall unrhyw dirfeddiannwr ddisgwyl tenantiaid ar ei diroedd os nad oes fythynnod i'r llafurwyr? Y mae teuluoedd yn cael eu tyrru ac yn gorlenwi'r bythynnod, yn byw mewn anweddustra, ac fe amhara'r fath sefyllfa ar eu hiechyd. O ddiffyg tai rhaid codi tlotai a'u gorlenwi yn gwbwl ddiwahaniaeth am oed, rhyw na thrallod. Fe gytuna Mr Holland yn ei arolwg o amaethyddiaeth yn Swydd Caer y byddai cysylltu ychydig o dir wrth fwthyn y llafurwr yn newid tipyn ar ei sefyllfa, yn rhoi mwy o gyfforddusrwydd ac yn arweiniad i arferion gonest, dirwest a gweithgarwch. Mi fyddai'r patrwm yma o letya'r gweithwyr yn siŵr o leihau dibyniaeth ar Ddeddf y Tlodion ac mi fyddai hyn yn bwysig yng ngolwg y ffermwyr.

Rhoes golygydd y papur hysbysiad ar ddiwedd y llythyr i'r perwyl yma: 'Os y tyb neb fod y papur uchod o eiddo Agricola yn werth i ychwanegu ati fe ellwch ddisgwyl mwy ar y pwnc arbennig yma.'

A dyma a gafwyd gan Agricola eto yn y *North Wales Gazette* ar 25 Mai 1809 ar y bythynnod:

Yr oedd cysylltu bythynnod â ffermydd yn arfer cyffredin iawn tan y blynyddoedd diwethaf yma pan fu dirywiad yn yr arfer er ei bod

87

yn system fanteisiol iawn er budd y ffermwyr a'r landlordiaid. Yr oedd y bythynnod yn fuddiol i'r ffermwyr gan y byddai llafurwyr y bythynnod ar gael ac o fewn cyrraedd bob amser. Ar wahân i hyn yr oeddynt yn ddynion hynod o brofiadol mewn hwsmonaeth. Nid yn unig y mae ymorol am iechyd a phreswylfod cyfforddus i'r llafurwyr yn ddyletswydd ar y ffarmwr ond y mae yn fuddiol iddo hefyd. Mi fyddai pobol o deimlad yn amcanu gwneud hyn o egwyddor ond y byddai dynion dideimlad, os oes rhai felly i'w cael, yn ei wneud er eu budd. Y mae'n holl bwysig i ddarparu llety addas i'r llafurwr. Mi fyddai'r syniad o lafurwr gweithgar a da a'i wraig a phlant bychan dan orfodaeth i fyw, neu'n hytrach fodoli, mewn lle truenus o anghyfforddus a thamp mewn un ystafell wedi ei rhannu'n lle byw a lle cysgu yn ddigon i godi arswyd ar ddyn. Ac eto, y mae amgylchiadau fel hyn, er ein cywilydd, yn bod ym mhob pentref. Sut y gallwn ddisgwyl i'r llafurwyr fod yn iach, y nhw a'u plant, o ble y daw gwasanaethwyr y dyfodol? Yn wir, sut y gallent fod yn lân neu hyd yn oed yn weddus mewn cartrefi mor druenus? Er mwyn gwella'r fath gamwri fe ddylid sicrhau mwy o fythynnod i'r llafurwyr tlawd.

Cyflwr y Bythynnod

Y mae'r ddau adroddiad yma gan Agricola yn cyfeirio'n barhaus at gyflwr truenus bythynnod y llafurwyr tir. Gwelsom eisoes mor adfydus oedd cyflwr llety'r llanciau di-briod mewn llofft allan, ac mae'n amlwg nad oedd cyflwr bythynnod y llafurwyr ddim gwell. Os rhywbeth yr oeddynt yn waeth gan y megid cynifer o blant a babanod mewn lle mor gyfyng ac afiach. Mi gyfeiria Walter Davies at y ffaith fod rhannau helaeth o Sir Fôn, Sir Gaernarfon a Sir Drefaldwyn dan warth gan ryw fythynnod oedd yn drigfannau truenus, aelwyd fyglyd a rhyw fath o ystafell wely damp ac afiach – i feddwl bod llafurwr a'i wraig a thyaid o blant yn gorfod byw dan y fath amgylchiadau.[29] Fe cefnogir y feirniadaeth hon gan y Parch. William Jones, offeiriad Llanbeulan, yn ei draethawd buddugol ar 'Nodweddion y Cymry fel Cenedl'. Cyfeiria'r offeiriad at ei ymweliad â bwthyn bach tlawd ar ei ffordd o wasanaeth yn Eglwys Llanbeulan ar fore Sul:

Yr oedd y tŷ yn lle bychan a thruenus heb ynddo ond un ystafell, wedi'i rhannu'n ddwy ran gyda dau wely, cwpwrdd mawr a llawr y bwthyn oedd o bridd-glai oer ac afiachus. Yr oedd gŵr y tŷ yn gorfod aros yn ei wely gan anhwylder ac un neu ddau o'r plant gydag ef yn glaf o'r dwymyn. Gorweddai gwraig y tŷ yn y gwely arall mewn anhwylder blin, newydd roi genedigaeth i faban a'i gadawodd mewn cyflwr isel iawn...[30]

Fe gytuna adroddiadau'r Comisiynwyr ar y tir a llafur am gyflwr gwael y bythynnod gan alw ar y perchenogion i adeiladu mwy ohonynt a ripario'r rhai oedd ganddynt.[31]

Ond myn Thomas Pritchard, asiant stad Bodorgan, amddiffyn y landlordiaid a'r tenantiaid a osodai'r bythynnod. Wrth gyfeirio at fythynnod arbennig yn Aberffraw fe gydnebydd eu bod yn hen ac yn dadfeilio. Ond fe bwysleisia fod ymddygiad y tenantiaid yn rhannol gyfrifol am eu cyflwr gan fod rhai ohonynt yn cau yr hwyaid dros nos yn y bythynnod. Byddent yn naddu llyn iddynt yn y llawr pridd i'w cadw'n ddiddig! Pwysleisia Thomas Pritchard y byddai tenantiaid o'r math yn siŵr o ddifrodi unrhyw fwthyn drwy ei droi'n gwt hwyaid a chredai pe codid gwell bythynnod gyda lloriau coed y byddent yn siŵr o dorri twll yn y llawr hwnnw er mwyn cael baddon i'r hwyaid!

Beth bynnag oedd agwedd yr asiant, fe gydnebydd yntau fod cyflwr y bythynnod yn achos pryder ac o ganlyniad yr oedd glanweithdra yn gryn broblem. Gydag ond un ffenestr fechan nad agorai, ychydig iawn o awyr iach a goleuni a ddeuai i'r bwthyn. Ond y lloriau tamp a gwlyb oedd prif achos yr awyrgylch gwenwynllyd ac afiach. Yr oedd y cwteri a'r carthffosydd o gwmpas y tŷ yn ddiffygiol yn aml gan y taflent ysbwriel a'r golchion hyd braich o'r drws gan greu arogleuon annioddefol. Yr oedd toiledau yn brin iawn yn y bythynnod gwasgaredig, yn arbennig felly yn Sir Fôn a Phen Llŷn. Doedd pethau fawr gwell yn y pentrefi chwaith, gydag un tŷ bach rhwng chwech o deuluoedd a dim ond un ar gyfer pentref cyfan yn ambell fan. Yr oedd y fath ragfarn, yn enwedig gan y llafurwyr hŷn, yn ambell ardal, gymaint fel na wnaent ddefnydd o'r tŷ bach o gwbwl. Yr oedd diffyg amlwg mewn ystyried na gweithredu'r Ddeddf Iechyd Cyhoeddus. Yn ddiddorol iawn, yr oedd rhai o'r hen fythynnod yn rhagori ar rai diweddarach mewn glanweithdra gyda gwell cyfleusterau. Fe gaed slopty i gadw glo a choed tân a lle i'r ieir glwydo a chadw arfau'r ardd. Byddai cwt moch wrth dalcen yr hen fythynnod yn ddieithriad ond fe gondemniwyd llawer ohonynt yn enw glanweithdra gan amddifadu'r bythynnwr o arian rhent a llawndra i'w gwpwrdd llwm.

Gyda'r blynyddoedd daeth pwysau ar gynghorau sir i drefnu hyfforddiant mewn iechydaeth. Fe wnaed hyn naill ai trwy ddarlithoedd estynedig dan nawdd y Brifysgol neu, gwell byth efallai, trwy benodi swyddogion iechyd y sir i drefnu math o addysg ymarferol. Roedd Cymru'n dlawd iawn mewn cymdeithasau gwirfoddol i ledaenu'r math yma o wybodaeth am lanweithdra yn ardaloedd cefn gwlad, ac yr oedd galw hefyd am lawlyfrau yn y Gymraeg ar y pynciau yma. O dipyn i beth bu i sawl Cyngor Sir benodi un swyddog iechyd i'r sir gyfan a chafwyd cais am staff trwyddedig fel archwilwyr glanweithdra.

Mae'n ymddangos mai ychydig iawn o ardaloedd a fodolai lle y gellid dweud bod y bythynnod yn foddhaol o ran cyflwr ac adeiladwaith. Ond eu nodwedd waethaf ym mhob cwr o'r wlad oedd yr angen am ystafelloedd cysgu ar wahân, sefyllfa a gâi effaith niweidiol iawn nid yn unig ar iechyd ond ar foesau'r deiliaid. Yr oedd diffygion saernïol ac iechydol yn gyffredin iawn, ond yr oedd byw yn yr awyr agored yn help mawr i waredu'r llafurwyr hyn a'u teuluoedd rhag canlyniadau sefyllfa afiach eu bywyd bob dydd. Ond, heb os, yr oedd byw dan y fath amgylchiadau o ddiffyg preifatrwydd mewn lleoedd cysgu yn y bythynnod cyfyng yn arwain at anfoesoldeb eithafol.

Mathau o Fythynnod

Doedd dim a roddai fwy o brawf ar ddyfeisgarwch y llafurwr amhroffesiynol na chodi math o dŷ iddo'i hun a'i deulu. Tybed nad oes mewn dyn rhyw reddf neu ysfa i gael to uwch ei ben, fel aderyn yn adeiladu nyth? Rhoes y Dr Eurwyn Wiliam enw gwych ar y bythynnod cynnar, sef 'Cartrefi o Waith Cartref'.[32] Gan amlaf, y bobol a'u codai a fyddai'n byw ynddynt. Fe'u hadeiladent o rwbel neu waliau mwd a tho gwellt, fe'u codent yn gyflym ac yn rhad, a gwaetha'r modd fe ddiflannent yr un mor ddisymwth ond fe oroesodd y goreuon ohonynt, digon i ddangos eu bod radd neu ddwy yn amgenach na'r bythynnod unnos. Dewisai'r bythynwyr hyn eu llecyn mewn man cysgodol, er y byddai hwnnw gan amlaf yn bant gwlyb. Daw englyn enwog Roger Jones i'r 'Nyth' i'r cof:

Ni fu saer na'i fesuriad yn rhoi graen
   Ar ei grefft a'i drwsiad;
   Dim ond adar mewn cariad
   Yn gwneud tŷ heb ganiatâd.

Y mae'n gof gen i fel y byddem, blant ysgol yn Llŷn, yn cael rhodio'r meysydd yng ngofal yr athro i weld olion hen fythynnod. Caem gyfarwyddyd buddiol ynghylch beth i chwilio amdano – briallu lliw; coeden afalau; llwyn o ffiwsia mewn coedwrych dro arall. Weithiau deuem o hyd i doriadau o lestri pridd a fyddai'n brawf diymwad y bu yno fwthyn. Gresynem ni'r plant na fyddai pob gwers fel y wers dditectif honno.[33]

Mae 'bwthyn' yn derm sy'n rhychwantu cryn nifer o wahanol fathau o anheddau y mae'n fuddiol gwahaniaethu rhyngddynt. Ceir, yn naturiol ddigon, amrywiaeth yn y bythynnod mewn gwahanol ardaloedd gan fod gan bob ardal, yn arbennig yn y bedwaredd ganrif ar bymtheg, ei nodweddion ei hun ar gyfrif defnyddiau i adeiladu. Nid yr un defnyddiau a geid yn Eryri ag a geid yng nghanol Sir Fôn ac nid yr un math o lafurwyr fyddai'r tenantiaid. Mae yna ryw bedwar math o fythynnod yn Sir Fôn sy'n cynrychioli cyfnodau arbennig a dosbarth

91

arbennig o weithwyr. Gan fod y ffermydd ar wasgar yng nghefn gwlad mae'n naturiol y byddai'r bythynnod ar wasgar er mwyn bod o fewn cyrraedd i safle'r gwaith.

(i) Fel rheol fe geid y bwthyn unllawr yn Sir Fôn, Sir Gaernarfon, Meirionnydd a Sir Drefaldwyn yn y ddeunawfed ganrif a bu i'r goreuon ohonynt barhau drwy'r bedwaredd ganrif ar bymtheg. Ond ar y cyfan, cymharol ddiweddar yw'r bythynnod sydd wedi goroesi. Codwyd yr hynaf ohonynt, mae'n debyg, tua diwedd y ddeunawfed ganrif. Er i'r mwyafrif gael eu codi yn ystod y ganrif ddilynol, mae golwg hŷn ar lawer ohonynt. Oes aur y bwthyn oedd y ganrif rhwng 1750 a 1850.

Y mae digon o olion y bwthyn hwn ar hyd a lled Ynys Môn ac ambell un mewn cyflwr cymharol (cawn gyfle i alw heibio rhai ohonynt). Cawn ddisgrifiadau manwl a da o'r bythynnod a thai-ffermydd yn adroddiadau'r Llywodraeth a chyhoeddiadau eraill yn y bedwaredd ganrif ar bymtheg. Ar sail yr adroddiadau hyn mae gennym ddarlun gweddol gyflawn o'r bwthyn unllawr o ran maint a chynnwys.[34] Cytuna'r adroddiadau hyn fod bythynnod gogledd Cymru yn ymddangos ar y cyfan yn annigonol, ac yn llawer iawn rhy gyfyng i gartrefu teuluoedd mawr gan mai un ystafell oedd ynddynt. Mesurai'r un ystafell oddeutu 18 i 20 troedfedd o hyd a 14 i 15 troedfedd o led. Doedd dim nenfwd o unrhyw fath i'r ystafell a gan amlaf llawr pridd oedd iddi, er y ceid lloriau cerrig ar ambell un. Yr oedd ystafell ddi-nenfwd a llawr pridd nid yn unig yn ymddangos yn oer ond yn debycach i adeilad fferm nag i aelwyd. Fe ddefnyddid yr ystafell hon fel ystafell fyw a chysgu wedi ei rhannu'n ddwy trwy osod dau wely wensgod wedi eu hastellu ar dair ochor ar draws canol yr ystafell, gan adael llwybr cul i gysylltu'r ddeupen. Er mai un ystafell oedd i'r bwthyn, fe ymddangosai fel pe bai dwy ystafell gyda phennau uchel y gwelyau yn ffurfio gwahaniad naturiol. Byddent yn ffitio silffoedd ar gefnau pennau'r gwelyau a wynebai'r ystafell fyw er mwyn i'r teulu gadw'u llestri gan brinned fyddai lle yn yr ystafell. Mewn ambell achos byddai'r teulu yn ddigon ffodus i gael dreser a chwpwrdd pres i wahanu'r siambar oddi wrth y lle byw. Dreser fawr a'i silffoedd yw'r rhaniad sydd gan Iorwerth Peate hefyd ac fe sonia, lle y byddai gwelyau ar wahân i'r teulu, mai cyrtens neu fordyn isel fyddai'r unig raniad, heb bared rheolaidd.

(ii) Bwthyn unllawr yw'r un a berthyn i'r ail ddosbarth hefyd, a'r unig wahaniaeth rhyngddo a'r dosbarth cyntaf mewn gwirionedd yw'r rhaniad rhwng y siambar a'r ystafell fyw. Tra ffurfiai'r gwelyau neu'r dreser y gwahaniad rhwng y ddwy ystafell yn y math cyntaf, palis tenau o bren a wahanai'r ddwy ystafell yn yr ail fath o fwthyn. Mewn gwirionedd y mae'r ddau fwthyn yma yn gywir yr un fath ac eithrio trefniant y dodrefn. Fe gyfeiria'r Arglwydd Stanley o Alderley at y bythynnod yma fel y 'square boxes of Anglesey' a rhai nodweddiadol o Sir Fôn. Yn nhyb Arglwydd Stanley, ni haeddent well enw na 'bocsys sgwâr' – pedair wal gyda thwll yn y wal er mwyn cael drws, yna byddai'r deiliad at ei ryddid i wneud rhaniadau yn ôl ei ddewis trwy leoli'r dodrefn. Ni chredai Charles Ashton fod y bythynnod hyn 'ond un radd yn well na'r "caban unnos"'.[35] Casglwn o draethawd Charles Ashton mai drws deuddarn a geid ar y rhelyw o'r bythynnod hyn. Ar dywydd braf fe agorid darn uchaf y drws i ollwng awyr iach a goleuni i mewn tra byddai'r darn isaf ar gau i gadw'r mochyn a'r ieir allan. Yr oedd y ffenestri'n fychan ryfeddol gyda chwarelau ar ffurf petryal ac wedi eu darn-guddio â phlwm.

Ond, beth bynnag fu beirniadaeth neb o'r bythynnod un ystafell ac unllawr hyn, buont yn gartrefi i deuluoedd mawr ac y mae rhai yn fyw heddiw a fagwyd ynddynt. Y mae sawl un o'r bythynnod yn aros hefyd.

Yr oedd Ifan Gruffydd, er nad oedd Bawd-y-Ddyrnol (bwthyn bach unllawr) mewn bod mwyach, yn dal i gofio'r bwthyn a rhydd inni ddisgrifiad byw o'r math yma o fwthyn yn Llangristiolus. Yr oedd yn batrwm o lanweithdra gyda'i ddwy ystafell yn unig, 'ond yr oedd un gornel wedi ei chau allan gyda rhimyn o gyrtens i wneud pantry lle'r oedd mainc gyda'r pared, yn gorffwys ar ddau flocyn i ddal y pot dŵr glân, y pot bara a'r bocs bwyd ieir'.[36]

(iii) Dyma fwthyn y groglofft dros un hanner y bwthyn. Ceid

mynediad i'r groglofft o'r ysgol symudol simsan a chul oddi ar lawr yr ystafell fyw. O'u cymharu â'r hen fythynnod yr oedd cryn newid er gwell, yn arbennig o safbwynt preifatrwydd. Cysgai'r rhieni a'r babi yn y siambar a'r plant i fyny yn y groglofft. Ond er eu bod yn rhagori mewn gwedduster a phreifatrwydd, yr oedd y bythynnod hyn yn colli mewn awyriad gan fod uchder y siambar wedi gostwng cryn dipyn, cymaint â chwe throedfedd, gan mai dyna uchder y groglofft o gopa'r to i'w llawr. Yr oedd y llofft yn gyfyng ryfeddol gydag ond sgeulat fechan i gael goleuni a'i hawyru, a gan amlaf doedd y sgeulat ddim yn agor. Doedd dim nenfwd ar y bythynnod hyn ychwaith, dim ond sgrin galico wedi ei hoelio i'r trawstiau, a doedd dim drws cefn i'w gael. Yr oedd llawer o'r bythynnod cynharaf o'r dosbarth yma â fframiau drysau oedd yn rhy fawr neu'n rhy fach, gan roi argraff anorffenedig i'r gwaith, ac agoriadau i wynt a glaw. Yn lle mortar fe geid hen sachau a hen garpiau wedi'u gwthio i gau agennau.

Er hyn, fe gyfrifid y bwthyn hwn yn gryn welliant ac yr oedd yn rhagori'n fawr ar yr anheddau gynt i lafurwr y tir a'i deulu. Daethant yn gyffredin iawn yn y Gogledd, yn arbennig yn yr ardaloedd amaethyddol yng nghefn gwlad Sir Fôn a Llŷn. Ceir disgrifiad manwl o'r bwthyn yma ym Mhen Llŷn gan Llewelyn Wyn Griffiths ac mae llaweroedd o rai yn Sir Fôn yn cyfateb yn gywir iddynt. Fel yr eir i fewn trwy ddrws y bwthyn ceir palis o estyll cul yn rhedeg i fyny i'r to gyda dau ddrws ynddo, un yn unionsyth uwchben y llall. Fe arwain y drws isaf i'r siambar gyda'i nenfwd o goed yn ffurfio llawr i groglofft uwchben. Yr oedd ysgol i gyrraedd y llofft yn cael ei chadw ar lawr y groglofft yn ystod y dydd a'i throed yn pigo allan o fewn cyrraedd o'r llawr. Fu erioed gynllun symlach i ennill gofod mewn bwthyn cyfyng.[37] Y mae rhai yn aros ar Ynys Môn gyda phobol yn dal i fyw ynddynt. Rhyfeddaf wrth feddwl bod y bwthyn y'm ganed a'm magwyd ynddo ar dir stad Cefnamwlch yn Llŷn bellach yn faes ymchwil i ffordd o fyw yng nghefn gwlad Cymru hyd at ganol yr ugeinfed ganrif.

(iv) Y mae bythynnod y pedwerydd teip yn tra rhagori ar

y bythynnod cynharach ym mhopeth. Ceir dwy ystafell wely yn y rhain gyda llofft yn rhedeg ar hyd y tŷ, a grisiau sefydlog. Erbyn diwedd y ganrif yr oedd llai o lawer o lafurwyr yn dewis bwthyn a oedd wedi ei isosod gan y tenant ar yr amod y byddai'r bythynnwr yn cael ei gyflogi ar ei fferm. Yr oedd tynfa'r pentref yn dod yn amlycach o hyd a galw am well bythynnod. Fe gofnoda Adroddiad y Comisiwn Brenhinol ar Lafur ym 1893 i wyth o fythynnod pedair ystafell gael eu codi'n ddiweddar ar stad Parciau ym mhlwyf Llaneugrad. Fe gofnodir hefyd godi amryw o rai tebyg ym mhlwyf Llandyfrydog o gwmpas Llwydiarth Esgob ar y ffordd i Lannerch-y-medd, a cheir cofnod gan y Comisiynwyr am godi rhai yn nes i Langefni, er mai ychydig oeddynt mewn nifer.[38]

Yn fuddiol iawn, fe rydd y Comisiynydd ddadansoddiad manwl o bris adeiladu dau fwthyn pedair ystafell yn Aberffraw ym 1892. Yn ôl y dadansoddiad yma fe gostiodd pob bwthyn o gwmpas £65.0.0. Yr oedd y landlordiaid erbyn diwedd y bedwaredd ganrif ar bymtheg yn cwyno bod cost codi bwthyn yn rhy uchel a'u bod o ganlyniad yn anfuddiol ac yn ddielw. Yn ôl saer maen profiadol, fe gostiai bwthyn gyda chroglofft a llawr pridd £50.0.0, gyda rhent o £2.0.0 i £2.12.0 y flwyddyn.

Dyma'r dadansoddiad o gost codi dau fwthyn pedair ystafell:[39]

Codi cerrig	16.5.0
Calch	7.4.0
Cario tywod	1.2.6
Cytundeb y saer maen	24.0.0
Cludo graean	0.7.6
Blew (mortar)	0.6.0
Sment	0.7.6
Siliau a cherrig aelwyd	1.12.6
Plwm i'r to	1.10.0
Sgeulatiau	0.13.0
Gratiau	1.4.0

Haearn bwäu'r simne	0.8.0
2,000 o frics cyffredin	5.8.0
1,000 o frics tân	3.14.0
1,000 o deils llorio a chribau	6.7.0
Coed	25.0.0
Seiri coed	12.10.0
Hoelion	0.18.0
Cloeon, cliciedi, colynnod a sgriwiau	1.4.0
Gwydrau, paent	2.10.0
Amrywiol gostau	1.0.0
CYFANSWM	129.3.6

Balchder y Bythynwyr

Sefydlu Cymdeithas Amaethyddol Môn ym 1808 fu un o'r camau pwysicaf yn Sir Fôn i hyfforddi ffermwyr a'u cymell i weithio'n fwy cydwybodol. Prif genhadaeth y gymdeithas oedd cefnogi a meithrin digwyddiadau a datblygiadau amaethyddol; yn wir, yr oedd ei gweithgareddau yn amgylchu'r holl sbectrwm amaethyddol, gan gynnwys y gwas a'r forwyn. O'r cychwyn cyntaf fe gysylltwyd y gair 'primiwn' â'r Gymdeithas Amaethyddol fel enw ar y gwobrwyon a gynhelid ym mis Awst neu fis Medi bob blwyddyn. Ar y cychwyn doedd dim premiwm am anifeiliaid dim ond am wella ansawdd y tir, tyfu cnydau a thyfu gwrychoedd. Ym 1812 cynigiwyd dau bremiwm am anifeiliaid o safon er na fu arddangosfa o'r anifeiliaid ar gae hyd yn ddiweddarach. Nid rhyfedd i'r gymdeithas fabwysiadu'r enw 'Primin' yn enw ar y Sioe,ac fe ddeil hyd heddiw – yn gywir fel y bu i ffermwyr Llŷn fabwysiadu'r gair 'Mownti', enw na cheir mewn unrhyw ran arall o'r wlad. Mae'n amlwg ddigon sut y golyga'r enw 'mownti' (S. *to mount*) arddangos – fe gysylltir y gair 'dangos' â'r Sioe yn gyffredin iawn. Felly hefyd y daw'r gair 'Primin' o'r Saesneg *premium* (*reward*), sef gwobr.

Erbyn 1820 yr oedd sbectrwm gweithgareddau'r Sioe yn eang iawn ac yn cynnwys premiymau i geffylau, gwartheg, moch, rwdins, gwasanaeth maith y gwas a'r forwyn ac, o bethau'r byd, rhoed gwobr sylweddol i deulu am fagu'r rhif uchaf o blant cyfreithlon heb gymorth y plwyf! Y flwyddyn ddilynol, 1821, fe ychwanegwyd premiwm diddorol arall sef gwobr am y bwthyn taclusaf a glanaf o ran adeiladwaith a dodrefn ynghyd â'r ardd fwyaf cynhyrchiol a hardd. Diolch i Brimin Môn am ddangos ochor arall i'r bythynwyr a'u balchder o'u bythynnod yn lle adroddiadau beirniadol y Llywodraeth, a fu mor hallt fel y bo cysylltu ansoddeiriau fel taclus, glân, saernïaeth a gardd o flodau yn taro'n chwithig iawn.

Fel y cyfeiriwyd, fe gwynai'r bythynwyr eu hunain am ddiffyg preifatrwydd a glanweithdra mewn bythynnod a oedd yn llawer rhy gyfyng gydag ond un ystafell wely i deulu mawr. Gyda lloriau pridd tamp, toeau'n gollwng a saernïaeth wael, nid rhyfedd i'r bythynwyr golli pob balchder yn eu cartrefi. Ac erbyn y 1820au yr oedd anghytundeb parhaus ynglŷn ag atgyweirio'r bythynnod ac o ganlyniad yr oeddynt yn dadfeilio'n sobr. Ond er gwaethaf pawb a phopeth, yr oedd digon o falchder gan rai o'r bythynwyr i gystadlu'n eiddgar am wobr y bwthyn pertaf, ac mae gennym brawf o'u llwyddiannau.[40]

Ym 1829 dechreuodd y gymdeithas argraffu ei hadroddiadau ac yn ffodus mae gennym gopïau o'r adroddiadau cyntaf hyd y flwyddyn 1846, pan aeth Cymdeithas Amaethyddol Môn i'r gwellt. Dyma rai o'r enillwyr:

Ar 2 Medi 1829 cyfarfu Cymdeithas Amaethyddol Môn yn Llangefni dan lywyddiaeth y Parch. James Williams, Llanfairynghornwy. Dyfarnwyd y premiymau canlynol:

I Griffith Jones, tyddynnwr ym mhlwyf Llanfihangel Tre'r Beirdd, am fagu unarddeg o blant cyfreithlon heb gymorth plwyfol – *Gwobr 3 gini.*

I John Lewis, tyddynnwr ym mhlwyf Pentraeth, am fagu wyth o blant cyfreithlon heb gymorth plwyfol – *Gwobr 3 gini.*

I William Roberts, bythynnwr a fu'n llafurwr amaethyddol ar fferm Seller, Aberffraw am ddeng mlynedd ar hugain – *Gwobr 2 gini.*

I Jane Morris, a wasanaethodd yn ffyddlon fel llaethferch am dros un mlynedd ar hugain gyda William Thomas, Croesa Gwynion, Llaneilian – *Gwobr 2 gini.*

I William Williams, Tynllidiart, a William Williams, Glan y Dŵr, y ddau o Langristiolus ac yn gydradd am y bythynnod taclusaf a glanaf o ran adeiladwaith a dodrefn gyda'r ardd dwtiaf – *Gwobr ½ gini yr un.*

Cyfarfod Cyffredinol Cymdeithas Amaethyddol Môn, 1830. Dyfarnwyd y premiymau canlynol:

I Ellin Edwards, a wasanaethodd yn ffyddlon yn yr unlle, sef Trevor ym mhlwyf Llansadwrn, fel llaethferch am dros dair blynedd ar ddeg – *Gwobr 1 gini.*

I William Peters, bythynnwr a llafurwr amaethyddol, a wasanaethodd yn Henblas am ddeugain mlynedd – *Gwobr 3 gini.*

I Evan Thomas, bythynnwr o Goedana a fagodd un ar ddeg o blant cyfreithlon heb gymorth plwyfol – *Gwobr 3 gini.*

I William Thomas, bythynnwr ym mhlwyf Llanfaelog a fagodd un ar ddeg o blant cyfreithlon heb gymorth plwyfol – *Gwobr 2 gini.*

I Hugh Hughes, bythynnwr ym mhlwyf Llanbedrgoch, am y bwthyn a ddodrefnwyd yn dwt a glân a chyda'r ardd daclusaf – *Gwobr 1 gini.*

Cyfarfod Cyffredinol Cymdeithas Amaethyddol Môn, Awst 1831. Llywydd: O. J. A. Fuller Meyrick, Bodorgan. Dyfarnwyd y premiymau canlynol:

I Hugh Jones, Pen y Cefn, bythynnwr ym mhlwyf Bodedern, am y bwthyn glanaf ac a ddodrefnwyd dwtiaf ac am yr ardd orau yn ardal Llifon – *Gwobr 1 gini.*

I William Jones, bythynnwr o Landrygan a fagodd naw o blant cyfreithlon heb gymorth plwyfol – *Gwobr 1 gini.*

I John Roberts, bythynnwr ym mhlwyf Llanfaelog a fagodd ddeg o blant cyfreithlon yn llawn gwaith heb gymorth plwyfol – *Gwobr 3 gini.*

I Thomas Hughes, y Feistan Bach ym mhlwyf Trefdraeth, am y bwthyn ddodrefnwyd orau, y taclusaf a'r glanaf gyda'r ardd dwtiaf – *Gwobr 2 gini.*

Cyfarfod Cyffredinol Cymdeithas Amaethyddol Môn, 1836. Dyfarnwyd y premiymau canlynol:

I Robert Williams, bythynnwr ym mhlwyf Llanrhwydrus a fagodd wyth o blant cyfreithlon heb gymorth y plwyf – *Gwobr 3 sofren*.

I Thomas Hughes, bythynnwr a oedd yn llafurwr amaethyddol yn Nhrewyn ym mhlwyf Tregaean ac wedi gwasanaethu'n ffyddlon yno am bron i ddeugain mlynedd – *Gwobr 2 sofren*.

I Robert Owen, bythynnwr ym mhlwyf Llangoed a fagodd wyth o blant cyfreithlon heb gymorth o'r plwyf – *Gwobr 2 sofren*.

I William Parry o Dan-y-Graig, bythynnwr ym mhlwyf Bodwrog, am y bwthyn gorau mewn dodrefn a'r glanaf gyda'r ardd orau yn ardal Llifon – *Gwobr 2 sofren*.

Wrth ddiolch i'r Gymdeithas Amaethyddol ym Môn am roi cymhelliad a sbardun i'r bythynwyr wneud y gorau o'r gwaethaf o'u bythynnod, fe'm siomwyd wrth chwilio a chwalu yng nghofiannau'r teithwyr cynnar yng Nghymru'r ddeunawfed ganrif a'r ganrif ddilynol. Cyfeiriant yn gyson at gyflwr gwachul y bythynnod ac iddynt waliau mwd, toeon gwellt a simneiau bregus a'u tu mewn yn frwnt ac afiach. Er fod Thomas Pennant a chanddo ddiddordeb hynafiaethol a gwyddonol, eto ychydig ryfeddol o sylw a roes yntau i'r bythynnod yn ei *Tours in Wales* (1778–1781). Mae disgrifiad Pennant o fythynnod Pen Llŷn yn ddihareb bellach: 'Mae tai y bobol gyffredin yn sobor o wael; maent wedi'u gwneud o fwd, â tho gwellt, heb simnai.'[41] Byddem yn disgwyl mwy o sylw gan y Parch. John Evans, a grwydrodd Gymru benbaladr, ac er i'w bedair cyfrol ar deithio fod yn llawn o fanylion diddorol, ychydig iawn o sylw a roes i drigfannau pob dosbarth yng Nghymru. Y mae Eurwyn Wiliam yn ein hatgoffa o'r sylw hwnnw ganddo yn ei *Letters written during a tour through North Wales, in the year 1798 and at other times*: 'Gan amlaf, mae tai'r gwerinwyr mor arw â'u bywyd. Mewn rhai mannau, yn enwedig yn Llŷn, mae eu waliau wedi'u codi o... [b]ridd cleiog a gwellt neu frwyn wedi'u cymysgu iddo pan fydd yn dal fel past; yna, caiff ei osod haen ar ben haen rhwng byrddau tan i'r cyfan fod yn barod i gymryd y to o wellt neu rug.'[42]

Mi fawr obeithiais y byddai gan George Borrow, y difyrraf o'r holl deithwyr, ddisgrifiadau manwl a llawn o fythynnod yr ynys ar ei deithiau. Gadawodd Bentraeth Coch a'i hanelu hi am Lanfair Mathafarn Eithaf, cartref Goronwy Owen, trwy ganol cefn gwlad. Ond fe'm siomwyd yn fuan iawn: 'The habitations which I saw by the way were miserable hovels into and out of which large sows were stalking, attended by their farrows.'[43] Cyrhaeddodd Lanfair a holi am gartref Goronwy Owen; fe'i cyfeiriwyd yno, bwthyn y melinydd bellach. Cafodd wahoddiad i'r tŷ a thybiais innau, 'Dyma gyfle.' Ond dyma'r cyfan a gawsom: 'I entered the house, and the kitchen, parlour, or whatever it was, a nice little room with a slate floor.'[44] Yr oedd gan George Borrow lawer iawn mwy o sylw i'r ddau siwgwr lwmp mawr a gafodd yn arwydd o'r croeso mwyaf posibl; fe osodwyd y crwydryn ar bedestal mor uchel fel na welodd mo'r pethau cyffredin a gwerthfawr.

Ond er na welai'r twristiaid trwynuchel hyn y bythynnod syml a thlawd, diolch eto i Gymdeithas Amaethyddol Môn am roi sylw iddynt, gan fod eu tenantiaid yn ased hanfodol i fywyd amaethyddol Sir Fôn.

O'r Bwthyn i'r Pentref

Mae'n ymddangos mor gynnar â'r ddeuddegfed ganrif, yn ôl Giraldus Cambrensis, nad adeiladwyd tai yn drefi neu bentrefi yng Nghymru; yn hytrach, fe'u gwasgarwyd ar hyd ffiniau'r coedwigoedd neu ymyl y ffyrdd. Yr oedd y dull yma'n gwbwl wahanol i'r system oedd yn Lloegr. Yno, yr oedd y ffermdai wedi'u hadeiladu'n bentrefi yn glwstwr efo'i gilydd. Fe barhaodd y patrwm hwnnw hyd ddiwedd y ddeunawfed ganrif yn ôl awduron yr adroddiadau amaethyddol ar siroedd Lloegr a gyflwynwyd i'r Bwrdd Amaeth ym 1794. Yn ei adroddiad fe ddywed Donaldson, 'Y mae ffermwyr Swydd Northampton, fel rhannau eraill o Loegr, yn dal i fyw mewn pentrefi neu faesdrefi gorlawn.'[45] Ond mae'r system y cyfeiria Giraldus ati yn dal mewn bodolaeth yng Nghymru, gyda'r ffermdai a'r bythynnod wedi'u gwasgaru dros gefn gwlad mewn safleoedd unig a hynod o anghysbell, fel y gŵyr pob gweinidog yng nghefn gwlad Môn! Bro Morgannwg yw'r unig fan yng Nghymru a ddilynodd batrwm Lloegr gyda'r ffermwyr a'r llafurwyr tir wedi'u tyrru at ei gilydd mewn pentrefi a thiroedd y gwahanol ffermydd yn canghennu allan o'r pentref.

Yng ngweddill Cymru fe darddodd y bythynnod hynaf o sefydliadau'r sgwatwyr ar y diffeithdiroedd. Maent yn hawdd iawn i'w hadnabod gan eu bod mor druenus yr olwg a'u gerddi o gryn faint a llain neu ddwy yn ychwanegol at yr ardd. Gwelsom enghreifftiau o hyn ar Fynydd Mechell. Y mae'r bythynnod diweddar wedi tarddu a chodi o gwmpas capel ac aeth enw'r capel yn enw ar y pentref newydd. Ceir sawl enghraifft o hyn ar hyd a lled y wlad – Carmel ger Llannerch-y-medd, Capel Coch ym mhlwyf Tregaean, Gorslwyd yn Rhos-y-bol, Pengarnedd ym mhlwyf Llanbadrig, Engedi ym mhlwyf Ceirchiog a Chapel Bryndu ym mhlwyf Maelog.

Mae'n ddigon amlwg nad yw bywyd pentrefol yn nodweddiadol o gefn gwlad Cymru na'i ddylanwad yn ddigon cryf i gyfuno ynghyd yr elfennau ysbeidiol o'r dosbarth gweithiol yn gymuned glòs. Gynt yr oedd pob teulu'n byw bywyd ar wahân heb unrhyw gwlwm o undeb cymdeithasol a fyddai'n eu galluogi i rannu ym mywyd eraill o'u cwmpas. Yn wir, yr unig gyswllt o ddiddordeb cyffredin rhyngddynt fyddai'r sefydliadau crefyddol y perthynai'r llafurwyr iddynt. Mae'n wir y ceid casgliad o fythynnod heb fod yn bentref – heb gapel, na siop nac ysgol, dim ond rhes o fythynnod, fel y ceir yn Nhrefor ym mhlwyf Llechcynfarwy.

Ond yr oedd grymoedd a oedd yn dwyn y bythynwyr gwasgaredig at ei gilydd ac yn amharu rywfodd ar y gwahanrwydd. Fel y nodwyd eisoes, fu amgáu'r tirocdd ddim yn fendith i bawb; fe bwysleisia J. Hammond y bu'n ergyd farwol i'r ffermwr bach, y bythynnwr a'r sgwatwyr.[46] Yr oedd hawliau'r comin yn fwy gwerthfawr o lawer na dim a gawsant yn eu lle. Cafodd arglwydd y faenor gymaint ag un rhan o un ar bymtheg o'r tir a gaewyd; yn yr un modd, yr oedd y ffermwr mawr ar ei ennill, ynghyd â pherchenogion y degymau. Byddai cost ffensio a chostau cyfreithiol a chomisiynwyr yn llawer uwch na gwerth y tipyn tir i'r ffermwr bach, fel y byddai raid iddo werthu ei siâr i'r ffermwr mawr. Câi'r sgwatiwr aros yn ei fwthyn os gallai brofi iddo fyw ynddo ers 20 mlynedd a mwy, ac yn ddiweddarach daeth yr amod honno i lawr i 12 mlynedd. Bu cysylltu ffermydd bach at y ffermydd mwy yn y cyfnod yma, ac o ganlyniad fe gollodd sawl tyddynnwr nid yn unig ei fferm ond ei waith i'w chanlyn a gorfu iddynt geisio gwaith fel llafurwyr ar y ffermydd mwy. Fe gollodd amryw eu bythynnod a'u hawliau ar y comin.

Bu cau'r tiroedd yn gyfrwng i ddileu'r fiwrocratiaeth syml a fodolai yn yr hen bentrefi hyn, yn cynnwys y rhai oedd yn arolygu trefniadau pori'r defaid a'r gwartheg, y bugail, glanhawyr simneiau, y caegeidwaid a bugeiliaid yr anifeiliaid crwydrol. Bu'r rhai hyn yn gynheiliaid y system syml, ond fe gollasant eu bywoliaeth heb sôn am unrhyw iawn pan ddiddymwyd y Ddeddf Cau Tir Seneddol a chael Deddf Cau Gyffredinol yn ei lle.

Ond ar wahân i'r chwyldro cau tir yr oedd ffactorau eraill economaidd a chymdeithasol yn symud y bythynwyr yn nes i'r pentref. Yr oedd cyfleusterau cymdeithasol y pentref yn tynnu'r gwragedd a'r plant er mwyn cael addysg. Bu hefyd ffactorau eraill yn gymorth i symbylu'r symud yma ac a droes yn brif resymau dros newid.

Yn ddiddorol ac yn rhyfedd iawn, fe gytunai'r landlord, y tenant a'r llafurwyr fod dyddiau'r bwthyn yn dirwyn i ben:

1) Yr oedd y llafurwyr bellach yn dewis mwy o annibyniaeth na byw mewn bwthyn nad oedd yn eiddo iddynt. Fyddai'r gwragedd ddim mor unig yn y pentref gyda'r nosau, byddai'r plant o fewn cyrraedd i'r ysgol a'r capel a châi'r wraig gwmnïaeth yn ystod y dydd a chyfle i hel straeon.

2) Yr oedd llawer o'r ffermwyr yn gwrthwynebu'r system o gael bythynnod ar dir eu ffermydd hefyd a hynny am resymau amlwg:

a) Yr oedd byw mewn bwthyn diarffordd yn gyfle da i'r bythynwyr chwiladrata a malurio'r gwrychoedd a'r ffensys i gael coed tân a byddai'r mochyn a'r ffowls yn siŵr o fathru'r cnydau.

b) Fel arfer disgynnai costau atgyweirio'r bythynnod ar y ffermwyr ac nid ar y landlord, neu o leiaf byddai raid i'r ffermwyr ymorol am y defnyddiau i wneud y gwaith a'r landlord yn talu am y llafur. O ganlyniad tueddai'r ffermwyr i gau eu llygaid ar gyflwr a dirywiad y bythynnod nes y byddai eu cyflwr y tu hwnt i adferiad.

c) Yr oedd y ffermwyr, o anghenraid neu o ddewis, yn cyflogi llanciau sengl gan fod eu cyflogau'n is ar gyfrif eu llety a'u bwyd. Dyma'r prif reswm.

3) Yn yr un modd, yr oedd y landlordiaid hefyd yn mynnu lleihau nifer y bythynnod ar eu stadau oherwydd eu bod yn credu eu bod bellach yn ddi-fudd ac yn gwbwl amhroffidiol. Yr oedd byw o olwg pawb fel hyn yn gyfle da i'r bythynnwr botsio neu o leiaf aflonyddu'n anfwriadol ar yr helwriaeth a dyma bechod anfaddeuol yng ngolwg pob landlord. Credai'r landlordiaid hefyd y rhoddai'r bythynnod di-raen hyn olwg dlodaidd i'r ardal ac yn arbennig ar diroedd eu stad.

Gyda'r fath fataliwn wrthwynebus i fythynnod llafurwyr y tir, nid rhyfedd iddynt droi'n fythynnod tlawd a fu am well na chanrif yn britho cefn gwlad Sir Fôn a Chymru yn adrodd a darlunio cyfnod arbennig iawn yn hanes amaethyddiaeth i gynulleidfa fyddar.

Gwerthfawrogiadau

Bellach y mae bythynnod amaethyddol Sir Fôn naill ai wedi cael gweddnewidiad fel nad oes fodd eu hadnabod neu maent wedi'u gadael yn garneddau blêr o gerrig. Diolch y bu i rai eu gadael a'u cadw fel yr oeddynt, dim ond eu diddosi i fyw ynddynt. O gofio y bu'r bythynnod hyn yn gartrefi i deuluoedd mawr a'u hynt a'u helyntion, caewyd un o benodau mwyaf gwerthfawr cefn gwlad Cymru'r bedwaredd ganrif ar bymtheg. Diolch am bob ymchwil i adeiladwaith lled-anghofiedig y bythynnod hyn, sy'n gymorth mor werthfawr i ddarllen yr adfeilion ac i sylweddoli gwir arwyddocâd adeiladau traddodiadol.

Er ei bod hi'n hwyr brynhawn, casglwn a allwn o'r dystiolaeth weladwy yn yr hen furddunnod hyn ac yn arbennig yr atgofion prin gan drigolion hynaf yr ynys hon. Gwerthfawrogwn yr amrywiaeth o'r ychydig sy'n aros:

1) Yr Engan Las

Saif y bwthyn bach unllawr hwn ar y ffordd gul a throellog rhwng Mynydd Mechell a Llanddeusant ar dir Ucheldregoed ym mhlwyf Llanfflewin. Fe'i cuddiwyd dan gwrlid hardd o eiddew a'i gyplau brau yn cynnal ei do newydd – 'dan glo'r iorwg'. Bwthyn yn perthyn i fferm Ucheldregoed a chartref i'r hwsmon oedd yr Engan Las, fel llaweroedd eraill ar hyd a lled Ynys Môn. Er mwyn i'r hwsmyn allu cyrraedd eu gwaith yn gynnar yn y bore yr oedd yn bwysig iawn i'w bythynnod fod o fewn cyrraedd cerdded, rhyw chwarter awr o gerdded siarp.

Tua diwedd y bedwaredd ganrif ar bymtheg, Henry Owen a'i briod Catrin oedd tenantiaid yr Engan Las. Gan fod Henry yn hwsmon Ucheldregoed, yr oedd tenantiaeth y bwthyn yn rhan o'i gytundeb gwaith. Yma y magodd ef a'i briod dyaid o wyth o blant ar gyflog o ddeg swllt am wythnos faith. I ymestyn tipyn ar y cyflog bychan byddai Catrin Owen yn ymuno â'i gŵr i roi

diwrnod o waith yn golchi, smwddio a glanhau, a châi alwad weithiau drannoeth i dylino a phobi bara – trymwaith y ffermdy. Byddai'r plant hynaf yn gwarchod y plant lleiaf ar y dyddiau hyn. Robert oedd y pumed plentyn o'r wyth a anwyd yn yr Engan Las, ac yn ôl tystiolaeth ei wyrion a'i wyresau yr oedd Taid yn dipyn o gymeriad ac yn storïwr tan gamp. Gan Robert y cafwyd yr esboniad annisgwyl ar enw'r bwthyn. Awgryma'r Engan efail y gof, ond na, yn ôl Robert Owen fe dyfai llwyn o fwtsias y gog ar siâp engan o flaen y bwthyn yn y cefn ac yn llygad yr haul.

Byddai dydd Llun yn ddiwrnod wrth fodd calon plant yr Engan Las, gan mai dyma ddiwrnod y tatws drwy'u crwyn, sosbenaid fwy nag arfer. Cesglid y crwyn yn fwdwl mawr i ddisgwyl hen drempyn a alwai'n gyson i wneud pryd o'r crwyn tatws a chafodd lasenw naturiol ym Mynydd Mechell, sef y Tramp Crwyn Tatws.

Fe gadwyd yn fyw lawer iawn o fwrlwm bywyd a storïau'r Engan Las gan Robert Owen, a gâi'r fath flas yn ail-fyw ei blentyndod difyr yn y bwthyn gyda'i wyrion a'i wyresau. Tybed nad ar lin ei daid y plannwyd y storïwr rhamantus a difyr yn William Owen, Borth-y-gest? Diolch hefyd i'r wyrion a'r wyresau eraill am gadw rhamant yr Engan Las yn fyw.

Dilynwyd Henry a Catrin Owen yn yr Engan Las gan Richard ac Elin Jones, hwsmon newydd Ucheldregoed, a ddaeth o Gae Mawr, bwthyn ar dir Fferam Gyd ym mhlwyf Llanbabo. Yr oedd Fferam Gyd yn fferm o 250 o aceri a chyfrifid Richard Jones yn hwsmon medrus a chyfrifol. Er mai cwta ddwy filltir, fel yr hed y frân, oedd rhwng Cae Mawr a'r Engan Las, eto yr oedd yn gryn helbul i fudo'r ychydig ddodrefn efo'r drol. Bwthyn bychan unllawr wedi'i rannu'n ddwy ystafell oedd Cae Mawr hefyd.

Yr oedd gan Richard ac Elin Jones naw o blant a gwyddom i un ohonynt, Thomas, gael ei eni yng Nghae Mawr tua'r flwyddyn 1890. Wedi rhai blynyddoedd fel hwsmon yn Ucheldregoed, symudodd Richard Jones yn hwsmon i Lanfflewin, fferm yn yr un ardal, a byw ef a'i deulu ym mwthyn y fferm, Gatehouse, o fewn cyrraedd hwylus. Yn wahanol i'r duedd arferol ar adael ysgol, aeth Thomas Jones i ddilyn prentisiaeth yng ngefail y gof yn Llanfairynghornwy dan ddisgyblaeth John Jones, a adnabyddid wrth ei enw barddol, Garno. Er i Thomas Jones ddysgu crefft y gof yn fedrus a da, eto bu i'w garwriaeth â howsgipar fferm Penyorsedd ei ddenu yntau i ffermio. Cafodd denantiaeth y fferm honno ym mhlwyf Llanfechell a gydag amser fe'i prynodd gan stad Bodorgan.

2) *Penyrargae*

Bwthyn unllawr ar dir Caer Glaw ym mhlwyf Llanbeulan a chartref i hwsmon y fferm oedd Penyrargae. Un o hwsmyn y fferm honno yng nghanol y bedwaredd ganrif ar bymtheg oedd Rhisiart Wiliam, a anwyd yn Llandrygan yn y flwyddyn 1851. Aeth yntau, fel eraill, yn hogyn 12 oed i weini ffarmwrs gan ddechrau ynghylch ei gartref yn Llandrygan ac yna i blwyf Llantrisant ar y terfyn. Tua'r flwyddyn 1876, ac yntau bellach yn llanc 25 oed, priododd â Jane, hithau'n forwyn yn un o ffermydd yr ardal. Cyn cyrraedd ei 30 oed, ac yntau wedi magu cryn brofiad yn ffermydd mawr yr ardal, fe'i cyflogwyd yn hwsmon i fferm Caer Glaw, fferm o gryn faint, a chafodd ef a'i deulu denantiaeth Penyrargae, bwthyn bychan ar dir y gweithle a oedd yn rhan o'i gytundeb. Magodd Rhisiart a Jane Wiliam wyth o blant yn y bwthyn bychan a chyfyng. Prin fod yno le i 10 o deulu droi. Byddai raid, yn ôl y sôn, i'r teulu fynd allan i ymolchi mewn twb yng nghysgod coeden gerllaw y drws, unig ddrws y bwthyn. Yno, beth bynnag fyddai'r hin, y byddai'r teulu'n ymolchi yn eu tro, haf a gaeaf. Lisa oedd un o'r plant, a hithau'n nain i'r Parchedig Ddr Dafydd Wyn Wiliam o Fodedern.

Yr oedd Rhisiart Wiliam yn ddyn canolig o ran maint ac yn weithiwr medrus a chrefftus. Yr oedd hwsmyn ffermydd mawr Môn yn ddynion eithriadol o ddawnus yn eu gwaith, a'u crefft fel towyr y teisi i'w cadw'n sych a diddos dros fisoedd tymhestlog y gaeaf yn rhyfeddod prin. Fel y cyfeiriwyd eisoes, yr oedd cadlesydd Môn yn arddangosfa werth ei gweld.

Er gwaethaf amgylchiadau celyd ac anodd magu tyaid mawr o blant ar gyflog bychan mewn byd tlawd, eto fe ymdrechodd Rhisiart a Jane yn lew ac yn ddygn i fagu'r plant yn llwyddiannus. Byddai twlc mochyn ar bwys talcen pob bwthyn llafurwr ond mae'n rhaid fod twlc Penyrargae yn fwy o faint na'r cyffredin gan y cedwid hwch focha yno. Ar ddiddyfniad y moch bach cyn cyrraedd eu deufis oed, byddai Rhisiart a'r plant yn cerdded y torllwyth di-nam i'r farchnad yn Llangefni. Roedd hon yn dipyn o olygfa ar doriad gwawr ar draws gwlad – diwrnod i'w gofio i blant Penyrargae a diwrnod gobeithiol i'w rhieni tlawd a balch.

3) Pen'reblig

Dyw'r bwthyn bach yma ar dir Tremoelgoch bellach yn ddim ond carnedd o gerrig ar y llinell orwel a red o Lantrisant i blwyf Llanfigael. Mae'n ymddangos fel pe bai'n crebachu o flwyddyn i flwyddyn, ond fe saif yno yn styfnig o stwbwrn, yn dyst i oes a fu ac i ffordd o fyw dra gwahanol i'n dyddiau moethus ni. Saif yma i nodi'r fan lle magodd sawl cenhedlaeth o lafurwyr y tir eu teuluoedd. Y mae Pen'reblig o wneuthuriad syml a gwael o ddefnyddiau lleol, yn fwthyn unllawr o bridd a'r un ystafell wedi ei rhannu'n llawr a siambar. Ond yma yn y bwthyn bach y magodd Owen Parry ac Anne Jane ei wraig 10 o blant.

Fel arfer, fel y gwelsom, yr hwsmon a drigai yn y bwthyn, ond certmon oedd Owen Parry. Mi roddai ambell i ffermwr fwy o sylw i'r ceffylau ac i'r certmon nag i neb arall ar y fferm. Yn ddiddorol iawn, bu Tremoelgoch, pwy bynnag fyddai'r tenant, yn orchestol efo'i 'ffyla a sicrhaent y certmon gorau. Roedd hi'n dipyn o bluen yng nghap neb i ganlyn 'ffyla Tremoelgoch. Fe osododd Owen Parry safon uchel iawn i unrhyw gertmon a'i dilynai; yr oedd yn geffylwr nodedig ym mhob rhan o'r gamp. Yr oedd yn arddwr odid mwyaf crefftus yr ynys ac nid oedd ei ail am drin a thrafod ceffyl.

Dilynwyd Owen Parry fel certmon Tremoelgoch gan Richard, ei ail fab. Fe etifeddodd Richard ddawn a gallu arbennig ei dad fel dyn ceffyl. Credai rhai y rhagorai Richard ar ei dad hyd yn oed, a chredent na fu erioed loywach crefftwr rhwng cyrn y gwŷd main na'r trans-plow. Enillodd Richard Parry enw iddo'i hun drwy'r sir a daeth ef a gweddau Evan Evans ei feistr yn destun siarad stablau'r cylch. Ni thawai William Evans, mab Tremoelgoch, â sôn mewn brol parhaus am gertmon ei dad a daeth y ddau'n gyfeillion agos.

Ond er cyrraedd y brig, yr oedd ysfa yn Richard Parry i ddringo'n uwch. Gadawodd y wedd a throes i ganlyn stalwyni, pinacl swydd y certmon gan gymaint y sioe o gwmpas yr arddangos mewn ffair a marchnad. Doedd yn unman olygfa harddach na rhes o stalwyni o flaen y Bull yn Llangefni ar ddiwrnod marchnad. Byddai'r anifeiliaid yn eu plethau lliwgar a'r gynffon a'r mwng mewn rubanau amryliw a'r certmon mewn clos pen-glin o frethyn melyn tenau a legins ac esgidiau trwm yn cydweddu i'r dim. Ond tymor byr fyddai canlyn y stalwyn a byddai raid mynd yn ôl i'r fferm wedi hynny.

Cyn hir fe gafodd Richard Parry ei ddymuniad a gwireddwyd ei freuddwyd: cafodd denantiaeth Tŷ Newydd ym mhlwyf Llanbabo, tyddyn o 40 acer. Ymroes iddi mewn llafur diflino, a llwyddo i'r fath raddau nes iddo fentro gofyn am denantiaeth Treban Meurig, fferm o 250 o aceri ym mhlwyf Tre Walchmai ar stad Bodorgan. Fe gerddodd Bob ei fab i fewn i lafur ei dad a dod i gryn amlygrwydd ac enwogrwydd fel Llywydd Undeb Amaethwyr Cymru.

4) Penbont

Bwthyn llafurwr fferm Gwredog Uchaf ym mhlwyf Rhodogeidio oedd Penbont, ond bellach does yno 'faen ar faen ar nas datodir', chwedl yr hen esgob. Ond mae atgofion pobol yn nodi'r llecyn wrth y bont lle y bu Penbont. Fu erioed ladron cerrig tebyg i ffermwyr; does yr un garreg yn gysegredig nas gellir ei defnyddio i walio. Fe gwynai William Bulkeley, Y Brynddu, yn ei ddyddiadur fod ffermwyr y cylch yn dwyn cerrig hen lofftydd eglwysig i godi waliau, a'r cerrig hynny wedi'u cysegru: 'There are in this county itself above 40 church lofts that are fallen to ruins long ago and profane neighbours and owners of the ground about them have made no scruples of carrying away the stones for making stone walls.'[47]

Ond fe deimla Gwilym Owen y BBC rhyw hiraeth dieithr yn y ffaith nad oes yna bellach ddim ar ôl o'r bwthyn bach. Yno y gwelodd o gyntaf olau dydd: 'Penbont oedd enw'r tŷ, ond pan es i heibio'r dydd o'r blaen doedd yna ddim arwydd o gwbwl fod yno gartref.'[48] Penbont oedd aelwyd gyntaf rhieni Gwilym Owen ac yno y ganwyd eu cyntaf-anedig. Yr oedd Hugh ac Annie Owen ill dau yn gweini yng Ngwredog Uchaf fel gwas a morwyn. Fel y gwelsom, yr oedd i was a morwyn baru â'i gilydd yn uniad cyffredin iawn mewn oes ddidramwy, ac yr oedd cael cartref mor agos i'r gwaith yn fantais fuddiol i bâr ifanc gychwyn byw. Yn naturiol, yr oedd yn fantais fawr i'r wraig ifanc gael cymorth a chyngor ei chyn-feistres, yn arbennig pan anwyd y plentyn.

Fel y cynyddodd y teulu bach yn deulu mwy bu raid cael cartref mwy na'r bwthyn unllawr. Yr oedd y cartref newydd ond lled dau gae o Benbont yn yr un plwyf, ond landlord newydd. Bwthyn ar dir Ceidio oedd Glanrhyd, y cartref newydd, ac yn helaethach na Phenbont. Yr oedd yna lawr, siambar a chroglofft yn y cartref newydd ac roedd yn un o ddau fwthyn dan yr unto, math digon cyffredin i gartrefu hwsmon a chertmon fferm fawr. Yr oedd Ceidio yn mesur dros 300 acer ar y dechrau, ymhlith ffermydd mwyaf yr ynys. Ond yn gynnar yn y 1890au fe basiwyd Deddf y Mân Ddaliadau gyda phwysau ar y landlordiaid i werthu peth o'u tiroedd i'w rhannu'n ddaliadau llai i'w gosod yn ffermydd bychan ac yn dyddynnod. Fe werthwyd llawer iawn o dir ym Môn i'r Cyngor Sir ar derfyn y Rhyfel Byd Cyntaf i gael ffermydd i'r milwyr a ddychwelodd o'r rhyfel, ac fe rannwyd fferm Ceidio yn bedair o ffermydd bychan. Yr oedd fferm wreiddiol Ceidio dan denantiaeth John Pritchard Williams ac ef a osododd Glanrhyd i Hugh ac Annie Owen. Rhydd Gwilym Owen inni ddisgrifiad eithaf manwl o'i ail gartref yn ei hunangofiant. 'Tŷ bychan iawn oedd Glanrhyd – ystafell fyw, cegin gefn, siambar a chroglofft' a'i rent yn bumpunt y flwyddyn ac yn daladwy i'r perchennog, Mr Williams Ceidio.

Bellach y mae Glanrhyd yn eiddo i ŵr dieithr o Stockport draw fel ail gartref. Ond diolch i Mike Hughes, fe fyn gadw'r bwthyn yn gywir fel yr oedd, yn gofadail i oes wahanol. Rywfodd, fe gadwyd yr hen dangnefedd ar lan yr afonig.

5) *Meinir*

Dyma fwthyn bach del gyda llawr a siambar a chroglofft sydd wedi'i adael a'i gadw heb newid dim arno. Saif ar ymyl y ffordd sy'n arwain i Borth Tywyn Mawr (Sandy Beach) yn wynebu'r gorllewin a'i wyntoedd a'i ddrycinoedd, heb gymaint â chawnen i'w gysgodi. Y mae'n ddigon agos i'r môr iddo halenu ei ffenestri bach a llenwi'r lle â'i aroglau iach. Fu erioed fwthyn mewn llecyn mwy unig yn ystod misoedd maith y gaeaf, ond nid bwthyn gwyliau haf y bwriadwyd iddo fod ychwaith. Yr oedd yn bwysicach ei fod o fewn cyrraedd hwylus i Blas y Glyn nag i lan y môr, gan mai cartref hwsmon y fferm honno oedd Meinir.

Yr oedd Plas y Glyn yn un o hen ffermdai nodedig Ynys Môn, ac yn ei ddydd yr oedd yn lle cyfareddol. Yn ôl hen feibl y teulu priododd William Griffith o Blas y Glyn ym 1799, ond mae cofnodion gan y teulu sy'n mynd yn ôl lawer iawn ymhellach yn ôl dwy lechen ar fur yr eglwys yn Llanfwrog. Anfonwyd rhai o aelodau'r teulu i ysgol fonedd ym Miwmares, a gyfrifid yn rhywbeth mawreddog. A heb os, yr oedd cryn fri ar y fferm a'r ffermio.

Dafydd Owen fu tenant Meinir fel hwsmon y Plas am 48 mlynedd. Dros y blynyddoedd profodd Dafydd Owen ei hun yn hwsmon cyfrifol a hynod fedrus yn holl waith y fferm. Yr oedd Nan a Dafydd Owen yn llawer nes at deulu Plas y Glyn na gweision. Bu farw William Griffith, y meistr, yn ddyn ifanc gan adael gweddw a dau blentyn dan 10 oed. O ganlyniad fe

ymddiriedwyd cryn gyfrifoldeb ar ysgwyddau'r hwsmon ac
fe brofodd ei hun yn ddyn gonest a chyfrifol yn arolygu holl
waith y fferm. Gadawodd William Griffith fwlch mawr ar
ei ôl yn ei gartref, ei fferm a'i gymdeithas. Yr oedd yn ddyn
mwy diwylliedig na'r cyffredin ac yn un o'r ychydig ym Môn a
ddarllenai bapur dyddiol, y *Daily News* mae'n debyg. Yr oedd
yn gymeriad a berchid gan gymdeithas eang iawn, ond yn ôl
y sôn doedd o ddim rhyw lawer o ffermwr. Dirywiodd y fferm
o ddiffyg gwneud y gorau o ddaear eithriadol o dda. Yr oedd
William Griffith yn ddyn hynod o falch a mynnai gadw at hen
ffyrdd traddodiadol Sir Fôn o ffermio a dal i gadw yr un cyfrif
o weision. O ganlyniad fe adawyd ei weddw, ei phlant a Dafydd
Owen yr hwsmon mewn sefyllfa ddyrys ac anodd.

Er gwaetha'r amgylchiadau a hithau'n fyd gwael ar
amaethyddiaeth, bu i Dafydd Owen drafod buddiannau'r fferm
fel pe baent yn eiddo iddo'i hun, a hynny am gyflog bach. Yr
oedd ei gyfrifoldebau yn cyrraedd tu hwnt i ddim a ddisgwylid
gan hwsmon. Ond yn ychwanegol at ei gyflog o ddeg swllt
yr wythnos fe dderbyniai amryw o gilfanteision. Câi Dafydd
bori tair dafad ar dir Plas y Glyn, a olygai y câi bump oen
i'w gwerthu am 25 swllt yr un bob blwyddyn – cyflog tri mis.
Plannai sawl rhwd o datws ar dir y Plas a dyna brif fwyd y
teulu a digon i besgi dau fochyn bob chwarter. Caent hefyd
lefrith, llaeth enwyn ac ymenyn am bris bychan. Yr oedd gardd
helaeth yn gysylltiedig â'r bwthyn hefyd, digon o faint i gael y
wedd i'w haredig ar gyfer tyfu llysiau. Mae'n rhyfeddol mor
ddarbodus a chynnil y bu i'r hwsmyn hyn ymdrechu byw a
chynilo cymaint o'u henillion prin. Mi gasglodd Dafydd a Nan
Owen gymaint â mil o bunnau dros y blynyddoedd, digon i
brynu tyddyn bychan iddynt ill dau – da was, da a ffyddlon.

6) Y Ddôl Uchaf a'r Ddôl Isaf

Dyma ddau fwthyn dan yr unto ac arnynt ôl gwaith celfydd.
Fe'u hadeiladwyd ar gyfer hwsmon a phorthwr fferm y
Brwynog, Llanddeusant, a hynny ar ei doldir. Fe ffurfia'r ddôl
yn dri chae gyda thair afonig yn eu rhannu: afon Ucheldre,

afon Brwynog ac afon Cwt. Yna, wedi gadael y ddau fwthyn fe ymuna'r tair afonig â'i gilydd cyn ymuno â'u mam, afon Alaw. Mae i'r tri chae enwau y mae'n werth eu cofnodi: Cae Syr Evan, Cae Tan Lôn a'r Ddôl Hir, a red yn bigyn i Landdeusant. Yn y cae hwnnw yr adeiladwyd y ddau fwthyn, ar fin y ffordd gul a throellog sy'n arwain i'r pentref.

Fe glymwyd darn da o hanes amaethyddiaeth yr ardal hon wrth fferm enwog Brwynog ac yn arbennig y Ddôl Uchaf a'r Isaf ar ddiwedd y bedwaredd ganrif ar bymtheg a dechrau'r ugeinfed ganrif. Tua'r flwyddyn 1893 fe brynwyd y ffodd gan Hugh Richard Jones a ffermiai Shop Ffarm, Llanynghenedl, ond fe gadwodd denantiaeth y Shop am beth amser ar ôl symud i Frwynog gan ffermio'n agos i 400 acer. Cyn diwedd y bedwaredd ganrif ar bymtheg yr oedd stoc y ddeule yn cynnwys 107 o wartheg a thua 400 o ddefaid. Gwerthai'r gwartheg i borthmyn a alwai yn eu tro ac a dalai gymaint â phedair punt ar ddeg am fustych teirblwydd, ac fe werthai'r ŵyn rywle o goron i chweugain. Ond yn y stabal yr oedd cyfoeth y ffordd yn y cyfnod yma ac roedd stablau'r Brwynog yn fwy llewyrchus nag unrhyw stabal yn Sir Fôn, yn cynnwys 32 o geffylau – wyth o geffylau gwedd a'r gweddill yn ddyflwydd ac yn codi'n dair. Roedd yno hefyd ddwy ferlen y car, un i'r fflôt, un i'r car mawr ac un arall i'r car bach. Gan fod Brwynog gryn bellter o stesion y Fali byddai raid wrth amryw o gerbydau i gario'r giwana (gwrteithiau) mewn llwythi o dros dunnell a hanner ar wagan dri cheffyl. Fe gludid y glo yn y drol o'r cei bach yr ochor bellaf i'r Fali, digon at iws Brwynog ac ar gyfer llawer iawn o drigolion Llanddeusant. Gan fod cynifer o dyddynnod bychan yn yr ardal, gweddoedd y Brwynog fyddai'n llafurio'r tir iddynt ac yn casglu eu cynhaeaf. Nid mewn arian y talai'r tyddynwyr am eu gwasanaeth ond trwy roi help, yn arbennig yn y ddau gynhaeaf, yn y Brwynog. Fe sonnir hyd heddiw gan y to hŷn am gymaint ag 16 o ddynion yn cynnull haidd yn y Brwynog. Yr oedd chwech o weision yno a dau ohonynt yn gertmyn gydag un arall fel is-gertmon at y cyntaf a'r ail. Y ddwy forwyn a'r gwas bach a ofalai am y godro a'r holl broses o hidlo yn y llaethdy mawr cyn potio'r llefrith ar y silffoedd llechi oer. Yr oedd yno ddêri fach a'r ddêri ganol gyda'r corddwr yn y ddêri gefn. Cedwid y llefrith am rai dyddiau iddo dwchu yn barod i'w gorddi. Y ferlen fyddai'n troi'r gwaith corddi, gan gerdded ar gylchdro am awr gron, a mwy o lawer weithiau. Gwneud ymenyn oedd gorchestwaith y forwyn fawr a dyna fyddai cwestiwn y feistres wrth gyflogi morwyn: holi'n ddyfal a fedrai hi wneud ymenyn.

Fe gyfrifid Hugh Richard Jones, Y Brwynog, yn un o ffermwyr gorau'r sir. Yr oedd digon o dystiolaeth amlwg o hynny, gan gynnwys stoc neilltuol a gipiai'r prif wobrwyon ym mhrimiymau Môn ym Modedern a Llangefni. Buan iawn y rhoes raen newydd ar dir y Brwynog hefyd. Yr oedd gan Hugh Richard y ddawn brin honno i adnabod daear dda, a gwyddai'n well na neb, yn ôl y sôn, sut i godi ei safon yn ôl y gofyn. Bu i'w ŵyr, Hugh Richard Williams, Penyrorsedd, Cemlyn, etifeddu dawn ei daid yn hyn o beth – dawn i adnabod a darllen daear.

Mae gennym ni bellach ddulliau gwyddonol i ddadansoddi priddoedd. Aiff y dulliau cynharaf â ni yn ôl i'r ddeunawfed ganrif yn hanes arolygu tir, yng ngwaith Henri Rowlands, ficer Llanidan. Ugain mlynedd yn ddiweddarach enillodd Angharad Llwyd yn yr Eisteddfod Genedlaethol ym Môn (1833) gyda'i thraethawd ar 'Briddoedd Môn'. Dyma hefyd fu tasg gyntaf yr Athro G. W. Robinson ar ei benodi i'r Brifysgol ym Mangor ym 1917 – arolygu priddoedd gogledd Cymru, gan ddewis daear Môn fel ei faes llafur. Mae ein dyled yn fawr i Evan Roberts, a oedd yn gyfarwyddwr y Ganolfan Arbrofi Priddoedd ym Mangor, am ei waith arbennig, *The County of Anglesey*, yn y gyfres gan yr Agricultural Research Council.

Ond fyddai ffermwr y Brwynog ddim yn gyfarwydd â dadansoddiadau'r gwyddonwyr hyn; dibynnai ef ar ryw ddawn gyfrin i ddarllen wyneb y ddaear, dawn a berthyn ond i rai. Rhoddai yntau fel ei gyfoedion gryn bwys ar hen ddiarhebion a drysorwyd a'u cyflwyno ar lafar gwlad fel hon:

Aur dan y rhedyn,
Arian dan yr eithin,
Newyn dan y grug.

Fe roes y ddihareb hon deitl awgrymog iawn i lyfr diweddar ar ddadansoddi daear, sef *Gold Under Bracken* gan Richard Hartnup (Y Lolfa, 2011).

Yr oedd gan Hugh Richard Jones ddawn i adnabod gweithwyr hefyd, a phan symudodd o Lanynghenedl i Frwynog mynnai fod ei hwsmon, David Jones, a'i gowman, Owen Hughes, yn dod i'w ganlyn. Yr oeddynt yn deulu o bedwar: Hugh Richard, ei briod Grace a dau fab – Hughie John Jones, a ddilynodd ei dad yn y Brwynog, a Richard Owen Jones, a ddaeth yn ddoctor yn Amlwch hyd ei farw ym 1966. Mae'n debyg i Grace Jones farw'n wraig gymharol ifanc â'r plant yn fychan, a dyna, debyg, barodd i Hugh Jones ailbriodi'n weddol fuan. Ganwyd merch o'r briodas honno, Alice, a ddaeth yn briod â Richard Williams, Tyddyn 'ronwy, Cemaes.

Er mwyn dal ei afael yn ei hwsmon a'i gowman yr adeiladodd Hugh Richard Jones y ddau fwthyn ar ddoldir Brwynog, a nhw ill dau oedd tenantiaid cyntaf y ddau fwthyn newydd. David ac Ellen Jones oedd tenantiaid y Ddôl Uchaf. Hanai David o Lanfairynghornwy ac Ellen o Adda Lane, Llanddeusant, a ganwyd iddynt chwech o blant a fagwyd yn y bwthyn o lawr, siambar a chroglofft gyda rhimyn o gyrtans i ffurfio pantri bychan. Yr oedd David Jones yn hwsmon ac yn weithiwr cydwybodol a gonest yn holl ddyletswyddau'r ddwy fferm.

Yr oedd pen certmon y Brwynog, Richard Owen, fel y gallesid credu, yn geffylwr o gryn fri gyda stabliad o 32 o geffylau gyda phedair gwedd lawn gwaith. Fe gychwynnodd Richard, fel pob gwas ffarm, ar waelod yr ysgol yn was bach. Gadawodd Ysgol Llanddeusant yn 13 oed a chofiai'n dda fel yr aeth ei fam ag ef i Amlwch y Sadwrn cyntaf i brynu iwnifform gwas ffarm – trowsus melfaréd a'r gôt arferol, pâr o esgidiau trymion a chlocsiau. Bu am dymor fel gwas bach yng Nghaergwrle ac yna i Fodnolwyn Wen ym mhlwyf Llantrisant, ac oddi yno i Fryngwyn, Cemaes, ac yna i Lan Gors ym mhlwyf Llanbabo. Wedi'r holl symudiadau, cyflogwyd Richard Owen yn ail gertmon i Gaergwrle ac yna fe'i dyrchafwyd yn gertmon cyntaf i Fodnolwyn Groes. Yn Ffair Mechell 1916 y daeth cyfle mawr Richard pan gafodd ei gyflogi yn ail gertmon i Frwynog ar gyflog o un bunt ar ddeg. Ar derfyn yr ail dymor yn y Brwynog cyflogwyd ef yn gertmon cyntaf, safle o gryn anrhydedd i ddyn ifanc. Cysgai ef a'r gwas bach yn y llofft stabal yng ngwres cyfforddus 30 o geffylau.

Pan fu farw gwraig David Jones yr hwsmon ar 3 Ebrill 1911 daeth Elen Jane, y ferch hynaf, adref at ei thad i'r Ddôl Uchaf. Ar 30 Tachwedd 1915 fe briododd Ellen Jane â chertmon y Brwynog, Richard Owen, a symudodd yntau i'r Ddôl Uchaf at ei wraig a'i dad yng nghyfraith. Ar farwolaeth David Jones cafodd Richard Owen denantiaeth y Ddôl a'i ddyrchafu'n hwsmon y Brwynog. Cafodd y bwthyn yn ddi-rent fel rhan o'i gyflog a châi gadw dwy ddafad ar y fferm. Cadwai hefyd fochyn yn y cwt wrth dalcen y bwthyn.

Mae'n amlwg fod perthynas agos iawn rhwng ffermwr y Brwynog a'i weision, yn arbennig ei hwsmon. Ychydig iawn o addysg ffurfiol a gâi gweision a llafurwyr y tir yn y cyfnod yma, a'r ysgol Sul fu'r unig gyfle a gafodd sawl un. Yr oedd Hugh Jones, Y Brwynog, yn gefnogwr brwd i'r ysgol Sul. Gan fod Capel Elim y Methodistiaid yn bell o bentref Llanddeusant ac yn anhygyrch i weision ffermydd y cylch fe adeiladwyd ysgoldy bychan ar ganol y pentref i gynnal ysgol Sul, am bris o drigain punt. Yn ddiddorol iawn, David Jones, hwsmon y Brwynog, oedd athro'r dosbarth, gyda'i feistr a'i fab yn ddisgyblion iddo, ynghyd â dau arall o weision y Brwynog. Mae hanes am y dosbarth yn mynd i dynnu llun i Gaergybi ar bnawn Sadwrn. Rhoes y tynnwr llun flocyn o bren ar ffurf Beibl yn llaw David Jones yr athro. Gwrthododd yntau'r fath syniad a bu raid cael Beibl go iawn o un o gapeli'r dref. Yn yr ysgol Sul y dysgodd llawer o'r gweision ac amryw o'r ffermwyr ddarllen Cymraeg, a fu'n gymaint caffaeliad iddynt allu darllen cylchgronau'r cyfnod a phapurau newydd.

Amlygwyd y berthynas arbennig yma rhwng meistr a gwas pan fu farw Hugh Richard Jones yn annisgwyl, oherwydd fe gysylltwyd digwyddiad anghyffredin yn y Ddôl Uchaf â'i farwolaeth. Yn gwbwl ddirybudd, syrthiodd pictiwr o gryn faint oddi ar y wal yn y Ddôl Uchaf ar grud Nel, y babi, a gysgai'n dawel. Yr oedd y baban yn wyrthiol ddianaf. Cyn i'r teulu ddadmer o'u hofn a'u dychryn daeth cnoc ar y drws – galwad ar i Richard Owen fynd i Frwynog gan fod ei feistr wedi marw.

Bu Richard Owen yn hwsmon delfrydol ar gyfrif ei gymeriad nodedig a'i ddoniau gloyw yn holl fywyd y fferm. Cafodd ef a Mary y forwyn eu hanrhydeddu â medal Primin Môn yn Llangefni ym 1955 am eu gwasanaeth o 51 o flynyddoedd ar yr un fferm. Yna, bum mlynedd yn ddiweddarach ym 1960, fe anrhydeddwyd y ddau eto, y tro hwn gan y Sioe Frenhinol ym Mangor, a chyflwynwyd y fedal iddynt gan Ddug Caeredin.

7) Penllidiart

Cawsom sawl achos i sylwi ar fywyd caled a thlawd ym mythynnod y gweithwyr fferm a oedd mor nodweddiadol o fywyd cefn gwlad y bedwaredd ganrif ar bymtheg. Y mae'n glod i rieni cyfrifol a chydwybodol iddynt wneud y gorau dan amgylchiadau celyd ac anodd. Yr oedd David Thomas yn hwsmon yn Chwaen Goch ym mhlwyf Llantrisant, fferm a gadwai ddau gertmon, dau gowman a dwy forwyn, a thrigai'r hwsmon ym Mhenllidiart, bwthyn unllawr ar ben y rhodfa a oedd yn arwain i'r fferm. Yr oedd gan David a Jane Thomas 11 o blant ac ymdrechent yn ddyfal i'w magu'n llwyddiannus. Ond pan oedd Gwen, y plentyn ieuengaf, yn tynnu am ei dyflwydd oed bu farw'r fam, Jane Thomas, ar enedigaeth plentyn arall. Gosodwyd croes anghelfydd ar y tad a'i dyaid plant. Ond fe gododd y teulu di-nam i ofynion anodd yr amgylchiadau; ymroes Mary a John, y plant hynaf, i'r her a magu'r plant gyda'u tad, gan gadw gyda'i gilydd yn un teulu. Bu croeso a chymorth

Hannah Thomas, gwraig Chwaen Goch, yn gefn da i'r teulu. Cerddai'r plant ddwy filltir helaeth i'r ysgol yn Llannerch-y-medd trwy wynt a glaw yn y gaeaf a thrwy'r tesfawr yn yr haf a chyrraedd adref nid i groeso mam ond i bawb â'i waith. Gyda gadael yr ysgol yn 13 neu 14 oed câi'r plant, y bechgyn a'r merched, waith yn Chwaen Goch wrth eu drws. Bu Gwen a Sydna, y ddwy ferch ieuengaf, yno fel y forwyn fawr a'r forwyn fach. Yr oedd John Pendref o'r Llan yn gweini yn Nantarog, dafliad carreg o Benllidiart, a Gwen y ferch ieuengaf fu dewis John. Cartrefodd y ddau, wedi priodi, ym Mhlas Cynan ar gwr Llannerch-y-medd.

8) Y Blew a Nyth y Dryw

Dyma ddau fwthyn ar Fynydd Mechell ac iddynt enwau anghyffredin a rhamantus. Bu'r mynydd hwn yn enwog am ei fythynnod a'i fythynwyr er dyddiau cau'r tiroedd a buont yn gyndyn iawn o ildio'u bythynnod a'r lleiniau gleision o'u cwmpas. Does dim sicrwydd am leoliad Nyth y Dryw, ond fe gred rhai o drigolion hynaf yr ardal mai Twll-y-clawdd yw'r enw bellach, enw arall sy'n bur anghyffredin. Tyddyn bychan yw Twll-y-clawdd o fewn tafliad carreg i'r Engan Las ar y ffordd o Fynydd Mechell i Landdeusant.

Cynullodd Michael Williams ysgub frigog o hanes bywyd y gwas a'r llafurwr tir ym Môn ganrif a mwy yn ôl. Magwyd Michael efo'i daid a'i nain, a anwyd y naill yn y Blew a'r llall yn Nyth y Dryw. John Williams y taid a fagwyd yn Nyth y Dryw a'r nain, Maggie Ann, yn y Blew. Dyfalwn fod John Williams yn gweini naill ai yng Ngwaenydog neu un o'r Ucheldrefi, gan y byddai'r ffermydd hyn o fewn cyrraedd cerdded hwylus i John i'w waith yn y bore cynnar. Mae'n amlwg yn ôl yr hunangofiannwr i John a Maggie Ann briodi'n ifanc iawn ac y ganwyd merch iddynt, Grace, cyn iddynt adael plwyf Llanfflewin.[49]

Cyfarfyddwn â John Williams ac yntau ar ei ffordd o ffair gyflogi Glanmai tua'r flwyddyn 1915 ac wedi'i gyflogi i ganlyn 'ffyla yn yr Henllys Fawr ym mhlwyf Cwyfan, yr ochr arall i'r sir o Lanfflewin. Tybed a oedd gwaith yn brin? Fel arall, fyddai neb dan amgylchiadau John Williams, newydd briodi a gyda phlentyn bach, yn mentro mor bell i le mor ddieithr iddynt ill dau. Beth bynnag am yr amgylchiadau, ar fore braf o fis Mai casglodd John Williams a Maggie Ann y cwbwl ynghyd ac fel Abraham gynt aethant allan, heb wybod i ba le yr oeddynt yn myned. Wyddai Grace fach ddim yn y byd mawr i ble yr elent yn y drol, yn loncian ysgytiol, a dichon fod ei mam yn bur bryderus hefyd, tra edrychai John Williams ymlaen i ddod yn gertmon yr Henllys Fawr. Yr oedd holl gynnwys eu cartref yn y drol, wedi gosod y garfan gario gwair arni er mwyn cael mwy o lwyth, a thaenwyd nithlen dros y trwmbal rhag baeddu a chrafu'r dodrefn. Nythai'r fam a'i phlentyn yn ei choits rhwng brigau'r llwyth afrosgo. Byddai raid i'r certmon ddychwelyd y drol y noson honno, oblegid doedd wiw gweld trol waith ar ffyrdd Môn ar y Sul yn yr oes honno.

Doedd dim yn arbennig am yr Henllys Fawr fel fferm nac am y stoc na'r ffermio, ond yr oedd pobol Môn yn gyfarwydd iawn â *Storïau'r Henllys Fawr.* Fe fagwyd W. J. Griffith ar fferm Cefn Coch yn Llansadwrn a chafodd fantais o Ysgol Ramadeg Biwmares, lle'r enillodd ysgoloriaeth amaethyddol i Goleg y Brifysgol ym Mangor. Symudodd y teulu yn ôl i'r Henllys Fawr ac yno y bu W.J. fyw weddill ei ddyddiau yn llenydda i ddifyrru'r amser. Mae'n amlwg y cafodd John Williams gymeriad diddan ymhlith y gweision, sef Wil Jones 'Berffro, a ddaeth yn gymeriad y deil pobol i'w gofio a'i ddyfynnu.

Wedi gweithio yn yr Henllys Fawr am rai blynyddoedd fe symudodd John Williams o Ben'rallt ac o'r fferm ond nid mor bell y tro hwn, i fferm ar y terfyn – Llangwyfan Isaf, gyda bwthyn bach i'w ganlyn, sef Tŷ Cwyfan, a oedd hefyd yn dŷ'r clochydd. Cafodd ofal dwy eglwys fel clochydd – gwasanaeth yr arhosodd ynddo gydol ei oes.

9) Bodrida Bach

Dyma fwthyn ar dir fferm Bodrida, oddeutu 200 acer o dir da ym mhlwyf Llanedwen. Yn naturiol, bwthyn perthynol i'r fferm ydyw a saif o fewn lled dau gae i'r fferm. Y mae'n fwthyn hynod o ddiddorol gan na newidiwyd dim arno o'r dydd y'i hadeiladwyd gyntaf a, hyd yma, mae wedi cadw'n rhyfeddol o gyfan. Fe'i hadeiladwyd ar batrwm cyffredin y cyfnod gyda llawr, siambar a bwtri bach, ond â llofft yn cyrraedd o ben i ben, ac yn hyn o beth yn dilyn peth gwahaniaeth. Fel y gwelsom, croglofft fechan a geid yn y math yma o fythynnod fel arfer, ond mae'n amlwg na ddilynid patrwm sefydlog ac y byddai'r saer lleol yn arbrofi. Heb os, roedd y llofft yn hytrach na'r groglofft yn rhoi mwy o le a mwy o gynhesrwydd i'r bwthyn. Yr oedd ysgol symudol i'r llofft trwy dwll di-ddrws yn y llawr.

Ar ddiwedd y bedwaredd ganrif ar bymtheg, gŵr ifanc 25 oed, John Williams, a'i wraig Elizabeth oedd tenantiaid Bodrida Bach, ynghyd â'u plentyn Dorothy, a oedd yn flwydd oed. Mi gasglwn fod John Williams yn ddyn cyfrifol a gweithgar i ymddiried iddo fod yn hwsmon ar fferm o faint ac ansawdd Bodrida.

Rhywbryd rhwng 1750 a 1850 y codwyd llawer iawn o fythynnod traddodiadol Cymru. Y mae lle i gredu bod bwthyn o ansawdd Bodrida Bach yn dyddio'n ôl i hanner cynta'r bedwaredd ganrif ar bymtheg gan fod cyfeiriad yn adroddiad y Comisiwn Brenhinol ym 1893 at y ffaith y bu cryn wella yn ansawdd y bythynnod Cymreig dros yr hanner canrif blaenorol. Y mae Bodrida Bach wedi ei godi'n gelfydd ac yn gadarn, er fod arno bellach arwyddion dirywiad. Byddai'n resyn inni golli'r bythynnod prin yma, gan eu bod yn dangos hen ffordd o fyw yng nghefn gwlad amaethyddol Môn, fel y mae Cae'r Gors yn fynegiant o ffordd o fyw ym mro'r chwareli yn niwedd y bedwaredd ganrif ar bymtheg.

10) Tan y Fron

Saif y bwthyn hwn ar un o'r llecynnau tawelaf a phrydferthaf ar Ynys Môn, ar lan Llyn Coron ym Modorgan. Y mae'n enghraifft wych o fwthyn wedi ei gadw'n gwbwl ddigyfnewid a'r gwyngalch fel ôd ar ei bared, fel colur ar wyneb hen wraig. Y mae'n perthyn i'r bythynnod cynnar, dim ond llawr a siambar ar unllawr gyda thwlc i'r mochyn yn un talcen a beudy bychan i'r fuwch a llo yn y talcen arall. Yn wahanol i'r rhelyw o fythynnod, yr oedd llain a thipyn o'r tywyn i ganlyn Tan y Fron, a oedd yn eiddo i stad Bodorgan ar rent i Dreiddon ac i wasanaethu'r fferm honno.

Fel y gallesid disgwyl, bu cryn ddyfalu am sillafiad ac ystyr enw'r llyn. 'Llyn Corron' a geir ar y mapiau cynnar, ond erbyn y ddeunawfed ganrif daeth yn 'Llyn y Goron' gan y cartograffwyr am fod Aberffraw yn un o ganolfannau Tywysogion Gwynedd a bu un o'u llysoedd yno am ganrifoedd. Hawdd iawn felly fuasai dehongli'r enw fel un yn golygu 'llywodraethu', a dewis y dehongliad symlaf.

Beth bynnag am yr enw, yno ar ei lan y saif Tan y Fron mor ddisyflyd â'r llyn ei hun, ac yn gartref i hwsmyn Treiddon a'u teuluoedd. Yma y bu Edward a Jane Griffiths yn hwsmon a morwyn ffyddlon i Dreiddon, gan fagu chwech o blant. Ar gyrraedd ei 14 oed ymunodd Jennie, y ferch hynaf, â'i mam yn ail forwyn yn Nhreiddon. Y mae gan y forwyn fach (Jennie Hughes) atgofion prin a gwerthfawr am fywyd a dyletswyddau'r forwyn fferm cyn i'r byd amaeth newid mor llwyr.

Codai'r morynion am bump y bore – nhw fyddai'r cyntaf o neb i godi. Y gorchwyl cyntaf fyddai cynnau'r tanau. Mi fyddai tri neu bedwar tân ym mhob tŷ fferm go fawr yr adeg honno a chynnau rheini fyddai swydd gynta'r forwyn fach Sul, gŵyl

a gwaith. Y forwyn fach fyddai wedi hel y priciau y pnawn cynt, rhai crin a sych, hyd gloddiau'r caeau. Yna mi fyddai'r forwyn fawr wedi sicrhau y byddai'r bara llaeth yn ffrwtian ers meitin cyn i'r gweision ddod i'r tŷ tua chwech o'r gloch y bore. Byddai'r ddwy forwyn yn troi am y beudy wedyn, i odro a llitho'r lloeau gyda'r gwas bach. Fe gyfrifid Jane Griffiths a'i merch Jennie yn ddwy laethferch nodedig ryfeddol. Fe gadwodd Jennie ei stôl odro dri throed yn atgof o ddyddiau'r godro â llaw, ac fe'i dangosodd imi gyda balchder. Ond camp orchestfawr y llaethferch fyddai gwneud ymenyn; yr oedd hon yn gamp, neu'n wir yn grefft, nodedig iawn ac roedd Jennie a'i mam yn bencampwyr arni.

Bu Owen a Catherine Lewis, Treiddon, yn feistr a meistres dda yn ôl Jennie Hughes, ond bu Catherine Lewis yn athrawes dda hefyd gan fynnu safon eithriadol o uchel ym mhob gwaith, a gwireddu'r hen ddihareb Iddewig, 'Hyffordda blentyn ar ddechrau'r daith, ac ni thry oddi wrthi pan heneiddia.'

11) Tŷ Hir, Dothan

Ar ei phriodas â John Hughes o ardal Dothan fe barhaodd Jennie Hughes yn nhraddodiad ei theulu yn briod â chertmon a hwsmon fel ei thad. Aeth John Hughes a Jennie i fyw i fwthyn amaethyddol pur enwog Tŷ Hir a berthyn i Dyn-y-Buarth, fferm o tua 100 acer ar draws y ffordd lle yr oedd John Hughes yn canlyn y 'ffyla pan briododd â Jennie. Yno y buont gydol eu hoes. Dyma, heb os, yr aelwyd fwyaf Cymreig a chroesawus yn Sir

Fôn i gyd! Y mae camu dros riniog Tŷ Hir yn gam i'r gorffennol ac i oes gwbwl wahanol; dyw'r bwthyn heb ei newid na'i altro ddim ac eto nid amgueddfa mohono. Fe geir

121

ias byw a bywyd wrth eistedd am sgwrs efo Jennie Hughes wrth y lle tân henffasiwn. Gan mai ychydig iawn o oleuni ddaw drwy'r ffenestri bychan mae hi braidd yn dywyll ym mhob rhan o'r tŷ, yn gywir fel y byddai tŷ Nain erstalwm. Mae'r groglofft a'r ysgol gul fel pe baent yn disgwyl rhywun i orffwyso'r nos; mae'r rhan yma eto heb newid dim. Mae'n amlwg mai to gwellt neu frwyn fu ar Tŷ Hir yn wreiddiol – y mae arwyddion amlwg o hynny gyda bargod yn estyn rai modfeddi o odre'r corn simne rhag i ddŵr fynd rhwng crys a chroen y corn a'r to gwellt.

Yr oedd yma ddau fwthyn dan yr unto yn wreiddiol, gyda gweithdy'r crydd a siop fechan a fyddai'n gyrchfan boblogaidd yn yr oes a fu. Ond dau fwthyn amaethyddol oeddynt yn wreiddiol, yn eiddo i Dyn-y-Buarth, a byddai dau o wasanaethion y fferm yn byw yn Nhŷ Hir. Fe barhaodd Tŷ Hir, y bwthyn agosaf at y groesffordd, felly hyd yn ddiweddar iawn. Tybed ai dyma'r bwthyn fferm olaf ym Môn?

Rhyw anghydfod â'r landlord a ddaeth ag Owen Williams o Dyn-y-Buarth ym mhlwyf Llanfflewin i Dyn-y-Buarth ym mhlwyf Tre Walchmai. Person Llanfflewin oedd landlord Tyn-y-Buarth ac er i Owen Williams a'i deulu wario cymaint â £500 ar yr adeiladau fe godwyd y rhent o £20 i £52. Fe haerai Owen Williams ei bod hi'n gan mil gwell bod dan landlord y stad na'r Eglwys. Fe ddaeth y teulu i ardal Dothan yn Nhre Walchmai a gydag amser fe briododd William Llywelyn Williams â merch y Ddrydwy, fferm o dros 100 acer yn yr un ardal. Dilynodd y mab y tad a oedd o'r un enw i ffermio'r Ddrydwy gyda John Hughes, tenant Tŷ Hir, yn canlyn y 'ffyla ac yn ddiweddarach yn hwsmon. Fe gydnabyddwyd gwasanaeth maith a chywir John Hughes gan y Dywysoges Anne ar ran Sioe Frenhinol Cymru, ac am yr un gwasanaeth fe'i hanrhydeddwyd gan Gymdeithas Amaethyddol Môn yn ei sioe hithau. Cyflogwyd John Hughes yn ddyn ifanc 27 oed i'r Ddrydwy ac yno y bu yn wasanaethwr da a ffyddlon, gan fagu tyaid o blant gyda Jennie yn Nhŷ Hir. Yno, wrth y groesffordd enwog yn Dothan, a'i ffyrdd cul yn arwain i bedwar ban yr ynys, y saif y bwthyn hwn yn goffadwriaeth i oes aur hogiau'r tir.

12) Brynllyn

Y mae Brynllyn ar lan Llyn Llywenan ym mhlwyf Bodedern ac ar stad Presaeddfed. Rhaid cydnabod nad bwthyn ydyw ond tyddyn o faint go sylweddol ac ynddo bedair llofft. Doedd William Williams na chertmon na hwsmon ychwaith; yn hytrach, cadw penturiaeth a wnâi. Y mae'r gair 'penturiaeth' yn un diddorol iawn ac roedd yn arferiad digon cyffredin ar un cyfnod. Daw'r gair o 'pentir', a oedd yn gymeriad cyffredin iawn yn y ddeunawfed ganrif, ac yn perthyn yn arbennig i Sir Fôn. Yr oedd y pentir yn ŵr priod ac yn byw mewn math o gwt neu fwth ar dir y fferm lle gweithiai; câi'r cwt, cadw buwch a thipyn o ŷd am ddim am ei lafur ar y fferm.[50] Yr oedd Lewis yn bentir yn Nhre'r Go, a'i lwfans yn y gaeaf oedd ei dŷ a gardd, lle i chwe dafad a châi fwysel o haidd, ac yna fe gâi lwfans haf, ei dŷ a gardd, cadw chwe dafad, llefrith un fuwch, peg o haidd, bwysel o ryg a bwysel o bilcorn a phum swllt o gyflog.[51] Y mae gan William Bulkeley, Y Brynddu, hefyd sawl cyfeiriad at y pentir yn ei ddyddiadur. Mae'n amlwg ei fod yn perthyn yn arbennig i Sir Fôn, yn fwy felly nag unrhyw ran arall o'r wlad. Y mae'r gair 'penturiaeth' yn gyffredin iawn ar lafar ym Môn ac Arfon yn golygu gwaith y stiward tir, goruchwyliwr fferm neu feili – swydd ddigon tebyg i un y pentir gynt.

Yr oedd Hugh Jones, Yr Arw, Llanfachraeth, wedi cymryd tenantiaeth Brynllyn o ryw 50 acer gan y Cyrnol Fox-Pitt ar stad Presaeddfed ond gan fod trafnidiaeth mor wael yn yr oes honno ni allai ei ffermio gyda'r Arw, felly doedd dim amdani ond ei hailosod i William Williams i gadw penturiaeth. Yno ar lan Llyn Llywenan y magodd William Williams ac Ellen Jane ei wraig 15 o blant. Mwynheai'r plant fywyd y tyddyn, roedd glan y llyn cystal â glan y môr a chaent y fath hwyl yng ngwaith y fferm efo'u tad yn cyrchu'r defaid a gwneud mân ddyletswyddau'r tyddyn. Yr oedd hi'n gryn aberth i fagu tyaid mor fawr o blant ar gyflog bach, ond roedd Ellen Jane yn wraig fedrus a gweithgar tu hwnt. Enillai'n gyson at gyflog ei gŵr yn y ffermydd cyfagos yn golchi a smwddio ac yn pobi sawl crasiad o fara. Byddai digon o alw am ei gwasanaeth gan mor raenus a glân fyddai ei gwaith.

Dilynodd Blodwen, y ferch hynaf, yn llwybr ei mam gan briodi gwasanaethwr fferm go enwog. Yr oedd William Edwards yn ddyn stoc arbennig iawn a chyfrifid ef yn gryn awdurdod fel gwarthegwr. Treuliodd ei oes yn was ffyddlon a gwerthfawr fel cowman ar stoc arbennig Chwaen Goch, gwartheg duon Cymreig nodedig iawn.

Crefft Gyntaf Dynolryw

DOES MEWN UNRHYW weithle fwy o arbenigedd nag a welir yng ngwaith a goruchwyliaeth y fferm. Nodwn enghreifftiau o ddyletswyddau, balchder ac uchelgais y crefftwyr hyn yn y tabl isod:

Llwydiarth Esgob, Tachwedd 1892

Galwedigaeth	Cyflog yr wythnos (£ s d)	Byw i fewn neu allan	Cilfanteision	Cyfanswn enillion
Fforman llafurwyr (wedi priodi)	15.0	Ar ei fwyd a'i fwthyn ei hun ac eithrio amser cynhaeaf. Bwthyn di-rent £3.0.8.	Dau lwyth o dail i'r ardd am 4s y llwyth. Tir tatws a thail £1.18.0.	£45.2.8
Certmon cyntaf	15s	"	6d am bob Sul yn y gaeaf. Tir i blannu tatws.	£45.2.8
Dyn caled (dyn rhaw)	15s	"	Ecstras tua £1.2.0	£41.6.0
Beili neu hwsmon (y prif was)	£36 y flwyddyn	Byw yn y Gatehouse, gwerth £1.2.3 yr wythnos	Cildwrn £1. Tips am deithiau 10s.	£53.14.8
Yr ail gertmon	£18.10.0 y flwyddyn	"	Arian ernes ddwywaith 2s (dau dymor o 6 mis yr un)	£34.16.8

Y porthwr	10s	Ar fwyd y fferm, 5s yr wythnos	Tir i blannu tatws £1.10.0. Arian tarw £1.10.0.	£41.4.0
Llaethferch	£14.10.0	"	Arian ernes dau dymor 4s. Cildwrn ar ôl tymor lloea 5s.	£31.3.8
Y gwas bach	£14.10.0 y flwyddyn	"	Arian ernes 1s	£20.15.8

Fe gyfrifid fferm o faint Llwydiarth Esgob yn uned reit sylweddol. Yr oedd cynifer â 3,000 o denantiaid ar ddaliadau dan 50 acer ar yr ynys. Maint cyffredin y fferm deuluol ym Môn oedd 40 acer, ac fe gyfrifid fferm dros 100 acer yn fferm fawr. Ym 1885 yr oedd 389 o ffermydd rhwng 100 a 300 acer ym Môn a dim ond 20 o ffermydd rhwng 300 a 1,000 o aceri.[1] Y mae'n amlwg fod y rhelyw o ffermydd Môn dan 50 acer a hynny er y credid bod ffermwyr unedau llai na 50 acer yn waeth allan na'r gweision ffermydd (ac, o astudio'u hamgylchiadau ariannol, mae hynny'n eithaf gwir). Ond heb os, mi fyddai'r ffermwr bach yn dewis ei safle yn hytrach na mynd yn ôl yn was, a hynny ar gyfrif eu hannibyniaeth – fe werthfawrogent yr annibyniaeth yma yn llawer uwch na gwell byw, dichon y gwas. Yr oedd Llwydiarth Esgob yn perthyn i'r dosbarth o ffermydd rhwng 100 acer a 300 acer, mesur digon cyffredin ym Môn ar ddiwedd y bedwaredd ganrif ar bymtheg, er fod ffermydd dan 100 acer yn llawer mwy cyffredin.

Llwydiarth Esgob

Yr oedd Tymawr ger Llannerch-y-medd, lle ffermiai Alexander McKillop, oddeutu 80 acer o faint. Tyfai ŷd mewn 20 acer, cnwd o wreiddlysiau a thatws mewn 6 acer, 18 acer o wair a'r gweddill yn borfa. Cadwai was fel certmon, yn bennaf ar gyflog o 10s yr wythnos ar hyd y flwyddyn, a châi £2 o arian cynhaeaf a phlannu sachaid o datws a fyddai'n werth £1.10.0 iddo.

Yr oedd Gwredog Uchaf ym mhlwyf Rhodogeidio, ar y llaw arall, a breswylid gan William Roberts, yn 370 o aceri, ac yn un o'r 20 o ffermydd Môn oedd yn mesur rhwng 300 a 1,000 o aceri. Cyflogai William Roberts 16 o weision a ddosberthid fel a ganlyn:

1) Yr oedd dau ohonynt yn ddynion priod yn byw mewn bythynnod:
    Edward Owen ar gyflog o £12 y tymor (6 mis)
    William Hughes ar gyflog o £12 y tymor

2) Yna, yr oedd pump ohonynt yn cysgu yn y llofft stabal:
    Harry Evans ar gyflog o £12 y tymor
    Hugh Evans ar gyflog o £12 y tymor
    Owen Owens ar gyflog o £11 y tymor
    John Jones ar gyflog o £10 y tymor
    Thomas Owen (gwas bach) ar gyflog o £3 y tymor

3)   John Hughes – gwaith ar fargen glanhau ffosydd
    Hugh Owen – 15s yr wythnos am wyth wythnos yn cynhaeaf gwair; £1 am bedair wythnos yn cynhaeaf ŷd

4)   Jobiwr – teneuo rwdins 6d y rhes o 20 rhwd (8 llath)
    Jobiwr – tynnu rwdins 6d y rhes o 20 rhwd
    Jobiwr – codi a chau clawdd am 2s. 6s y rhwd

5) William Rowlands – joci, 2s y dydd am 11 wythnos £6.12.0

6) Biliau'r (a) saer coed £15; (b) saer maen £14; (c) y gof £17; (ch) sadler £8; (d) y milfeddyg – ymweliadau blwyddyn £10.0.0; (dd) Mr Williams, Parc Newydd, am ddyrnu'r ŷd £10.0.0

7) Mary Roberts (prif forwyn) – £12.0.0 y flwyddyn
    Hannah Evans (ail forwyn) – £11.10.0 y flwyddyn
    Jane Parry (y forwyn fach) – £8.0.0 y flwyddyn

8) Mr Edmwnd Roberts – ei wasanaethau yn rhinwedd ei swydd fel goruchwyliwr y fferm, £60.0.0 y flwyddyn

Yr oedd cost y gweithlu o fewn blwyddyn yn £565.4.0 – cryn swm ar ddiwedd y bedwaredd ganrif ar bymtheg. Yn naturiol, fe amrywiai'r costau hyn wrth faint y ffermydd.

Ar wahân i gost y gweithluoedd yn y tair enghraifft a nodwn, gwelwn hefyd fod cryn ddosbarthu a graddoli y tu fewn i gylch y gweision a'r llafurwyr; roedd ganddynt hwythau eu hierarchaeth, gan gadw rheolau y blaenoriaethau gyda'r parch mwyaf. Yr hwsmon oedd y pen gwas ymhlith y gweision eraill ac fe'i cydnabyddid felly yn ddigwestiwn gan bob un o'r gweision. Fe amrywiai swyddogaeth yr hwsmon o ardal i ardal, fel y gwelwyd eisoes yn yr enghreifftiau a nodwyd. Y mae'n hen air sy'n gyfaddasiad o'r Saesneg Canol 'housbond' ('husbandman') yn golygu triniwr tir, llafurwr neu oruchwyliwr fferm; un sy'n rheoli ei dŷ (neu ei fusnes), yn ôl *Geiriadur Prifysgol Cymru*. Rhydd William Jones o Ddinbych safle anrhydeddus iawn i'r hwsmon: 'i fod yn hwsmon da, i osod allan y cyfoeth a roes Duw tan ei law ef'.[2] Mae'n amlwg y cyfrifid yr hwsmon yn ddyn cyfrifol a fforddiol. Dyma'r ystyr a rydd *The Welsh Vocabulary of Bangor District* i'r gair hefyd – un sy'n goruchwylio. Yn ddiddorol iawn, y mae Thomas Pritchard, Llwydiarth Esgob, yn cyfeirio at ddau hwsmon dan wahanol deitlau. 'Fforman llafurwyr' wedi priodi yw un swydd a'i gyflog yr un faint â'r certmon a'r dyn caled. Dyma'r hwsmon ar ffermydd cyffredin eu maint yn Sir Fôn. I'r hwsmon yma y rhoddai'r mistar raglen waith y dydd ac yntau wedyn yn dirprwyo'r gwaith i'r gweision eraill; mi fyddai'n dorcyfamod difrifol pe dewisai'r mistar unrhyw ffordd arall o gysylltu â'i weision. Ar amser bwyd, yr hwsmon a arweiniai'r gweision eraill i'r tŷ, pawb yn nhrefn ei safle a'r gwas bach yn olaf. Crogai pawb ei gap a'i gôt yn yr un drefn ar y pegiau wrth y drws. Eisteddai'r hwsmon ar ben y bwrdd hir o goedyn gwyn glân a feiddiai neb ddechrau bwyta o'i flaen. Ef hefyd a benderfynai pryd i orffen a gwelwyd sawl gwas bach yn cnoi ei gil ar ei ffordd allan. Yr hwsmon a arweiniai ym mhob gwaith tîm, yn arbennig ar amser cynhaeaf; yn pladurio gwair neu ŷd fe osodai gerddediad i'r pladurwyr. Yn ddieithriad, byddai'r hwsmon yn ddyn gloyw ryfeddol fel hogwr a phladuriwr, ac er i ambell gertmon gorchestol bwyso'n giaidd ar sodlau'r hwsmon ar y cychwyn mi fyddai'n dda ganddo cyn canol pnawn gadw'i bellter. Mi fyddai'r mistar yn ymgynghori'n fanwl â'r hwsmon wrth gyflogi gweision newydd – roedd ganddo ddawn neilltuol i adnabod dynion a gwyddai'n dda am eu teuluoedd er oes Adda. Yn ddiddorol iawn, mi fyddai'r gwas a gyflogid yn holi mwy am yr hwsmon nag am y mistar na'r feistres. Byddai gan yr hwsmon ofal a disgyblaeth dros lanciau'r llofft allan hefyd. Fe ymddiriedid iddo awdurdod llawn drostynt wedi cadw noswyl rhag iddynt mewn unrhyw fodd gamddefnyddio'r hen system unigryw o lofft stabal trwy gyflawni pranciau berfeddion nos.[3]

Fe ddisgwylid i'r hwsmon ragori ar y gweision eraill fel y prif was yn y cyfrifoldebau a ymddiriedwyd iddo, yn bennaf dim i gael y gorau o'r gweision dan ei ofal trwy drefnu'n ofalus a thrwy arweiniad. Byddai bob amser yn ofalus na fyddai'r gweision yn ffraeo nac yn gwastraffu amser. Yr oedd prydlondeb yn y bore yn un o rinweddau gorau hwsmon da, a bod yn ddarbodus wrth y bwrdd bwyd hefyd, yn enwedig efo ymenyn, a chadw llygad na theflid bwyd da i'r cŵn a fyddai'n swnian yn llwglyd dan y bwrdd. Yr oedd cyfraniad yr hwsmon yn holl bwysig i lwyddiant unrhyw fferm, felly nid rhyfedd y byddent yn aros yn eu lle am gyfnodau maith. Bu Dafydd Owen yn hwsmon Plas y Glyn, Llanfwrog, am hanner canrif.

Yr oedd yr hwsmon arall ris neu ddwy yn uwch, yntau

hefyd yn ddyn hynod o gyfrifol a chydwybodol. Fe gyflogid yr hwsmon yma yn y ffermydd mwyaf ac yn fwyaf arbennig i ffermydd lle'r oedd y ffermwr yn dal swydd neu swyddi eraill ac os digwyddai iddo fod yn ffermwr hamdden. Go brin y byddai gan Thomas Pritchard, Llwydiarth Esgob, amser i roi sylw i'w fferm gan mor llawn oedd ei fywyd o ddyletswyddau i'r sir. Yr oedd yn landlord; Cynghorydd Sir; twrnai; Clerc yr Ynadon; Comisiynydd Trethi; Cadeirydd Bwrdd y Gwarcheidwaid a Bwrdd Glanweithdra Cefn Gwlad; ac ar y Cyd-bwyllgor Addysg. Mae'n ymddangos na chafodd hyfforddiant ffurfiol erioed fel prisiwr tir nac mewn arolygu adeiladau ac eto bu'n asiant hynod o lwyddiannus ar un o stadau mwyaf yr ynys, sef Bodorgan. Dyma ddywedodd un o denantiaid George Meyrick amdano: 'Y mae pawb yn hoff o Thomas Pritchard, yn siŵr gen i am ei fod yn ffarmwr ymarferol ac yn Gymro da.' Yr oedd yn bwysig iawn fod ganddo hwsmon a fyddai'n goruchwylio'r fferm iddo ac yntau â'r holl heyrn yn y tân. Ar gyfrif ei ddyletswyddau arbennig yn rhinwedd ei swydd fel beili neu oruchwyliwr fferm yr oedd i'r hwsmon hwn safle unigryw yn hierarchaeth y buarth ac fe dderbyniai gyflog uwch na'r gweision eraill. Fel arfer cartrefai yn y gatws (*gatehouse*), sef bwthyn sgwarog, uncorn ar ben y rhodfa i'r fferm. Yn wahanol i fythynnod y llafurwyr, mae'r rhain yn aros gan eu bod o adeiladwaith llawer gwell.

Y pen certmon a ddeuai'n ail i'r hwsmon arferol. Y cam nesaf iddo fyddai dyrchafu i fod yn hwsmon ac fe gyfrifid hwnnw yn dipyn o gam. Yr oedd cynifer â thri o gertmyn yn y ffermydd mwyaf. Y ceffyl oedd prif anifail y fferm a'r mwyaf gwerthfawr; yn wir, yr oedd cyfoeth y ffermwr yn y stabal yn yr oes honno, ac o ganlyniad yr oedd y certmon yn uchel iawn yn hierarchaeth y gweision. Yr oedd y term 'canlyn 'ffyla' yn llawn balchder a gorchest yn Sir Fôn. Yr oedd dau gertmon yn y Brwynog ym mhlwyf Llanddeusant gyda 32 o geffylau dan eu gofal – stoc rhyfeddol o werthfawr. Y mae hanesyn am flaenor yng nghapel Rhydyclafdy yn Llŷn yn cydymdeimlo â theulu Gallt y Beran am i'r gaseg farw yn ystod yr wythnos. Fe dreuliai'r certmyn hyn oriau gyda'r nos yn y gaeaf yn tendio ar y ceffylau, yn eu glanhau, sgrafallu a charthu oddi tanynt. Byddai'n rhan o gytundeb cyflogi'r certmon mewn sawl lle ei fod i gysgu yn y llofft stabal i gadw golwg ar y ceffylau a'u gwarchod dros nos a chaent dâl llaes yn y gwres a godai ohonynt trwy loriau tyllog y llofft.

Ar ôl y certmyn deuai'r porthwr a'i ofal o'r gwartheg. Fe ganmolai ei fargen yn ystod y gaeaf gan y câi aros allan o'r oerni yn y beudai yn carthu, sgrapio maip a rwdins a tsiaffio gwellt haidd. Byddai pwyso ar y porthwr hefyd i gysgu i fewn er mwyn iddo gadw golwg ar y stoc, a gan mai ef a wyddai amseroedd y buchod yn lloea yr oedd o fantais iddo fod wrth law boed hi ddydd neu nos. Gan amlaf, y morynion a fyddai'n godro gyda help y gwas bach – y fo fyddai ar waelod yr ysgol o ran safle, cyflog a phob achos arall. Fe'i cyfrifid yn was i bawb ac yn was i was y neidr.

Ar wahân i'r gweision sefydlog hyn, a amrywiai o ran rhif wrth faint y fferm, yr oedd hefyd weithwyr tymhorol. Y pwysicaf o'r llafurwyr hyn fyddai'r dyn caled, fel y'i gelwid ym Môn, tra mai 'dyn rhydd' fyddai ei enw yn Llŷn. Cau a sgwrio'r cloddiau fyddai prif waith y dynion hyn. Roedd y dyn caled yn grefftwr medrus a graenus, a byddai'n bleser i'r llygaid weld cloddiau wedi gwyrth rhawiau'r rhain. Byddai raid cael mwy o ddwylo amser cynhaeaf gwair ac ŷd. Yr oedd tymor y cynhaeaf gwair yn para am ddau fis a mwy yn oes y pladurio, a rhyw fis oedd hyd tymor y cynhaeaf ŷd. Fe gaed hefyd wasanaeth tymor byr y jobwyr i drin ac i gynaeafu'r cnwd gwreiddlysiau o faip a rwdins yn bennaf.

Dyna inni gipolwg cyffredinol ar ddosbarth mawr o weithwyr amaethyddol a oedd yn gwbwl hanfodol i'r diwydiant. Erbyn canol y bedwaredd ganrif ar bymtheg yr oedd yn agos i hanner y dynion ym Môn yn ymwneud ag amaethyddiaeth mewn rhyw ffordd neu'i gilydd. Amaethu oedd prif ddiwydiant yr ynys a'r rhan fwyaf o ffermydd yn rhai teuluol cymharol fychan o faint, a oedd yn arwydd o gynhyrchedd y tir.

Soniwyd ar ddechrau'r bennod bod cynifer â 3,000 o denantiaid ar ddaliadau dan 50 acer ar yr ynys. Y 3,000 o dyddynwyr ac o weision hyn oedd cynheiliaid bywyd cymdeithasol yng nghefn gwlad Môn yn y cyfnod dan sylw. Yr oedd gwas neu ddau ym mhob tyddyn, naill ai'n wŷr priod neu'n llanciau'r llofft stabal. Erys y llofftydd stabal ar bob tyddyn o'r bron o hyd yn brawf o'r dyddiau fu. Yr oedd hefyd ffermydd mawr ym mhob ardal a gadwai o bedwar i wyth o weision. Yr oedd perthynas bur agos rhwng gwas a meistr y tyddynnod: cydweithient a chydfwyta a chydaddoli ar y Sul. Fyddai'r berthynas ddim mor glòs rhwng gweision a meistri'r ffermydd mawr: ychydig iawn o gydweithio a gaed a byddent ar wahân bryd bwyd, gyda'r meistr a'r mab yn y parlwr bach tra byddai'r gweision wrth fwrdd di-liain yn y briws a'r ddwy forwyn yn tendio arnynt.

Ond er mor geidwadol ydoedd patrwm bywyd a byw ar y fferm ar ddiwedd y bedwaredd ganrif ar bymtheg, yr oedd anniddigrwydd ymhlith rhai o'r gweision. Cwynent ynghylch cyflwr y llofft allan a'r bythynnod di-raen a theimlent nad oedd cyfleusterau o unrhyw fath iddynt wella'u byd. Mynnent dorri'r patrwm o waith a gwely, a rhaid cofio nad oedd dim ond gwely oer yn y llofft stabal a fyddai dim modd iddynt ddarllen gan fod y golau mor wael a'r lle mor ddrafftiog. Rhoes y Comisiynwyr Tir gyfle i'r gweision leisio eu cwyn ac fe wnaed hynny gan Hugh Williams, Rhyd Dafydd, Rhosgoch, a fu'n gweini ffarmwrs ac a wyddai'n dda am gyflwr eu lletyau. Pwysleisiodd Hugh Williams yn ei dystiolaeth ar ran y gweision fod gwir angen mwy o fythynnod i'r gweision priod ac amgenach llofftydd i'r llanciau di-briod. Cwyn bennaf y gweision, yn ôl Hugh Williams, oedd diffyg lle addas i eistedd i sgwrsio â'i gilydd ac i ddarllen. Yr oedd rhai o nofelau Daniel Owen yn gynnes o'r wasg. Dadleuai Hugh Rhyd Dafydd nad oedd dim amdani i lanciau llofft stabal dan amgylchiadau o'r math ond cymowta i chwilio am ferched neu lymeitian yn y tafarndai wrth dân braf. Yn ôl tystiolaeth Hugh Williams, mi fyddai ystafell a thân a golau yn gaffaeliad mawr i'r gweision ac yn fodd i'w cadw rhag crwydro a bod yn destun beirniadaeth byd ac eglwys. Ond doedd yr un ffermwr na landlord i osod llain o dir i'r gwas i gadw buwch nac ychydig o ddefaid nac ychwaith i gymhwyso ystafell yn rhai o'r adeiladau i'r llanciau.[4] Yr un yn gywir oedd cwyn John Hughes o Aberffraw yng nghwr arall yr ynys. Dewiswyd John Hughes, a oedd yn was ffarm, gan y gweision i'w cynrychioli gerbron y Comisiynwyr Tir. Yn ôl John Hughes, doedd dim darpariaeth o unrhyw fath i'r gweision rhwng noswyl a gwely, dim ond crwydro i le y mynnent heb unrhyw waharddiad na gofal drostynt. Ar y llaw arall, fe ddadleuai Thomas Pritchard, asiant stad Bodorgan, fod rhai ffermwyr yn croesawu'r gweision ac yn eu cymell i aros yn y gegin yn gynnes ar ôl swpera. Fel ffermwr ac asiant, tueddai Thomas Pritchard osod y bai ar y gweision yn hytrach nag ar y ffermwyr gan mai llambystiaid cwbl afresymol ac anghyfrifol oeddynt yn ei dyb ef, yn difetha ac yn malu pob dodrefnyn a roed yn eu llofft. Yn ôl pob tystiolaeth, dim ond mewn ychydig iawn o ffermydd y câi llanciau'r llofft wahoddiad a chroeso i aros yn y gegin ar ôl swper. Yn ôl Samuel Hughes, Cadeirydd Cyngor Sir Môn, fyddai yna ddim bocha bodlon i'r gwas aros yn y gegin yn hwy nag y byddai wedi gorffen y llymru neu'r uwd. Fe gadarnheir hyn gan Richard Rowlands, gwas ffarm o Sir Fôn, a ddywedai y câi'r gweision aros, ond dim ond am amser byr iawn gan y rhoddwyd terfyn swta ar yr arferiad buddiol oherwydd bod ar y teulu angen y gegin i ryw ddiben arall. Mae'n amlwg fod hon yn gŵyn gyffredinol drwy'r wlad gan i Thomas Davies, tenant a ffermwr o blwyf Llansawel yn Sir Gaerfyrddin, ddatgan y dylai'r gweision ffermydd gael math o 'gegin allan' ac ynddi le tân fel y gallent ddarllen ac ysgrifennu yn eu hamser hamdden. Fe gytunai Hugh Williams, Rhyd Dafydd, y bu croeso i'r gweision eistedd yn y gegin gefn yn hamddena gyda'r nos, 'ond bellach,' meddai, 'mae cryn agendor rhwng gwas a meistr yn Sir Fôn ac o ganlyniad does gan y meistr fawr o reolaeth dros y gweision.' Cydnebydd y Capten Owen Thomas, Y Brynddu, Llanfechell, na chafodd yn ei swydd fel asiant eiddo yng nghylch Llanfechell yr un cais

gan landlord na ffermwr am lofft stabal newydd na chais am
welliannau i hen lofft – er y cwynai'r ffermwyr ddigon am gyflwr
adeiladau eraill y fferm. Mae'n ymddangos fod hon yn broblem
drwy'r wlad. Fe dystiodd Evan Parry, gwas ffarm o Lŷn, wrth y
Comisiynwyr ym Mhwllheli iddo ddioddef nosweithiau oer yn
y llofft stabal; ni chaniateid iddo fynd yn agos i'r tân, ac er ei
fod yn hoff o ddarllen, 'nid oes gyfleusterau imi i wneud hynny.
Nid rhyfedd fod llanciau'r llofft stabal yn troi i gynhesrwydd y
dafarn i awyrgylch cynnes,' meddai. Galwai ar y landlordiaid
i ddarparu llofftydd addas a theilwng i'r gweision, llofftydd y
gallent eu galw'n gartref i droi iddynt wedi gweithio'n galed
drwy'r dydd, i ddarllen ac ymlacio mewn awyrgylch diddos a
chynnes.

Yn naturiol, fe gysylltwyd cyflwr truenus llety'r gweision â'u
hymddygiad anfoesol, ond er hyn, ychydig iawn o ymdrech a fu
i wella'u hamgylchiadau. Taranai'r gweinidogion Ymneilltuol
a'r ficeriaid yn ddidostur o'u pulpudau uchel yn erbyn arferion
ffiaidd ac anweddus y gweision hyn, heb gynnig unrhyw ateb
i'r sefyllfa. Chwarae teg i'r Parch. William Davies, Cemlyn,
Piwritan cul o Fethodist, y fo oedd yr unig un y gwn amdano a
alwai mewn llofft stabal ar ei rownd. Llofft stabal Plas Cemlyn
oedd honno, lle y lletyai'r ddau was, Wil Pant y Crwyn a Huw y
Felin Wen. Yr oedd hi wedi noswylio pan alwodd y gweinidog,
a Huw wedi gweld y fisitor duwiol yn 'nelu'i gamre at y llofft,
felly diflannodd! Gwyddai Huw'n burion nad oedd geirfa Wil
yn addas i weinidog, heb sôn am biwritan. 'Steddwch ar y
gwely, Mr Davies,' meddai Wil. Yr oedd y gramaffôn yn un o
adloniannau newydd sbon y llofft stabal a chredai Wil y byddai
cân neu ddwy yn groeso perffaith a phrin i'r gweinidog. 'Be
fasa chi'n lecio, Davies?' holodd Wil, gan anghofio'r 'Mr' yn
fwriadol er mwyn closio at y gweinidog. Cyn rhoi cyfle am
ateb ffrwydrodd y gân lond y llofft, 'I had a little drink about
an hour ago... Show me the way to go home.' Cyn i'r canwr
estron gyrraedd y 'go home' yr oedd y gweinidog wedi cyrraedd
gwaelod grisiau cerrig di-ganllaw y llofft heb eu cyffwrdd.
Holodd Huw yn betrusgar ynghylch ymweliad William Davies.

'Fuo'r gweinidog yma, Wil?' 'Do, am funud,' meddai Wil. 'Mi gafodd rhyw gnofa sydyn ac mi ddiflannodd am y cefnau yna i droi clos am wn i.' Ond chwarae teg i'r hen weinidog bach am arddel Wil Pant y Crwyn fel un o'i braidd.

Pan gollodd y gweision y gegin gefn i hamddena ar ôl swper fe droesant, lawer ohonynt, i weithdy'r crydd neu weithdy'r teiliwr. Mi fyddai'r ddau grefftwr hyn wrthi'n hwyr yn y nos. Byddai galw dirybudd am siwt neu gôt i angladd weithiau, ac yn yr un modd fe gâi'r crydd alwad debyg yn aml. Bu'r ddau weithdy hyn yn lloches gysurus i weision ffermydd yr ardal. Bu John Hughes, Tŷ Hir, Dothan, ymhlith y gweision yn y gweithdy ar y groesffordd enwog yn Nothan. O ddrws y gweithdy hwnnw gwelent rai o ffermdai yr ardal, ac yno y disgwylient yn eiddgar i'r golau ddiffodd yn llofft y mistar a'r feistres, a fyddai'n arwydd iddynt fynd draw i streicio ar ffenestr y forwyn, fel y clywsom. Diolch i'r teiliwr a'r crydd am agor drws eu gweithdai i'r llanciau gweini pan gaeodd drws y gegin gefn arnynt.

Ond mi fynnai Owen Williams, Caerdegog Uchaf ym mhlwyf Llanfechell, well chwarae teg i'r gweision, a chytunai y dylent gael llety llawer iawn mwy cysurus na'r llofftydd stabal oer ac afiach. Gan fod Caerdegog yn ddaliad o 80 acer, cadwai Owen Williams ddau was a oedd yn lletya yn y llofft stabal ym mhen uchaf y stabal uwchben y siambar drecs – yno, yn naturiol, y cedwid drecs (neu gêr y ceffylau), gydag ysgol o'r siambar i lofft y llanciau. Y mae'n enw unigryw; tybed a fu'r siambar yn lle cysgu'r gweision ynghynt? Fe gyfeiria Guto'r Glyn at

Gwely arras goleurym
A siambr deg sy'n barod ym.

Ar lafar yn y Gogledd ceir 'siambar' yn golygu ystafell wely ar y llawr. Yn ardaloedd chwareli'r Gogledd ceir 'siamber' yn golygu 'ystordy i garreg ithfaen'. Mae'n debyg y deuai'r sadler yn ei dro i drin a thrwsio'r drecs yn y siambar arbennig hon. Ond pan ddaeth cais gan weision y llofftydd stabal am gyfleusterau amgenach i hamddena yr oedd Owen Williams yn barod iawn i aberthu'r siambar drecs[5] er mwyn cael lle arbennig i'r gweision gyda'r nos. Ymroes i ddiddosi ac addurno'r siambar gan banelu'r muriau caregog a garw â choed addas a gweithio lle tân bychan twt yn y wal drwchus ynghyd â simne i'r corn. Bu'r tân nid yn unig yn gynhesrwydd i'r ystafell newydd ond yn wres ychwanegol at wres y ceffylau i'r llofft uwchben.

Nid yn unig bu Owen Williams yn dda ei ddarpariaeth a'i gonsýrn tuag at lanciau'r llofft allan, yr oedd ar y blaen yn ei ddarpariaeth ar gyfer y gwas priod hefyd. Bu cryn alw drwy'r sir am well bythynnod i'r gweision hyn ond bu'r ymateb yn llugoer ryfeddol. Adeiladodd Owen Williams fwthyn deulawr ar ben y lôn i Gaerdegog, prawf pellach o'i ofal o'r gweision a'r gwasanaethyddion. Heb os, yr oedd yn ddyn o flaen ei oes fel diwygiwr cymdeithasol ac yn caru lles y gwas.

Bu i'r Fonesig Reade, y Garreglwyd ym mhlwyf Llanfaethlu, hefyd ddangos cryn gonsýrn am les y llanciau hyn a'r diffyg darpariaeth iddynt yn eu horiau hamdden. Yr oedd y Fonesig Reade yn wahanol i'r landlordiaid eraill. Yr oedd hi'n ddirwestwraig eiddgar a llwyddodd i gau dau dŷ tafarn o'r tri a oedd ym mhentref bychan Llanfaethlu heb fynd â'r achos gerbron y Llys Ynadon. Adeiladodd dŷ coffi ar ganol y pentref a oedd ar agor i'r cyhoedd droi fewn am baned a hamddena ac i ddarllen a sgwrsio mewn awyrgylch cartrefol. Bu'r fenter hon yn llwyddiant amlwg ym mhentref Llanfaethlu, gymaint felly nes y bu i Gadeirydd Cyngor Sir Môn roi ystyriaeth i'r priodoldeb o gael canolfannau tebyg i'r tŷ coffi ym mhentrefi Môn a chael cylchgronau ynddynt ar gyfer yr ieuenctid.

Ond yr oedd y syniad o ystafelloedd darllen yn gyndyn iawn o afael yn Sir Fôn, yn arbennig yn y pentrefi cefn gwlad. Cafwyd tystiolaeth William Edwards, gŵr o Fôn a darlithydd mewn amaethyddiaeth yng Nghyngor Sir Caer. Cyn hynny bu'n Ysgrifennydd Cymdeithas Amaethyddol Môn a gwyddai'n well na neb am anghenion yr ynys. Cyfeiriodd yn benodol at bentref Llanfairpwll a'r diffyg darparu, heb ddarllenfa na maes chwarae, a galwai ar landlordiaid y gymdogaeth i ysgwyddo'u cyfrifoldeb i gael cyfleusterau i'r pentref. Cymharodd Sir Fôn â'r darpariaethau yn Swydd Caer: 'Bron ym mhob pentref ceid ystafelloedd cyhoeddus a phob papur newydd a chylchgrawn i'w cael yno ynghyd â dosbarthiadau gwyddoniaeth a cheid darlithoedd ar bob pwnc dan yr haul,' meddai. Mewn cymhariaeth yr oedd Sir Fôn yn syrthio'n fyr iawn, ond pa mor deg oedd cymharu dwy sir a oedd mor wahanol?

Yr oedd yr Arglwydd Stanley o Alderley wedi hybu a chefnogi'r symudiad i gael llyfrgelloedd i bentrefi Sir Fôn yn atyniad i'r llanciau oddi ar y strydoedd. Fe sefydlodd lyfrgell yn un o'i brif ffermydd, Bodewryd, fferm o gryn faint ar ganol ei stad ym mhlwyf Bodewryd. Ond ni fu ei ymdrech yn fawr o lwyddiant. Bu i'r Archddiacon Edward Wynne Jones, a ffermiai fferm Bodewryd, geisio'i orau i sefydlu ystafell ddarllen ym Modedern ond bu'r ymdrech yn fethiant llwyr. Yna cynigiodd yr Archddiacon adeiladu estyniad at yr ysgol ac roedd y prifathro yn gefnogol i'r syniad ac yn barod i gadw'r adeilad ar agor gyda'r nos a derbyn y bobol yno i ddifyrru'r amser trwy ddarllen a chymdeithasu â'i gilydd. Ond, er pob ymdrech, ddaru'r syniad ddim gafael o gwbwl a hynny er fod galw gan dyddynwyr a gweision y ffermydd am gyfleusterau diwylliannol.

Mae'n debyg fod bywiogrwydd cymdeithasol y capeli Ymneilltuol yn apelio mwy at y werin yma. Ar wahân i dair oedfa ar y Sul byddai cyfarfodydd eraill yn ystod yr wythnos. Y Gymdeithas Lenyddol neu'r Cyfarfod Bach a fyddai'n apelio at y bobol, gyda'r fath amrywiaeth o destunau a rhywbeth yn apelio at ddant pawb. Yn ôl William Hobley, 'Eben Fardd a gychwynnodd y Gymdeithas Lenyddol yn yr ardal [Clynnog] ac efe a'i hadfywiodd yn y wlad.'[6] Bu'r gymdeithas hon yn gyfle da, yn feithrinfa fuddiol i weision ffermydd Môn ac yn ateb i'w dyheadau am ddiwylliant. Darganfuwyd sawl talent yn y cyfarfodydd hyn, a disgleiriodd sawl dawn – dawn i siarad yn gyhoeddus, dawn i ddiddori cynulleidfa a sawl dawn i ganu. O dipyn i beth fe ddewiswyd gwas ffarm yn flaenor efo'r Methodistiaid Calfinaidd. Dewisodd Capel Seion, Llandrygan,

John Thomas y Mount, hwsmon ym Modsuran o'r plwyf hwnnw, yn flaenor ym 1847. Mi ddywedodd y Parch. John Williams, Brynsiencyn, am y gwas hwn, 'Yr wyf yn teimlo'n ddiolchgar i'r Arglwydd heddiw fy mod wedi cael y fraint o adnabod John Thomas y Mount, ef i'm tyb i oedd y dyn duwiolaf a welais erioed.'

Agorodd John Thomas y Mount y drws i eraill o wasanaethion y tir gael eu hethol yn flaenoriaid. Dewiswyd Edward Parry, a oedd yn hwsmon yn Nhrelywarch, yn flaenor yn Salem Llanfwrog ac yn ddiweddarach, ym 1891, fe ddewiswyd Owen Rowlands, Tŷ Lawr, Llangaffo, yn flaenor ym Methania ac yntau'n hwsmon yn Rhuddgaer o'r plwyf hwnnw. Yn gwmni i Owen Rowlands dewisodd Bethania hwsmon Treferwydd, Edward Williams, yn flaenor. Y mae'n werth sylwi mai hwsmyn oedd y blaenoriaid newydd hyn, ac fel y nodwyd yr oedd yr hwsmon ar ben rhestr hierarchaeth y buarth; serch hynny, gwas ffarm oedd yntau yn y pen draw. Ond gweision ffermydd Môn oedd trwch y cynulleidfaoedd niferus yn oedfaon capeli'r ynys. Yr oedd y seraff bregethwr John Jones, Tal-y-sarn, yn dipyn o ffefryn ganddynt a byddai'n fwy lwcus weithiau na chewri Môn am gynulleidfa! Cawn William Morris yn adrodd hanesyn am Dal-y-sarn yn pregethu yng Ngwalchmai ym 1849. Daeth si i glyw criw o lanciau gweini mewn tafarn ym Mhencaerneisiog; gwagiodd pawb ei wydryn ac ymaith fel yr oeddynt am Walchmai a llwyddo, wedi ymdrech, i gael lle i roi clun i lawr. Yr oedd y pregethwr ar ei orau fel arfer yng Ngwalchmai ac yn adnabod ei gynulleidfa'n dda. Honnai'r pregethwr iddo ddod i Walchmai ar ran ei feistr i gyflogi gweithwyr. Gwyddai'r rhelyw o'r gynulleidfa am gyflogi ar ddiwrnod ffair bentymor o flaen y Bull yn Llangefni a hwythau yno'n sefyllian yn disgwyl cynnig. Cyhoeddodd y pregethwr ei destun: 'Paham y sefwch yma'n segur? Am na chyflogodd neb nyni.' Siaradai'r pregethwr yn iaith ei gynulleidfa, gweision a morynion ffermydd Môn. Holodd y pregethwr yn betrusgar mewn llais llawn cydymdeimlad, 'Oes gen ti rywbeth yn erbyn y mistar, neu dichon rywbeth yn erbyn y gwaith, beth am y cyflog neu'r bwyd efallai?' Plygai'r gynulleidfa fawr yn ei blaen wedi'u corlannu dan gyfaredd y pregethwr. Credai William Morris fod amryw o bobol ifanc wedi'u cyflogi i waith y Deyrnas yng Ngwalchmai y noson honno![7]

Ar 22 a 23 Gorffennaf 1901 agorwyd capel newydd ym Mryn-du, Llanfaelog, a chafwyd prif bregethwyr y Methodistiaid i bregethu ar yr achlysur. Bu cyrraedd oedfa'r hwyr mewn pryd yn gryn dreth ar weision ffermydd yr ardaloedd cyfagos, er na fu i hynny eu cadw o'r oedfa na throi'n esgus dros ei cholli. Cyrhaeddodd cryn gyfrif o'r gweision â'r pregethwr cyntaf ar ganol ei bregeth. Tarfodd sŵn yr esgidiau trymion ar risiau noeth, digarped y galeri ar hwyl y pregethwr. Collodd ei dymer a chollodd ei gynulleidfa, gan y gwyddent hwy am yr aberth a oedd y tu ôl i'r trampio trwm ar risiau'r capel newydd.[8]

Erbyn 1905 yr oedd y Diwygiad yn dân ysol ar Ynys Môn. Casglwn oddi wrth adroddiadau papurau newydd mai gweision ffermydd oedd trwch y cynulleidfaoedd niferus a hwy, ynghyd â chrefftwyr ifanc, oedd yn arwain y cyfarfodydd hynny. Yn ôl un adroddiad bu cyfarfod rhyfedd yn yr awyr agored yng Nghemaes lle y casglodd rhai cannoedd erbyn oedfa ddau o'r gloch y pnawn. Rhyfeddai'r gohebydd o weld a chlywed ambell i was ffarm a adwaenai'n dda yn gweddïo'n fyrfyfyr yn rhaeadr eiriol ddi-dor mewn iaith raenus.[9]

Dyna brawf pellach mai llafurwyr y tir, yn weision a thyddynwyr, oedd cynheiliaid bywyd cymdeithasol yng nghefn gwlad Môn. Gyda'r blynyddoedd fe gododd awydd yn rhai o'r gweision am ennill statws uwch na'r gwas a gwella'u byd. Yr oedd gwell cyflog yn denu rhai a gadawsant y tir am chwareli Arfon, ac eraill yn fwy mentrus gan adael y tir am y gweithfeydd glo yn y De. Ond yr oedd gormod o bridd yng ngwaed llawer iawn o weision y tir ym Môn a'r ddelfryd iddynt hwy ydoedd cael tenantiaeth fferm fechan. Yr oedd modd gwneud hynny gyda chyfalaf cymharol fach. Y cam cyntaf fyddai parhau mewn cyflogaeth ar fferm gyfagos a gweithio'r tyddyn gyda help y wraig a'r plant ac ef ei hun gyda'r nos ac ar y penwythnosau.

Golygai hyn gryn galedwaith ond cymaint fyddai eu hawydd a'u balchder nes iddynt yn raddol ennill annibyniaeth a statws cymdeithasol fel y caent symbyliad i ddal ati. Fe roes y llwyfan cymdeithasol, yn arbennig y capeli Ymneilltuol, gryn hyder i'r gweision hyn fentro'r fath newid a chyfrifoldeb. Yn ddiddorol iawn, doedd y newid yma ddim yn digwydd yn Nyffryn Clwyd i'r un graddau ag ym Môn a Llŷn, gan fod y ffermydd yno yn fwy eu maint. Yr oedd y gwahaniaeth rhwng y ffermwyr a berthynai i'r dosbarth canol a'r gweision a berthynai i'r werin yn llawer mwy amlwg nag ydoedd yn Sir Fôn. Yr oedd llawer llai o gyfeillachu rhwng merched y ffermydd a'r morynion yn Nyffryn Clwyd, a fyddai meibion ffermydd fyth yn cael eu cyflogi'n lleol ychwaith – fe elent i ffwrdd yn ddigon pell. Doedd gan y gwas ffarm fawr o siawns cael tenantiaeth tyddyn na fferm yn Nyffryn Clwyd nac yn Lloegr, nac i gael gwraig o blith merched y ffermydd.[10] Ond daeth ennill tenantiaeth yn uchelgais i amryw o lafurwyr y tir yn Sir Fôn ac yn Llŷn.

Cael troed ar ffon isa'r ysgol oedd y gamp. Doedd yna ddim perthynas agos iawn rhwng y tenantiaid a'r landlordiaid ym Môn mwy nag mewn ardaloedd eraill. Un rheswm am hyn oedd oherwydd bod sawl landlord yn byw y tu allan i Gymru ac na allent siarad iaith y tenantiaid, a oedd yn uniaith Gymraeg. Y mae stadau Môn yn hynod o wasgaredig ac roedd hynny hefyd yn tueddu i ddieithrio'r berthynas rhwng y tenantiaid a'i gilydd ac yn siŵr â'r landlordiaid. Yr Arglwydd Stanley o Alderley oedd landlord gogledd-orllewin yr ynys, yn cynnwys Caergybi a phlwyfi bychan Bodewryd a Rhosbeirio ynghyd â rhannau o Amlwch, Llanbadrig a Llanfflewin, er mai'r Uwch-gapten Hunter oedd prif berchennog Llanbadrig a Llanfechell. Y Fonesig Neave oedd perchennog Llaneilian, Llanwenllwyfo a rhan o Amlwch a'r Arglwydd Boston oedd prif berchennog plwyf Penrhos. Yr oedd gweddill y sir yn eiddo i ddau brif dirfeddiannwr – Syr Richard Bulkley, Baron Hill, yn brif berchennog Llanfairynghornwy, rhannau o Landdyfnan, Llandyfrydog a Llangwyllog, a Syr George Meyrick o stad Bodorgan â thiroedd yn Llanrhwydrus, Coedana, Llechcynfarwy a Llanbedrgoch. Yn ychwanegol at y sgweieriaid hyn, ceid ychydig diroedd yn eiddo i rydd-ddeiliaid ym mhlwyfi Llanfairmathafarn, Llanbabo a Llanfechell.[11]

Ond os oedd dieithrwch rhwng y tenant a'r tirfeddiannwr, yr oedd llawer gwell perthynas rhwng asiant y stad a'r tenant, er mai cynrychioli'r perchennog tir a wnâi'r asiant yn bennaf. Yr oedd yr asiant yn adnabod y tenant yn bur dda, yn ddigon da i dderbyn ei gymeradwyaeth i was a fyddai'n ceisio tenantiaeth ar y stad. Fel y cyfeiriwyd eisoes, doedd hi ddim yn rhy gostus i ddod yn denant ar ddyddyn cymharol o faint, er y byddai ambell i stad yn fwy ffafriol na'i gilydd i hyn. Yr oedd stad Bodorgan yn fwy ffafriol na'r un stad arall yn Sir Fôn i osod fferm fechan i'r gwas. Yn ôl Thomas Pritchard yr asiant, o'r cyfanswm o 225 o denantiaid ar stad Bodorgan yr oedd oddeutu 40 ohonynt yn denantiaid ar ddaliadau o dan 40 acer a mwy ac a oeddynt gynt yn weision ffermydd. Byddai Thomas Pritchard yn cymell ambell i hwsmon i wneud cais am denantiaeth. Byddai Lloyd Edwards, landlord stad Nanhoron yn Llŷn, yn ffermio 320 o aceri ar ei stad ei hun ond byddai'n awyddus i'r gweision ar ei fferm neu ar y stad rentu tyddyn o 6 i 15 acer, gyda bwthyn ar bob un ohonynt. Cadwai'r tyddynwyr hyn fuwch neu ddwy ac ychydig o ddefaid, tyfent ychydig o geirch a thatws, ac yn achlysurol byddent yn aros adref am ddiwrnod i gadw i fyny efo gwaith y tyddyn ond heb amharu ar waith eu cyflogwr. Byddent yn gweithio'r tyddynnod trwy'i gilydd, yn benthyca ceffyl neu aradr ac ymuno â'i gilydd ar amser cynhaeaf ond heb amharu dim ar eu hymrwymiad i'r fferm oedd yn eu cyflogi.[12]

Ar 28 Gorffennaf 1892 fe basiwyd yng Nghyngor Sir Môn i holi tirfeddianwyr y sir a oeddynt yn barod i werthu neu osod rhai o'u ffermydd i bwrpas Deddf y Mân Ddaliadau. Dyma ateb yr Arglwydd Stanley i'r Cyngor Sir:

> Ni chredaf y byddai o unrhyw fantais i'r gymuned symud un tenant i'r diben o roi un arall yn ei le, felly does dim daliadau i'w gosod na'u gwerthu ar y stad hon i'r Cyngor Sir. Er mae gen i un fferm o 130 o aceri wedi ei chroesdorri gan ffyrdd y gellid yn hawdd

ei rhannu yn ddaliadau bach a gosod un o'r rhaniadau hynny i'r tenant presennol. Yn ddiweddar gwerthais 28 o ffermydd i'r tenantiaid a 13 o ddaliadau i eraill nad oeddynt denantiaid. Fe gynigiwyd ffermydd i denantiaid eraill ond o ddiffyg cyfalaf ni allent brynu. Rhois ail gynnig iddynt yn ddiweddarach drwy fy asiant, y rheithor a fy hunan gan egluro iddynt y gallent fanteisio ar Ddeddf newydd y Mân Ddaliadau. Byddwn yn falch pe bai rhywun wedi derbyn fy nghynnig er mwyn imi weld sut mae'r ddeddf yn gweithio, ond gwrthod a wnaethant gan ddewis aros fel ag y maent. Ni allaf yn hawdd werthu'r ffermydd mawr oherwydd eu gwerth preswyliol i mi, ac rwyf wedi ehangu'r tai neu'r beudai ac wedi codi tai newydd mewn amryw o'r ffermydd heb godi'r rhent. Y mae llawer o'r tenantiaid yn llwyddo'n dda yn y sioeau amaethyddol, sy'n brawf fod y ffermydd mawr hyn yn hybu gwelliannau amaethyddol ac yn symbyliad i ffermwyr llai ymdrechu i godi o'r tyddyn i fferm fwy. Maent hefyd yn cyflenwi Cynghorwyr Sir a gwarcheidwaid i Ddeddf y Tlodion.[13]

Ond gyda'r blynyddoedd bu cryn ostyngiad yn niferoedd y gweision a llafurwyr y tir a mwy fyth o ostyngiad yn niferoedd y morynion. Gadawodd llawer o'r gweision am ardaloedd diwydiannol yng Nghymru a Lloegr. Daeth galw am ddynion i'r meysydd glofaol yn ne Cymru gyda chyflogau gwell ac oriau gwaith byrrach nag a gaed ar y ffermydd. Yr oedd y trefi diwydiannol yn cynnig bywyd cymdeithasol mwy lliwgar o lawer na'r cylchoedd amaethyddol. Yn ychwanegol at hyn, yr oedd byd amaeth mewn cryn argyfwng gan i brisiau cynhyrchion fferm ostwng. Collwyd llawer iawn o wasanaeth y plant o'r ffermydd bychan pan ddaeth addysg yn orfodol ym 1870 a châi'r plant well cyfleon am waith ar wahân i waith fferm yn sgil eu haddysg. Gyda chodiad yng nghyflogau'r gweision tir cwtogodd y ffermwyr ar nifer y gweision.

Ond er hyn, yr oedd tynfa'r tir yn dal gafael yn go dynn yn amryw o'r gweision a oedd yn fodlon eu byd ar y fferm. Manteisiodd y rhain ar bob cyfle i gael tenantiaeth ar dipyn o dir i gychwyn. Yn wyneb y newid yn amgylchiadau ffermio gyda'r prisiau'n gostwng a'r dewis o weision yn lleihau, troes amryw o'r ffermwyr at dir pori yn hytrach na thyfu grawn, a oedd yn ddull llawer mwy costus. Cafodd y gweision hyn bob cymhelliad gan rai o'r tenantiaid ym Môn i droi'n denantiaid eu hunain a thrwy chwys eu hwyneb llwyddodd y rhelyw ohonynt i ddod yn ffermwyr llwyddiannus. Y maent yn llawer iawn rhy niferus i gyfeirio atynt bob yn un ac un, er y byddai'n fuddiol nodi rhyw groestoriad i gynrychioli'r rhelyw.

Yr oedd William Roberts, a oedd yn enedigol o Lanfechell, yn hwsmon yn Llwydiarth Esgob o blwyf Llannerch-y-medd. Gan fod Thomas Pritchard, ar wahân i ffermio Llwydiarth Esgob, yn asiant un o stadau mwyaf Môn, Bodorgan, fe ymddiriedodd y cyfrifoldeb o redeg y fferm i William Roberts, y prif hwsmon neu'r beili, a rhoi iddo denantiaeth y *gatehouse* ar ben y rhodfa i'r fferm. Yno y magodd William Roberts ac Elizabeth ei wraig eu dau fab, William a John. Yr oedd safle William Roberts yn fanteisiol iawn iddo gael tenantiaeth tyddyn o eiddo stad Bodorgan pan aeth Cae'r Gors, tyddyn o 20 acer yn Rhoscefnhir, Pentraeth, yn wag. Yr oedd Thomas Pritchard yn dawel ei feddwl y byddai William Roberts yn denant rhagorol, fel y bu ei wasanaeth fel hwsmon Llwydiarth Esgob. Gan fod Cae'r Gors wedi ei adael mewn cyflwr gwael o ran y tir a'r terfynau, gyda'r cyn-denant yn oedrannus, parhaodd William Roberts i weithio'n weddol gyson yn Llwydiarth. Cafodd fesur da o lwyddiant yng Nghae'r Gors trwy waith cyson a chaled a chafodd fywoliaeth i'w ddau fab. Ond er y caledwaith, rhoes William Roberts gyfraniad i'w gymdeithas, yn arbennig i gapel Penygarnedd. Synhwyrodd y gynulleidfa yno fod yn William Roberts, Cae'r Gors, ddeunydd blaenor defnyddiol. Ond ni chytunai'r gweinidog, Richard Owen, fod tyddynnwr a drigai mewn tyddyn o lawr pridd yn deilwng i'w ethol yn flaenor Methodist – ac yn siŵr, doedd aelwyd felly ddim yn addas i weinidog Methodist alw i weld un o'i flaenoriaid!

Ond, diolch i'r drefn, ddaru William Roberts, Cae'r Gors, ddim pwdu na chefnu ar y saint ym Mhenygarnedd. Daeth William, mab hynaf Cae'r Gors, yn weinidog amlwg a dylanwadol efo'r Methodistiaid. Ef yn anad neb a roes

Ros-y-bol ar y map fel gweinidog y Gorslwyd am hanner canrif, a chafodd le anrhydeddus yng nghyfarfodydd yr Henaduriaeth ym Môn. Arhosodd John, y mab ieuengaf, gartref i ffermio efo'i dad. Daeth John yn gymeriad amlwg mewn byd ac eglwys. Symudodd ef a'i dad o Gae'r Gors i Rydydelyn yn yr un plwyf ac yn fuan wedyn yr oedd John Roberts yn ffermio Fferam Gorniog, fferm o dros 100 acer ac ynddi ddaear dda. Y mae sôn o hyd yn yr ardal am John Roberts, Fferam Gorniog, fel un a garai blant ac a anfarwolwyd fel athro i do ar ôl to ohonynt yn ysgoldy Rhoscefnhir. Fe'i dyrchafwyd i gadair yr Henaduriaeth ym 1918 – cryn anrhydedd yn yr oes honno. Magodd dyaid o blant a ddaeth yn amlwg iawn ym myd amaeth a byd crefydd ym Môn. Ond cofiwn am ei dad, y llanc o Lanfechell a fu'n was yn rhai o ffermydd yr ynys.[14]

Dyn dŵad i Roscefnhir oedd John Jones, Y Wigoedd, ond fe gychwynnodd yntau ar waelod yr ysgol fel gwas bach yng Ngharrog-Croes, Rhosmeirch. Fe'i ganwyd yn Nhy'n Lôn, Talwrn, ym 1885 yn fab i was ffarm a doedd dim amdani i John ond mynd i weini ffarmwrs. Wedi bwrw prentisiaeth fel gwas bach cyflogwyd ef i ganlyn 'ffyla yn Nhrefollwyn, Rhosmeirch, dyrchafiad sylweddol yn hierarchaeth y buarth. Er fod Trefollwyn ar gwr tref Llangefni, bodlonodd y llanc o Dalwrn ar gwmni'r ceffylau a llyfr a gafodd ar y cynganeddion. Fe dreuliai'r certmon rai oriau yn y stabal gyda'r nos yn tendio ar y ceffylau, carthu, glanhau a bwydo. Yno yn y bin gwellt yng ngolau melyn lantern y stabal y dysgodd John y cynganeddion, gan gyfansoddi ambell englyn. Diolch i'r *Clorianydd*, yr *Herald* a'r *Goleuad* am gyhoeddi gwaith y certmon. Dyma englyn o'i eiddo i'w gyfaill Huw Arthur Roberts, Fferam Gorniog, a gyhoeddwyd ynghyd â llun o ddosbarth o blant o ysgol Sul Rhos-cefn-hir yn *Nhrysorfa'r Plant*:

Hefo'r plant ei dant sydd dynna' – ei aberth
Nid â heibio ronyn.
A chydgwrdd wrth ei fwrdd a fynn
Helyntoedd a gwenau'r plentyn.[15]

Ond rywfodd doedd Dyfnan (ei enw barddol) ddim yn fodlon ar fod yn dipyn o fardd yn englyna i hwn ac arall. Yn gymysg â'r syched am ddiwylliant roedd ynddo awydd i godi yn y byd gan nad oedd rhyw lawer o obaith gwneud argraff ar neb fel gwas ffarm. Ar droad y ganrif heliodd ei bac a'i throi hi am y gweithfeydd glo yn y De, nid am ei bod yn ei fryd i ddod yn löwr ond i ennill mwy ac i ennill yn gyflymach – mwy nag yr enillai rhwng cyrn yr aradr. Bu i lawr yn y De hyd 1927 gan ennill digon o gyfalaf i fentro tenantiaeth fferm, ac fe enillodd wraig hefyd. Magodd ddigon o hyder i alw heibio i'r Cyrnol Vivian, sgweiar y Plas Gwyn, i ofyn am denantiaeth y Wigoedd, fferm o well na 100 acer a thipyn o gowlaid i lanc o goliar. Fe wnaeth argraff arbennig ar y Cyrnol ym mharlwr Plas Gwyn, yn ôl yr hanes. Wedi gwrando ar gais Dyfnan estynnodd y Cyrnol ei law iddo gyda'r geiriau, 'I am very glad to shake hands with the new tenant of Wigoedd.' Bu'n ffermwr llwyddiannus ac yn gaffaeliad da i'w ardal a'r ynys. Mae gennyf gof da amdano fel llywydd Henaduriaeth Môn yn haf 1962 yn fy sefydlu'n weinidog yng Nghemaes, â llaw drom y ffermwr.

Yn ddiwyd ŵr ddoe, a da
Ei lafur yn y lofa
Yn grefftus a medrus, maeth
I was mwyn oedd hwsmonaeth.

(Clo cywydd coffa gan y Parch. Huw Roberts
ar farwolaeth Dyfnan ym Mehefin 1963)

Glamai 1873 cyflogwyd llanc ifanc o Lŷn yn was i Faesoglan ym mhlwyf Llangaffo. Tybed a oedd y ffair gyflogi yng Nghaernarfon neu tybed a oedd ffermwr o Fôn wedi mynd i ffair Pwllheli ar 13 Mai? Mab Llidiart Gwyn, Sarn Mellteyrn, oedd Richard Evans, un o bedwar o blant a fagwyd ar y tyddyn o 2 acer ar stad Cefn Amwlch. Tybed a oedd unrhyw gysylltiad â Sir Fôn? Gwyddom i'w dad, Evan Richard, gael ei droi at grefydd dan gyfaredd pregethu nerthol John Elias o Fôn ar faes Pwllheli ym 1840.[16] Beth bynnag fu'r cymhellion, i Fôn y daeth

Richard Evans yn llanc 24 oed, i Faesoglan, lle y bu am chwe mlynedd pan briododd ag Ellen Pritchard, merch Evan a Mary Pritchard, Cerrig y Beitio ym mhlwyf Llanfairynghwmwd, ym 1880. Ar eu priodas bu iddynt symud i fyw i Benygongl yn Llangaffo a ganwyd iddynt eu plentyn cyntaf ym 1881 – Evan, yr un enw â'i daid o Lŷn a'i daid o Fôn. Collwyd Evan Pritchard, Cerrig y Beitio, a'i fab 15 oed wrth iddynt groesi'r culfor o Ynys Llanddwyn mewn trol ar lanw anarferol o uchel.[17]

Nid yn unig fe symudodd Richard Evans i fyw i Langaffo ar ôl priodi ond fe adawodd Faesoglan hefyd a mynd yn labrwr i chwareli Arfon, lle roedd amryw o Fôn yn ennill eu bywoliaeth. Heb os, casglu digon o gyfalaf i gael tenantiaeth tyddyn neu fferm oedd bwriad Richard Evans wrth newid gwaith. Gwireddwyd ei freuddwyd a chafodd denantiaeth Crochan Caffo, fferm 40 acer yn Llangaffo. Er mai tir corsiog a gwlyb oedd i'r fferm, eto trwy galedwaith cafodd Richard Evans fywoliaeth yno i gynnal ei briod a thri o blant. Ond cyn diwedd y ddegawd, ym 1889, bu farw Ellen ei briod yn wraig ifanc 32 oed a gadael tri o blant bychan, ac Evan yr hynaf yn ddim ond 8 oed. Mae'n debyg mai er mwyn y plant yn bennaf y priododd Richard Evans ag Elizabeth Radcliff o Dŷ Brwyn, merch ei gymydog. Bu Elizabeth yn fam dda i'r plant yn wyneb y fath golled a gawsant o golli eu mam.

Ar 1 Mawrth 1905 bu farw Richard Evans yn 56 oed. Casglwn oddi wrth adroddiadau papurau newydd mai codi o ris y gwas ffarm i fod yn ffermwr ar fferm o faint cyffredinol o 40 acer a wnaeth. Ar sail hyn fe'i dyrchafwyd yn flaenor parchus efo'r Methodistiaid ym Methania, Llangaffo. Cyhoeddwyd ei farwolaeth a'i angladd yn y *Clorianydd* dan y pennawd 'Galar yn Llangaffo – Cyfaill y bobol ifanc yn ei fedd'.[18] Fe wireddwyd ei freuddwyd mewn byd ac eglwys – bu'n ffermwr am 25 mlynedd ac yn flaenor am 10 mlynedd.

Fe anwyd ac fe fagwyd Richard Parry yn Sir Fôn ac yma y cododd o fod yn was bach yn Nhremoelgoch i ffermio Treban Meurig, fferm o 250 o aceri. Fe fagwyd ef mewn bwthyn bychan ar dir Tremoelgoch ym mhlwyf Llanddeusant, yn ail fab i Owen ac Anne Parry. Yr oedd Owen Parry yn gertmon o gryn enw yn Nhremoelgoch ac yn uchel iawn ei barch gan ei feistr, Evan Evans. Dilynodd Richard ei dad gan fynd yn syth o ysgol y pentref i weini i Dremoelgoch. Etifeddodd ddawn arbennig ei dad i drin a thrafod y wedd a daeth yntau, er ei fod yn ifanc, yn gertmon enwog iawn. Ond er cyrraedd yn ifanc i fod yn gertmon da, eto yr oedd golwg Richard Parry ar fynd yn uwch. Gadawodd y stablau i ganlyn stalwyn – breuddwyd pob gwir geffylwr. Doedd olygfa debyg i res o stalwyni porthiannus wedi'u plethu'n smart ar ddiwrnod ffair Glanmai a'r dyn stalwyn yn ei glos pen-glin rhiciog, meddal ac esgidiau a legins o ledr melyn golau. Byddai ffermwyr y sir yn dewis eu stalwyn i'w cesyg magu a chadwai'r cerddwr lyfr pwrpasol ac arno enwau'r cwsmeriaid. Er mai tymor byr iawn fyddai canlyn y stalwyn fe gâi'r cerddwyr waith am weddill y flwyddyn ar y ffermydd. Ond maes o law fe gafodd Richard Parry ei wir ddymuniad – cafodd denantiaeth fferm o 40 acer, sef Tŷ Newydd, Llanbabo. Gweithiodd yn ddiarbed ar y fferm gan lwyddo'n rhyfeddol. Ymhen amser mentrodd i fferm o gryn faint yn yr oes honno pan ddaeth yn denant Treban Meurig ym mhlwyf Trewalchmai, fferm o 250 acer. Bu'r cam o aelwyd y bwthyn unllawr ar dir Tremoelgoch, Pen'reblig, i Dreban Meurig yn gryn gam mewn amser byr. Fe ddilynwyd Richard Parry gan ei fab Bob Parry, a ddaeth yn enw cyfarwydd i ffermwyr Cymru fel Llywydd Undeb Amaethwyr Cymru.

Bu ambell i was ffarm yn fwy lwcus na'i gilydd. Un o'r rheini oedd Richard Hughes, Tŷ Hen Isaf, Llannerch-y-medd, a etifeddodd y fferm ar ôl dwy chwaer a oedd yn hen ferched. Er ei fod yn blentyn tlawd ac yn un o wyth o blant, cafodd ychydig addysg ac fe etifeddodd rai llawysgrifau a nifer o lyfrau ar ôl ei dad. Gorfu iddo droi allan i weini i Ddyffryn Gwyn, un o ffermydd mwyaf Môn ac eiddo i'r Parch. John Prytherch. Mewn amser symudodd i Dŷ Hen Isaf ym mhlwyf Coedana a phriodi â Margaret, morwyn Plas-medd. Daeth Richard Hughes yn hwsmon-reolwr gyda gofal am holl weithgareddau Tŷ Hen Isaf i'r ddwy chwaer, Mary ac Ann Jones. Yno y bu'n gwasanaethu'n dra ffyddlon dros ysbaid gweddill oes y ddwy hen ferch. I ganlyn marwolaeth y ddwy, ef oedd perchen y fferm. Fe'i cafodd yn rhodd drwy ewyllys.

Ond yn hytrach na throi'n ffermwr ar ei fferm ei hun o dros 50 acer, bodlonodd Richard Hughes ei ddwy uchelgais, sef crwydro'r byd ac etifeddu llyfrgell enwog. Crwydrodd i Balesteina, yr Aifft, Groeg a'r Eidal ac ymroi i gasglu llyfrau prin a drudfawr. Fel casglwr llyfrau daeth ef a Thomas Shankland, llyfrgellydd Cymraeg y Brifysgol ym Mangor, yn gyfeillion mynwesol. Nid rhyfedd iddo, trwy ei ewyllys, adael yr oll o'i lyfrau i'r Brifysgol. Bu farw Richard Hughes ar 30 Hydref 1930 a chaniataodd ei weddw i'r llyfrau, tua 10 tunnell ohonynt, gael eu symud ar unwaith i'r coleg. Pwy feddyliai fyth y byddai gwas bach Dyffryn Gwyn ym 1850 yn gadael trysorfa o lyfrau i'r Brifysgol yn y Gogledd cyn diwedd ei oes?[19]

Ond doedd pob gwas ffarm ddim mor lwcus â Richard Hughes, Tŷ Hen Isaf, a bu raid i sawl un wneud y gorau o'r gwaethaf. Bu'r gorau hwnnw yn gryn ryfeddod ar ran sawl plentyn tlawd. Fe anwyd Thomas Williams ym 1852 mewn bwthyn gwael ar Fynydd Mechell yn un o deulu mawr a thlawd. Bellach does ond olion prin o'r bwthyn hwnnw, Hafn Miched, rhwng dau dyddyn bychan ar y mynydd, Bryndu a Brynawel. Anfonwyd Thomas yn blentyn 12 oed heb awr o addysg ffurfiol i weini ar un o ffermydd yr ardal am ei fwyd. Wedi tair blynedd o waith caled, cyflog bach a bwrdd llwm, penderfynodd Thomas fod raid iddo newid a gwella'i fyd. Dywedodd ei gŵyn wrth ei fodryb a rhoes hithau fenthyg chweugain iddo. Gyda'r fath ffortiwn aeth i Flaenau Ffestiniog lle cafodd waith fel labrwr yn y chwarel. Dygnodd arni gan fyw'n ddarbodus nes ennill 20 punt. Aeth adref yn ôl i Fynydd Mechell, yn bennaf dim i glirio'i ddyled i'w fodryb. Cymaint oedd ei awydd i wella'i amgylchiadau fel y treuliodd gyfnod yn bwrw prentisiaeth gyda William Williams yn Llanfechell. Yn fuan iawn dangosodd addewid fel saer coed crefftus. Gyda'i ychydig arfau saer anturiodd oddi cartref eto ond y tro hwn i ddinas Lerpwl. Mewn dim o dro cafodd ei hun yn un o'r llu mawr o seiri coed a maen fu'n adeiladu'r ddinas enwog honno. Fe'i gosodwyd yn fforman seiri yn fuan iawn ar gyfrif ei ddawn a'i gymeriad. Mentrodd Thomas Williams yn ddiweddarach fel adeiladydd ar ei liwt ei hun. Cododd strydoedd a siopau yn Bootle a chafodd lwyddiant rhyfeddol. Bu'n hynod o garedig wrth ddynion o Fôn a ddeuai i chwilio am waith, gan warchod drostynt yn eu hamgylchiadau i gyd. Pan ddaeth yn ddirwasgiad yn y diwydiant adeiladu yr oedd Thomas Williams yn ddigon cefnog i ddal ei afael yn ei adeiladau heb orfod eu gwerthu'n llawer is na'u gwerth. O ganlyniad yr oedd yn llawer cyfoethocach pan aeth y wasgfa drosodd a'r prisiau'n codi'n uwch na chynt. Yr oedd Thomas Williams yn meddwl y byd o'i fam ac o Sir Fôn ac fel hen lanc cafodd y ddau lawer iawn o sylw ganddo. Adeiladodd y Fron Dirion, tŷ helaeth a braf ar gwr uchaf Mynydd Mechell ac yn bwrpasol, dichon, yng ngolwg y bwthyn bach tlawd lle'i magwyd – Hafn Miched, sydd bellach yn ddim ond carnedd flêr o gerrig. Ac yntau ond 44 oed bu farw Thomas Williams a chladdwyd ef ym mynwent Eglwys Rhydwyn – oes fer a nodweddwyd â chaledwaith, antur a menter.[20]

Ond yr uchelgais i fwyafrif gweision ffermydd Môn fyddai dyrchafu i fod yn ffermwyr ar fferm neu ar dyddyn. Yr oedd Owen Jones, Tyddyn y Waun, Llanfechell, ymhlith yr olaf o'r gweision hynny a adawodd y llofft stabal a dod yn ffermwr. Fel un o deulu mawr iawn o blant, gorfu i Owen adael yr ysgol yn 14 oed i weini yn Nhŷ Mawr, Mynydd Mechell, tyddyn o 40 acer, a chafodd brentisiaeth dda yno am well na blwyddyn. Cyflogwyd ef yn llanc 15 oed yn un o chwech o weision i Rosbeirio, un o ffermydd mwyaf y gymdogaeth. Daeth y llofft stabal yn gartref iddo bellach, ac yntau'n byw gyda dynion lawer yn hŷn nag ef. Yr oedd Bert Parry yn feistr caredig ac yn ffermwr da. Treuliodd Owen chwe blynedd hapus a gwerthfawr yn Rhosbeirio ac yntau bellach wedi troi ei 21 oed ac yn ddyn crefftus yn holl waith y fferm. Symudodd a chael ei gyflogi yn 'Sgellog, Amlwch, ond wedi dim ond tymor yno gadawodd y ffermwr a chafodd Owen ei hun yn chwilio am gyflogwr newydd. Agorodd pennod newydd yn ei hanes ac yntau bellach yn briod ac awydd arno gael lle iddo'i hun i ffermio. Cafodd ef a'i wraig denantiaeth Tyddyn y Waun, tyddyn o 18 acer. Er ennill bywoliaeth, gweithiai wrth y dydd yn Nhai Hen, daith beic o'i gartref. Daeth yn ddyddynnwr llwyddiannus a'r profiad a gafodd dros y blynyddoedd yn talu ar ei ganfed. Mewn dim o dro fe deimlai'r gwas yn dipyn o ffermwr a theimlai'n hyderus i ehangu'i derfynau. Daeth Tai Hen ar y farchnad, fferm o dros 100 acer, am £4,800. Yr oedd ei gyn-feistr Bert Parry yn barod iawn i'w gefnogi yn y fath fenter ond trwy ryw amryfusedd fe gollwyd y cyfle. Ond ym 1949 cafodd Owen denantiaeth Glasgraig Fawr ym mhlwyf Rhos-y-bol, fferm bron i 200 acer. Ymhen 15 mlynedd cafodd gyfle i brynu Glasgraig a chytunwyd ar bris o £12,000. Ond fe ddeil Owen Jones i gofio dyddiau'r llofft stabal.

Cymerodd Huw ei frawd lwybr gwahanol: aeth ef o'r llofft i'r llyfrau. Wedi cyrraedd oed yr addewid, sef 14, cyflogwyd Huw Jones i weini ffarmwrs a daeth y llofft stabal yn gartref iddo yntau, gan fwynhau cwmni'r llanciau a dysgu llawer ganddynt. Newidiodd y rhaw a'r bicfforch am ysgrifbin cyn dyfod dyddiau'r beiro. Gadawodd lofft stabal Tregof, Cemaes, a dechrau ar gwrs yng Ngholeg Clwyd yn y Rhyl, cwrs i'w baratoi ar gyfer y weinidogaeth efo'r Methodistiaid. Bu Huw yn fyfyriwr eithriadol, yn mwynhau a chyfrannu'n helaeth i fywyd adloniannol y Brifysgol ym Mangor a llwyddo'n rhyfeddol yn academaidd. Ordeiniwyd Huw Jones i'r weinidogaeth gyda dwy radd yn y celfyddydau ac mewn diwinyddiaeth, ynghyd â'r profiad o unigrwydd bywyd gwas bach mewn llofft stabal cyn i ddrws yr academi honno gau am byth. Fe gyfrannodd y llofft stabal sawl gweinidog i'r gwahanol enwadau yng Nghymru dros y blynyddoedd.

Ond bu ambell was ffarm yn lwcus iawn a dyrchafu i blith y sêr. O lofft stabal y Frogwy Fawr ym mhlwyf Hen Eglwys y clywodd Charles Williams yr alwad, 'Dring i fyny yma.' Ar ddiwedd y 1950au derbyniodd Charles lythyr gan y BBC yn ei wahodd i gael gair â Sam Jones. Yr oedd y genedl yn adnabod y llais cyn hyn, y llais unigryw hwnnw na fedrai neb ei anghofio na'i gamgymryd am lais neb arall. Ond roedd y llythyr yma yn wahanol. Myfanwy Howell, y broffwydes o Langefni, a awgrymodd enw Charles Williams i Sam Jones fel yr un perffaith i bontio rhwng defnydd y myfyrwyr ac iaith werinol cefn gwlad. Ym mhle y gwelwyd pont debyg? Fu erioed amgenach awgrym ac fe synhwyrodd Sam Jones y wyrth yn syth. Bu'r llythyr hwn yn drobwynt ym mywyd Charles y gwas ffarm, a wyddai fel cynifer o rai eraill am gadw teulu ar gyflog bach. Nid yn unig y bu'r llythyr yn drobwynt ym mywyd Charles, bu hefyd yn drobwynt darlledu yng Nghymru. Daeth Charles yn brif gyflwynydd y Noson Lawen, na welwyd mo'i debyg cynt nac wedyn. Denodd ei lais caredig genedl gyfan ar ei ôl.

Nid rhyfedd i'r Parch. Huw Jones a Charles Williams fynd yn bennaf ffrindiau – dau o Fôn, dau a gododd yn uchel dan amgylchiadau cyffredin iawn a dau a gychwynnodd ar waelod un yr ysgol fel dau was bach; dau yr oedd staen y llofft stabal yn amlwg fwriadol ar eu dawn, a'u dweud yn Gymraeg coeth.

Fel y nodwyd eisoes, bu gostyngiad cyson yn niferoedd y gweision ar ffermydd Môn, a hynny am amryw resymau. Yr oedd newid ym mhatrwm amaethu yn gyfryw nad oedd galw am gynifer o ddwylo ar y ffermydd. Pan fyddai pris y grawn wedi disgyn byddai'r ffermwyr yn pori'r tir yn hytrach na'i drin ac o ganlyniad fyddai dim galw am gynifer o weithwyr. Gan i gyflog gwas ffarm fod yn bur isel roedd cyflog gwell o le arall yn siŵr o'i ddenu a bu hynny'n wir iawn ym Môn. Pan adeiladwyd y rheilffordd ar draws yr ynys ym 1840 i 1845, cefnodd amryw ar y tir am gyflog gwell ar y rheilffordd. Bu codi morglawdd enfawr Caergybi (1847–73) yn gryn atyniad hefyd i lanciau'r tir, yn bennaf er mwyn y cyflogau gwell. Ganrif yn ddiweddarach, ar ddechrau'r 1960au pan adeiladwyd atomfa'r Wylfa yr oedd y patrwm amaethyddol wedi newid yn sylweddol iawn. Yn naturiol, bu i gyflogaeth barhaol fod yn ddigon i droi'r ffermwr yn ddiwydiannwr go iawn. Bu'r atomfa yn fanteisiol iawn i'r tyddynnwr bychan a gyda oriau gwaith eithaf hyblyg yr oedd yn bosibl gweithio'r tyddyn ac ennill cyflog da. Ond er mor ddeniadol a hudolus oedd cyflog ac amodau gwaith y diwydiant newydd, eto yr oedd gafael a galwad y tir ar rai yn gymaint fel na allent ollwng, gan aros rhwng corlannau'r defaid a gwrando ar frefiadau'r ychen 'yn ysgol breswyl tir yr hen Ynys', chwedl Emyr Humphreys.

Gall y Gwannaf Wingo

FU ERIOED WEITHLU mwy hydrin a bodlon eu byd na gweithwyr amaethyddol, er llymed eu bywyd a'u hamgylchiadau. Fe'u cartrefwyd mewn llofftydd stabal oer ac afiach neu'r llafurwyr mewn bythynnod anaddas i greaduriaid dynol fyw ynddynt. Yr oedd eu cyflogau'n isel a'u horiau gwaith yn afresymol o faith, ond eto i gyd buont yn rhyfeddol o ddi-gŵyn, yn enwedig gweithwyr y Gogledd. Doedd gweithwyr y tir yn siroedd de Cymru a de-ddwyrain Lloegr ddim mor fodlon eu byd â'r amgylchiadau. Bu i'r rhain godi mewn cryn wrthryfel am well cyflogau a gwell amodau byw, ac yn arbennig yn erbyn y prif elyn, y dyrnwr mawr, a fu'n gyfrifol am eu hamddifadu o waith y gaeaf, sef ffustio'r ydau. Dyna paham yr oedd y gwrthryfel yn llawer ffyrnicach yn ardaloedd tyfu ydau y De-orllewin. Nid rhyfedd felly na chafwyd terfysgoedd a chicio yn erbyn y drefn mewn rhannau eraill o Gymru lle y ceid ffermio bugeiliol.

Roedd yna resymau eraill am y gwahaniaeth yma, o gofio mai gweithwyr uniaith Gymraeg oedd yn y Gogledd; o ganlyniad, doedd adroddiadau cynhyrfus y wasg Saesneg yn mennu dim arnynt. Hefyd, yr oedd patrwm eu byw a'u gweithleoedd gwasgaredig yn cadw'r gweithwyr hyn ar wahân. Fu erioed drigfannau mwy anhygyrch na ffermdai a thyddynnod cefn gwlad gogledd Cymru. Wedi diwrnod maith o galedwaith fyddai gan y gwas ffarm o un o'r ffermydd hyn fawr o galon i chwilio am ganolfan i gymdeithasu â neb. Byddai croesi cae neu ddau i geisio mynediad i lofft morwyn y fferm nesaf yn siŵr o apelio mwy! Yr oedd perthynas weddol glòs a chyfeillgar rhwng mistar a gwas ym mlynyddoedd cynnar y bedwaredd ganrif ar bymtheg ac ni feddyliai'r gweision am eu meistri fel dosbarth ar wahân o gwbwl, nac ychwaith eu bod yn ddideimlad tuag atynt. Ond fe ddaeth gwelliannau i amgylchiadau'r gweithwyr amaethyddol yng Nghymru ar ôl 1850 ac o ganlyniad fe deimlai'r gwas yn llawer mwy annibynnol. Erbyn tua canol y bedwaredd ganrif ar bymtheg fe welwyd y berthynas rhwng gwas a meistr yn dieithrio ac yn pellhau a daeth newid yn y cyfarchion rhyngddynt, cyfarchion a fu mor gynnes, yn arbennig yn y tyddynnod a'r ffermydd lleiaf, lle byddai'r gwas yn cyfarch ei fistar a'i feistres fel 'wncwl' a 'modryb'. Pan ddaeth mwy o gyfleon am waith arall fe gryfhaodd safle bargeinio'r gweision ffermydd a'u gwneud yn llawer anos i'w trin a'u trafod. Mi ddieithriodd y berthynas yma rhwng meistr a gwas ymhellach pan gollodd y gweision, yn arbennig llanciau'r llofft allan, rai o'r ffafrau a gaent ac a olygai gymaint iddynt. Y ffafrau hynny a olygai sychu eu dillad gwlybion wrth dân y gegin a chael mygyn ar ôl swper yn sgwrsio gyda'r teulu a'r morynion. Mi fyddai'n arferiad ym mhob fferm i wahodd y gweision i gegin y teulu yn y bore cynnar i gynnal dyletswydd o gwmpas y bwrdd. Teimlai'r gweision, ar sail y gwahoddiad yma, eu bod yn rhan o'r teulu wrth gyd-addoli â nhw. Adroddai Robert Evans o Walchmai, a fu'n gweini yn Llangwyfan, Y Berffro, fel y byddai ei feistr, John Jones, yn mynd yn syth o'r tŷ yn y bore i'r llofft stabal, nid i alw ar y gweision i godi ond i gynnal cwrdd gweddi yn eu plith. Ond erbyn diwedd y ganrif roedd yr arferiad hwnnw wedi ei ollwng mewn sawl fferm ym Môn.[1]

Bu'r mân newidiadau hyn ym mherthynas y gwas a'i feistr yn agoriad i'r gweision leisio'u hanfodlonrwydd ynglŷn ag amodau gwaith a llety, ond buan iawn y bu iddynt sylweddoli nad oedd ganddynt unrhyw gyfrwng na llais i hyrwyddo'r gwelliannau yr oeddynt gymaint o'u hangen. Ac eto, er sylweddoli eu hangen, yr oedd ymateb gweithwyr amaethyddol Cymru yn gwbwl negyddol a di-ffrwt i Undeb y Gweithwyr Amaethyddol a godwyd yn Lloegr gan Joseph Arch. Fel y dywed Lleufer Thomas yn ei adroddiad ar y llafurwyr amaethyddol, 'Mae Cymru'n amddifad o undeb llafurwyr fferm.' Er hyn, mi fu i lafurwyr ffurfio rhyw fath o fudiad â'i gilydd a enillodd iddynt rai consesiynau bychan a'u bodlonai dros dro, ac yna byddent yn chwalu ac yn troi'n ôl i'w cragen.

Fel y'n hatgoffir gan Adroddiad y Comisiwn Brenhinol ar Lafur, roedd safon gwaith llafurwyr y tir yn graddol ostwng. Erbyn diwedd y bedwaredd ganrif ar bymtheg yr oedd amryw o'r llafurwyr wedi symud i'r pentrefi gan fagu eu plant mewn amgylchfyd mor wahanol i berfeddion gwlad. Cefnodd llawer o'r dynion mwyaf crefftus ar amaethyddiaeth a mynd i'r canolfannau diwydiannol. Aeth amryw o fechgyn a dynion o'r ffermydd i brentisiaethau i ddysgu crefftau newydd yn lle ffermio. Cwynai'r ffermwyr nad oedd modd bellach cael dynion i fod yn feilïaid a hwsmyn. Eto, yr oedd rhai o grefftau'r fferm wedi gwella. Cododd diddordeb mewn aredig, fel y cyfeiriwyd eisoes, a byddai'r arddwyr yn cystadlu'n orchestol â'i gilydd. Daeth toi yn orchest arall y rhagorai llafurwyr Môn ynddi ar draul pob ardal arall. Honnai Arglwydd Stanley o Alderley fod teisi yng nghadlesi Môn yn dwtiach ac yn llawer amgenach nag yn Lloegr. Ond cwynai'r ffermwyr fod gwaith y rhaw wedi dirywio'n fawr, gwaith draenio a chau clawdd. Yn ôl y feirniadaeth yn Adroddiad y Comisiwn Brenhinol yr oedd tueddiad at ddiogi a chael mwy o wyliau yn barhaus, agwedd ddidaro at waith a diofalwch o eiddo'r meistr.[2] Ond fe roes Mr Brocklebank, a ffermiai diroedd ym Môn â'i gartref yn Cumberland, ganmoliaeth uchel iawn i ddynion Môn ac ni fynnai hwnnw neb arall ond gweision o Fôn. Fe bwysleisiai, os am gael y gorau allan ohonynt, fod rhaid eu trin a'u trafod yn deg ac yn gyfeillgar ac os gorchmynnid hwy a'u cam-drin a'u bwlio yna fe droent yn ystyfnig ac yn anhydrin a cheid dim gwaith ganddynt.[3] Tybed na fu i'r dieithryn osod ei fys ar un o wendidau'r meistri well na chanrif yn ôl?

Yr oedd nifer o resymau am ddiffyg diddordeb gweithwyr y

tir mewn undebaeth. Doedd gweision ffermydd ddim yn gorff unedig o weithwyr a'r rheini'n cael eu rheoli fel grŵp cwbwl amhersonol, ac yn hyn o beth yr oeddynt yn wahanol iawn i'r chwarelwyr yng Ngwynedd a'r glowyr yn ne Cymru. Dyn dieithr a phell oedd Arglwydd Penrhyn i'r chwarelwyr, ac yn fwy o elyn nag o ffrind. Ond yr oedd perthynas glòs rhwng y chwarelwyr a'i gilydd a chyfle beunyddiol i drin a thrafod pynciau'r dydd. Ymffrostient yn eu harwyr llenyddol a naddwyd o'r un graig â hwythau: W. J. Gruffydd, R. Williams Parry, T. H. Parry-Williams, Thomas Parry, T. Rowland Hughes a Kate Roberts. Ond yr oedd byd gwaith a hamdden y gwas ffarm yn gwbwl wahanol. Byd unig oedd hwn a byddai'r gwas yn ddigon diolchgar ar brydiau i gael cwmni ei feistr yn y gwaith. Ar wahân i ambell ffair a chymanfa ganu, prin iawn oedd y cyfleon a gaent i gwrdd ac i gymdeithasu â'i gilydd i drafod problemau'r dydd. Fel y cyfeiriwyd eisoes, yr oeddynt yn hynod o hydrin a bodlon eu byd, er mor gelyd ac anystyriol oedd eu hamodau gwaith a chyflwr gwarthus eu lletyau. Yr oedd dal llygoden a'i bwyta yn eu bodloni ac fe wnâi llygoden fechan iawn y tro, felly nid rhyfedd i'r gwahanol ymgyrchoedd i wella'u hamgylchiadau droi'n fethiant. Y mae'n anodd iawn cysoni'r elfen geidwadol yma yn niwylliant gwleidyddol cefn gwlad â natur radicaliaeth Gymreig chwarter olaf y bedwaredd ganrif ar bymtheg.[4]

Cafwyd ymdrechion i gwtogi oriau gwaith ac fe amharodd y rhain ar y teimladau a'r berthynas rhwng gwas a meistr. Doedd y gweision ddim mor barod ac ufudd i gyflawni mân orchwylion a chymwynasau y tu allan i oriau gwaith a thu allan i'w dyletswyddau priodasol, fel y dyn caled yn gadael ei raw i droi'r gwartheg neu'r defaid barus o'r cae ŷd, gan ddadlau mai busnes y cowman a'r bugail oedd hynny. Fe amharwyd ar yr ewyllys da a fodolai gynt rhyngddynt. Yr oedd llanciau'r llofft allan yn llawer mwy annibynnol hefyd ac yn anfodlon eu byd, gan ddadlau am amgenach bwyd wedi ei gyflwyno'n fwy gweddus a phriodol a thros amgenach llety. Gwelwyd newid amlwg o'r hen system led-batriarchaidd lle y cyfrifid y gwas bron fel aelod o'r teulu yn hamddena wedi swper i gael mygyn wrth dân y gegin yn trafod gwaith y fferm. Fe ddieithriodd y berthynas honno. Cododd llanciau'r llofft allan eu llais yn wrthwynebus iawn am gyflwr eu llety. Y mae Adroddiad y Comisiwn Brenhinol yn cyfeirio'n arbennig at gyflwr adfydus y llofftydd hyn: 'The greatest blot upon the character of the accommodation provided for the working classes in Anglesey are the sleeping places of the unmarried labourers who live on the farms. Their beds are always placed in a loft of some out-house generally over the stable.' Y forwyn fach yn unig a ymwelai â'r llofft stabal yn achlysurol, yn bennaf i newid dillad y gwely ddwywaith y flwyddyn. Unig esgus y ffermwyr dros y fath le fyddai 'Pa iws rhoi dillad glân i greaduriaid fel y rhain?'

Ond prif asgwrn y gynnen rhwng y ffermwr a'r gwas fyddai oriau gwaith a chyflog. Yr oedd cryn amrywiaeth a gwahaniaethau yn oriau gwaith gwahanol rannau o Gymru. Yn rhyfedd, yr oedd oriau gwaith rywfodd yn fyrrach lle'r oedd y cyflog uchaf, sef yn agos i'r ardaloedd diwydiannol. Mi fyddai diwrnod gwaith y gwas priod yn fyrrach nag oriau gwaith llanciau'r llofft allan. Yr oedd diwrnod gwaith y llanciau yn ymestyn awr neu ddwy dros 12 awr y dydd weithiau, a hynny heb gyfrif amser i fwyta. Ond doedd pawb fyth yn cadw at unrhyw batrwm sefydlog o ran oriau. Ceir enghreifftiau o weision yn gweithio o chwech y bore hyd naw yr hwyr, er mai'r rheol, pan gedwid hi, fyddai o chwech y bore tan saith yr hwyr. Byddai'r certmon a'r cowman wrthi am gymaint â 15 awr y dydd weithiau.

Byddai gwaith y Sul yn y gaeaf yn disgyn i ran y cowman a'r certmon i ryw raddau. Mewn ardaloedd magu gwartheg dim ond oedfa'r nos a gâi'r cowman yn y capel. Yn ambell i fferm yr oedd mynychu'r oedfaon yn rhan o gytundeb cyflogi, ond câi'r cowman ei esgusodi o bopeth ond oedfa'r nos. Fyddai yna ddim trefniant i'r gweision eraill rannu dyletswyddau'r Sul mewn cylchdro na rhoi help llaw iddo. Ond diwrnod y forwyn fyddai'r hwyaf, roedd ei gwaith hi yn ddi-ddarfod. Y hi a'r forwyn fach fyddai'r rhai cyntaf i fyny yn y bore a'r olaf i fynd i'r gwely, wedi i bawb arall fynd, pan gaent lonydd i baratoi ar gyfer bore trannoeth.[5]

Ond fe ragorai ffermwyr Cymru ar ganiatáu gwyliau i'w gweithwyr, ar wahân i'r ychydig ddyddiau a gaent bentymor. Fe gâi'r gwas ganiatâd parod iawn i fynd i briodas, angladd, cwrdd pregethu a sioe amaethyddol. Yn hyn o beth yr oedd ffermwyr Ynys Môn yn fwy haelfrydig na neb. Yn ychwanegol at gael gwyliau fel hyn fe'u caent heb golli'r un geiniog o'u cyflog hefyd. Fe gaent wyliau pellach ar ddydd Llun y Pasg, Llungwyn, dwy ffair bentymor a diwrnod i godi tatws gartref. Caent hefyd hanner diwrnod ar ddydd Calan, dydd Iau Dyrchafael, dydd San Steffan ac i fynd i'r Sasiwn, cymanfa bregethu awyr-agored y Methodistiaid Calfinaidd, a dydd diolch am y cynhaeaf, ond châi'r cowman druan ddim gadael ei waith yn ystod misoedd y gaeaf. Yn ddiweddarach fe drefnid tripiau gan Reilffordd Llundain o'r Gogledd-orllewin i Fanceinion yn achlysur blynyddol i'r bobol ifanc. Felly, rhwng y dyddiau ar ddechrau'r ddau dymor câi gweithwyr amaethyddol Môn 10 diwrnod o wyliau mewn blwyddyn a phe bai'r gwas yn wael am ddeuddydd neu dri fe gâi ei gyflog.

Wedi dioddef mor ddistaw cyhyd, rhoddwyd i weithwyr y fferm lais a gobaith newydd a gorfforwyd ym mherson amryddawn John Owen Jones, a gydnabyddid fel arloeswr Undeb Gweithwyr Fferm Gwynedd. Yn ei ymdrech lew dros hawliau'r ffermwyr yn erbyn y landlordiaid y dechreuodd ei ymgyrch a dyna pryd y dewisodd ffugenw newyddiadurol, Ap Ffarmwr. Wrth yr enw yma y cafodd ei adnabod ac wrth yr enw yma y cofir amdano. Yr oedd iddo sawl cymhwyster i genhadaeth mor anodd. Yr oedd y ffaith ei fod yn frodor o Fôn yn gryn fantais iddo mewn ymgyrch ar yr ynys. Mantais arall ydoedd ei fod yn fab i ffermwr, mab Owen ac Ema Jones, Ty'n Morfa ym mhlwyf Trefdraeth. Amaethwr oedd ei dad ac yn sŵn a siarad ffermwyr a'u gweision y trigai John Owen Jones yn ystod ei bedair blynedd gyntaf. Bu farw ei dad ac yntau ond 4 oed a phriododd ei fam eto â Robert Owen a symud i fyw i Gae'r Llechau yn Nwyran. Yno y cafodd John ei addysg elfennol hyd ei 14 oed. Gadawodd yr ysgol a Sir Fôn a throi allan i Gaernarfon yn brentis ifanc yn un o siopau enwocaf y dref honno, Nelson. Cyfeiriai rhai at Gaernarfon fel prifddinas ddiwylliannol a gwleidyddol y Gymru Gymraeg yn ystod ail hanner y bedwaredd ganrif ar bymtheg.[6] Yr oedd ynddi ddigon o falchder erbyn hanner olaf yr ugeinfed ganrif i gystadlu â Chaerdydd am y teitl! Ymunodd Ap Ffarmwr â chapel Moreia dan weinidogaeth Evan Jones a sefydlodd gymdeithas lenyddol am y tro cyntaf. Yr oedd enw perchennog Nelson a chwech o'i wasanaethyddion ar restr aelodau gwreiddiol y gymdeithas newydd a cheir enw J. O. Jones yn eu plith. Fe ffurfiwyd congl lenyddol yn y Nelson gydag Ap Ffarmwr ymhlith yr aelodau selocaf; yr oedd amrywiaeth werthfawr megis Huxley, Tyndall a Lubbock ar silff y gongl a buont yn arlwy gwerthfawr i'r siopwr ifanc o Fôn.

Ymunodd ag ysgol breifat Dr John S. Kirk yn y dref; mae'n debyg y bu i'w deulu roi help ariannol iddo. Yr oedd yr ysgol hon, a rhai tebyg, yn rhan o batrwm cymdeithasol cymhleth y dref cyn i'r wladwriaeth sefydlu ei hysgolion canolradd ei hun. Bu'r ysgol yn gymhelliad i John O. Jones fentro ymlaen ar ysgol addysg i'r brifysgol yn Aberystwyth gyda'r Parch. Thomas Charles Edwards yn brifathro. Fe gydoesai ag O. M. Edwards yn Aberystwyth, ond nid oes unrhyw gyfeiriad at gyswllt rhwng y ddau er nad oedd ond 57 o fyfyrwyr yno. Does dim cyfeiriad, hyd y gwyddom, at unrhyw gymhwyster ar bapur ar ddiwedd ei arhosiad yn Aberystwyth. Ond mae'n amlwg fod ynddo ryw raib anniwall am addysg gan iddo droi ei olygon at Goleg Owens ym Manceinion i barhau â'i astudiaethau. Bu i John Owens, masnachwr mawr o Fanceinion, adael ffortiwn i godi coleg yn y ddinas. Ym 1904 fe ymgorfforwyd Coleg Owens i brifysgol newydd Victoria Manceinion. Bu i John O. Jones dreulio blwyddyn ddigon buddiol ym Manceinion dan y prifathro J. G. Greenwood ynghyd â dau athro nodedig arall, H. E. Roscal, pennaeth yr adran Gemeg, ac A. W. Ward, pennaeth yr adran Hanes. Ond mae'n debyg mai dylanwad mwyaf Manceinion ar John Owen Jones fu athroniaeth Ryddfrydol y ddinas fel yr amlygwyd hi yng ngholofnau'r *Manchester Guardian*. Yr oedd dylanwad y Rhyddfrydiaeth hon ar Gymry'r cyfnod oherwydd bu'r *Guardian* yn ganllaw i do ar ôl to o Ryddfrydwyr Anghydffurfiol.

Cyplysodd John Owen Jones ysgol a choleg â chyfnodau o hunanaddysg pan astudiodd weithiau Thomas Carlyle a John Ruskin. Yn wir, yn nhraddodiad y ddau yma y cychwynnodd ar ei ymgyrch fer, a gyda thwf Undebaeth Newydd a sefydlu'r Blaid Lafur Annibynnol nid rhyfedd iddo blygu fwyfwy at sosialaeth. Nid rhyfedd ychwaith iddo dderbyn ei benodi'n ohebydd Llundain i'r Cwmni Papur Newydd Cenedlaethol a gyhoeddai'r papurau dylanwadol Rhyddfrydol *Y Genedl Gymreig* a'r *North Wales Observer and Express*. Ond ar ôl dim ond 10 mis yn y swydd, dychwelodd J. O. Jones i'w sir enedigol ac at ei wreiddiau yng nghefn gwlad Môn, gan sefydlu ysgol ramadeg breifat yn Nwyran ym mhlwyf Llangeinwen a byw yn ei hen gartref, Cae'r Llechau. Cymerodd arno'i hun gryn faich fel yr unig athro i ddysgu Groeg, Lladin, Saesneg a Mathemateg! Bu wrthi'n ddygn am dair blynedd a hanner fel unig athro'r ysgol, 'Llangeinwen Grammar School'. Ond nid oedd calon Ap Ffarmwr yn ei waith fel athro ysgol, a theimlai yn ystod y cyfnod hwn, fel y gwnâi yn ystod tymor ei brentisiaeth yn Nelson, mai ym myd yr inc a'r papur y dylai dreulio ei ddiwrnod gwaith. Ymroes i ysgrifennu i'r wasg fel ymgyrchydd dros weision ffermydd. Gyda'r cyfrwng yma y cafodd fesur o lwyddiant i greu ymwybyddiaeth o amodau gwaith gwael gweision ffermydd, er mai ofer fu ei dair ymgais i sefydlu undeb i weithwyr amaethyddol Môn.[7]

Ond er mai Ap Ffarmwr a gydnabyddid yn ddiweddarach fel arweinydd y gweision ffermydd, fe gaed eraill a fu'n braenaru'r tir ac yn arloesi'n dawel – 'y rhai na fu coffa amdanynt'. Roedd hedyn y gwrthryfel wedi ei hau gan eraill. Yn ôl David A. Pretty, 'Yr oedd y rhagamodau cymdeithasol yn bodoli ers tro; dinoethi anfodlonrwydd traddodiadol y gweithwyr gwledig a wnaeth Ap Ffarmwr.'[8] Fe gafwyd goleuni gwerthfawr ar amgylchiadau gweision ffermydd a fu'n destun sawl ymchwiliad swyddogol a oedd yn cynnwys gwybodaeth werthfawr am y testun. Fe gyhoeddwyd yr ymchwiliadau hyn mewn adroddiad yn cynnwys atodiadau o dystiolaeth o 171 o ddalennau wedi'i gyfyngu i Gymru a Mynwy. Y mae'r adroddiad yma'n amhrisiadwy yn sgil y cyfrif manwl a rydd o amgylchiadau'r boblogaeth amaethyddol yng Nghymru tua'r 1870au.[9]

Fe ddyfynnir rhyw ohebydd gan David Lleufer, y Comisiynydd Tir, ym 1882 a gyfeiria at olwg newydd i dorri ar oriau gwaith. Yr hen arferiad oedd diwrnod gwaith o bump y bore hyd saith yr hwyr haf a gaeaf, ond derbyniodd rhai oriau mwy rhesymol o chwech y bore hyd chwech yr hwyr. Yna fe gyfeiria'r adroddiad at symudiad a chynnwrf tua'r flwyddyn 1888 i gwtogi oriau gwaith a oedd yn bodoli yn Sir Fôn. Yr oedd amryw o ddynion o Fôn yn gweithio yn chwareli llechi Sir Gaernarfon, a deuent adref yn gynnar bnawn Sadwrn. Wrth eu gweld yn y pentrefi a gwybod bod eu hwythnos waith yn llawer iawn byrrach yn y chwarel nag ar y ffermydd, nid rhyfedd i wrychyn y gweision ffermydd godi mewn eiddigedd, ag oriau gwaith y gweision ffermydd ar y pryd o hanner awr wedi pump y bore hyd hanner awr wedi saith yr hwyr. Mae hi'n anodd gwybod faint o ddatblygiad a fu yn yr anniddigrwydd yma gan y gweision cyn Clanmai 1890, ond gwyddom i gais am ddiwrnod gwaith o 12 awr gael ei ffurfio.

Y mae'r adroddiadau swyddogol hyn yn brawf fod yna gryn anfodlonrwydd ymhlith y gweithwyr amaethyddol ynglŷn â'u hamgylchiadau a'u hamodau gwaith. Nid yn unig y cafwyd yr anesmwythyd mewn adroddiadau ond rhoes sawl unigolyn dystiolaeth i'r cwynion hyn, gweision ffermydd, gan amlaf ar ran eu cyd-weithwyr. Fe ddewiswyd Hugh Williams, Rhyd Dafydd, Rhosgoch, fel tyddynnwr bychan i gynrychioli'r ffermwyr a'r gwasanaethwyr. Yr oedd yn hynod feirniadol o letyau'r llanciau a bythynnod y gwŷr priod. Fe wyddai Hugh Williams trwy brofiad o gysgu mewn llofft stabal y byddai patrwm mor llwm a thlawd yn arwain at bob math o anfoesoldeb ac anweddustra. Credai y dylai'r tenant neu'r landlord baratoi eisteddfan i'r llanciau hyn gyda thân ynddi. Ond ychydig iawn o ymateb a gafodd gan y landlordiaid na'r tenantiaid, fel yr honnai un stiward ar stad fawr ym Môn na chafodd ef yr un cais am ddarpariaeth amgenach i lanciau'r llofft allan. Cwynai Hugh Williams dros y llafurwyr priod hefyd, gan yr anwybyddid eu bythynnod a'u gadael yn ddi-ripâr ac yn anaddas i neb fyw ynddynt.[10]

Fe ddewiswyd John Hughes, gwas ffarm o Aberffraw, i roi tystiolaeth ar ran llanciau'r llofft allan i'r Comisiynwyr Tir. Ar wahân i gyfeirio at gyflwr cwbwl anweddus y llofftydd hyn, pwysleisiodd John Hughes y cam dybryd a gâi plant ifanc wrth adael ysgol mor ifanc a dibrofiad: 'Y mae'r ysgol ddyddiol yn dysgu'r plant hyd at safon V neu dair ar ddeg oed ac yna'u troi allan i weini ffarmwrs a'u rhoi i gysgu ac i fyw efo'r gwartheg gan golli popeth a ddysgwyd iddynt yn yr ysgol a dod o'r un natur â'r anifeiliaid; a dyna ydi'r gwir plaen.'[11]

Fe gefnogir tystiolaeth John Hughes gan lythyr Ap Ffarmwr ar ôl ei daith yn Llŷn. Cyfarfu ag amryw o weision ieuanc y ffermydd lleol, rhai ohonynt wedi cael ychydig flynyddoedd o addysg yn ysgol y pentref ond yr un ohonynt yn medru siarad gair o Saesneg. Arswydai Ap Ffarmwr oherwydd y fath drychineb cymdeithasol a galwodd sylw'r genedl ato drwy ei lythyr i'r *Cymro* yn Awst 1890:

> Druan o'r bechgyn hyn! Tynnwyd hwy o'r ysgol cyn iddynt gael digon o addysg i fod o ddim lles na budd iddynt. Gweithir hwy yn galed am dair-awr-ar-ddeg bob dydd, tyfant i fyny yn ddwl ac anwybodus. Dynion bydol, difeddwl, caled a fyddant ar hyd eu hoes, heb serch at ddim ond ceffylau, gwartheg, moch, gwair, ŷd, aur, ac arian… A dyma ni bron ar derfyn y bedwaredd-ganrif-ar-bymtheg, ac yn fawr ein stŵr yng nghylch addysg a diwylliant.[12]

Mae Maldwyn Thomas a Cyril Parry wedi nodi bod y sylwadau hyn gan Ap Ffarmwr yn ymddangos fel sen ar ymdrechion arweinwyr Cymreig y dydd yn eu crwsâd i ddysgu Saesneg i bob Cymro o Fôn i Fynwy.

Heb os felly, y gweision a'r llafurwyr fferm eu hunain a gymerodd y cam cyntaf yn yr ymgyrch dros wella'u hamgylchiadau a'u hamodau gwaith. Eu cynnwrf hwy a fu'n foddion i ddwyn sylw at eu caledi ac i fraenaru'r maes ar gyfer y gwrthryfel rhwng 1889 a 1893 pan ymunodd eraill yn yr ymgyrch dan arweiniad Ap Ffarmwr. Daeth yr ergyd gyntaf yn y cyffroadau cynnar hyn o le annisgwyl iawn, sef gan ffermwr, ond ffermwr a fu'n was ffarm ar un amser. O ganlyniad, yr oedd ganddo wybodaeth go drylwyr o'u hamgylchiadau ac, ar sail hynny, gryn gydymdeimlad â'u hachos. Ysgrifennodd i'r *Werin* dan ffugenw, Amaethwr, gan annog y gweision i beidio cymryd eu cyflogi gan neb oedd yn gofyn mwy na 12 awr y dydd o oriau gwaith. Bu'r anogaeth hon yn fer ac yn hawdd i'w chofio ar gyfer y ffair bentymor ac yn ergyd gychwynnol dda i'r ymgyrch. Ymddangosodd yr erthygl hon ar ffurf llythyr i olygydd *Y Werin*:

Yr Amaethwr a'r Gweision
Sefyllfa Gaethiwus y Llafurwyr Amaethyddol

Mr Golygydd,

A all rhywun o'ch darllenwyr roddi rheswm paham y mae gweision ffermydd Lleyn, Eifionydd a rhan o Arfon yn gweithio o bump y bore tan wyth y nôs? Ac hefyd, a ydyw yn rhesymol eu cadw i weithio oriau mor feithion? Fy amcan wrth ofyn y cwestiwn uchod ydyw tynnu sylw at beth ag yr ydwyf o'r farn y dylid ei newid, ag y dylai gweision ei ddwyn oddi amgylch trwy wrthod cyflogi â'r un amaethwr sydd yn gofyn mwy o oriau nag o chwech y bore tan chwech yr hwyr. Yr wyf o'r farn trwy brofiad y ceir cymaint o waith oddi wrth y gweision mewn deuddeng awr ag a geir oddi wrthynt mewn pymtheg awr, gan nad ydyw yn bosibl i ddyn lafurio yn egnïol ddydd ar ôl dydd am gynifer o oriau.

Hwyrach y dywed llawer amaethwr na allai ef dalu ei rent pe gwneid y fath gyfnewidiadau. Rhoed y cyfryw brawf ar y peth, a chaiff argyhoeddiad i'r gwrthwyneb. Ond os ydyw yn angenrheidiol gweithio dynion am oriau mor feithion i ddal ati er galluogi y dyn i ddalu y rhent sydd arno, y mae yn llawn bryd iddo fyned at ei feistr tir i ymofyn gostyngiad, gan ei bod yn amlwg ei fod yn rhoddi treth

163

rhy drom arno'i hun a'i weision er mwyn gallu talu mwy na gwerth y tir amdano.

Yr ydym wedi darllen am berchenogion caethweision yn eu bwydo â digonedd o luniaeth iach, ac yn eu gweithio yn weddol gymedrol, er mwyn cael y gwasanaeth mwyaf oedd yn bosibl ohonynt yn ystod eu hoes. Tybed fod rhai o amaethwyr ein gwlad yn cael mwy allan o'n gweision nag oedd perchenogion caethweision America? Gwyddom heddiw am rai amaethwyr adawodd ddynion gorau ein gwlad i'w gwasanaethu am hanner can mlynedd ac yna eu troi ymaith yn eu hen ddyddiau i fod yn faich ar eu meibion a'r treth dalwyr. Mae ambell i hen weinidog ffyddlon yn cael gostwng ei gyflog i'r hanner nes iddo o'r diwedd weld yn amlwg mai eisiau ei wared sydd ar yr hen feistr, mae hyn yn un o'r pethau ag sydd yn peri gofid i bob dyn dyngarol.

Mae oriau y gweddill o Arfon a Sir Fôn o bump yn y bore hyd saith yn yr hwyr, eto yn oriau rhy faith. Mae llawer i fab amaethwr – fel fy hun – yn gwybod yn dda mor flin y byddai gorfod bod ar yr hewl erbyn pump yn y bore, ac mor dda oedd ganddo weld saith yr hwyr wedi dyfod oddi amgylch, ac y mae nifer luosog o'r rhai hynny, fel fy hun, wedi dyfod yn feistradoedd erbyn hyn; tybed na wnânt i gyd symud er cwtogi oriau eu gweision wrth gofio am olion blinion bore eu hoes. Mae'n debyg y daw hyn oddi amgylch cyn bo hir. Bydded i amaethwyr Môn ac Arfon fod ym mlaenaf mewn symudiad fydd yn fendith i'r gweithwyr.

Gallesid ychwanegu llawer at y llythyr hwn a dangos pa fodd y ceir oriau byrrach, pa un bynnag ai ei wrthwynebu neu ei gefnogi a wnawn ni fel amaethwyr; ond gan mai tynnu sylw at y pwnc cyn pen tymor presennol ydyw yr unig amcan sydd gennyf, terfynaf trwy obeithio y gwna yr amaethwyr a'u gweision ymuno i'w ddwyn oddi amgylch.

Yr eiddoch yn gywir,

Amaethwr[13]

Bu llythyr Amaethwr yn gryn symbyliad i Ap Ffarmwr ac ymroes i ysgrifennu erthyglau i'r *Werin*. Fel brodor o Fôn fe wyddai'n dda mai dyma'r cyfrwng mwyaf effeithiol i gyrraedd y gweision amaethyddol: yr oedd yn Gymraeg a'i bris yn ddim ond dimai. Pa iws ysgrifennu ar ran y gweithwyr mewn papur

Saesneg fel y *North Wales Observer and Express* a hwythau'n Gymry uniaith? Mewn dim o dro, llwyddodd cylchrediad y *Werin* i gyrraedd 10,000 yn wythnosol yn Sir Fôn a Sir Gaernarfon, gan ganolbwyntio'n arbennig ar weithgareddau Undeb Chwarelwyr Gogledd Cymru. Ond pan ymddangosodd llythyr Amaethwr ym mis Tachwedd 1889 yn galw am ostyngiad yn oriau gwaith y llafurwyr tir, ysgogwyd y golygydd i agor ei golofn i ddadl ar y mater. Erbyn diwedd y mis hwnnw ymddangosodd y fersiwn Gymraeg gyntaf o erthyglau J. O. Jones dan ffugenw cyfarwydd Ap Ffarmwr.

Fe aeth i fanylder i sôn am gyflwr y gweision ffermydd mewn iaith lawn cynddaredd angerddol. Cyfeiria at y glowyr a'r chwarelwyr a oedd mor llwyddiannus yn dadlau eu hachos trwy undeb llafur a chynrychiolwyr seneddol. Freuddwydiodd neb yng Nghymru am ffurfio undeb llafur i ymbil ar ran y gweision ffermydd. Defnyddiodd Ap Ffarmwr ei ddawn lenyddol neilltuol ac fe lwyddodd mewn modd unigryw i uniaethu ei hun â'r dosbarth yma o weithwyr.

Dyma enghraifft o un o'i lythyrau cyntaf i'r *Werin* fel ymateb i lythyr Amaethwr.

Gweision Ffarmwrs

Yr oedd gan y ffarmwrs weision o flaen neb arall ac eto cyn lleied o sylw a delir gan y byd iddynt, tra y caiff y chwarelwyr ddigon o sylw ar bob tudalen o'n papurau newydd a rhywun yn wastad yn dadlau eu hawliau. Y mae'r mwynwyr hefyd yn gosod eu cwynion ger bron y wlad gan ffurfio cymdeithasau ac anfon cynrychiolwyr i'r Senedd. Y mae'r morwyr hwythau bellach yn allu cyfunol a'r gweithwyr trefol yr un modd. Ond druan o'r gwas ffarm, y mae ef allan yn yr oerni a neb yn siarad drosto, neb yn ysgrifennu gair amdano a neb yn meddwl dim yn ei gylch. Y mae ei feistr yn fawr ei stŵr efo'i ddegwn, ei fil tir a'i renti uchel a chaiff y sylw mwyaf gan y gwladweinwyr. Ond, does neb yng Nghymru wedi meddwl am ffurfio cymdeithas na chlwb i amddiffyn hawliau gwas y ffarmwrs, dim ond ei adael ar dosturi ei feistr. Does neb yn sôn am y llafurwyr. Fe'u hanghofir yn y pulpud, ar y platfform, yn y wasg.

Neb yn pregethu iddynt, neb yn areithio dros eu hiawnderau, neb
yn ysgrifennu ar eu rhan a neb yn gweddïo drostynt. Yn waeth
fyth, dyw'r gwas ffarm ddim yn sylweddoli ei gyflwr adfydus nac
yn ymdrechu i wella ei amgylchiadau. Ef yw'r creadur mwyaf dwl
ac anwybodus a'r isaf yng ngraddfa bodolaeth. Does neb llai eu
parch yn y wlad ac eithrio troseddwyr, tramps a sipsiwn. Mae'n
wir iddo dderbyn ychydig addysg yn yr ysgol ddyddiol ond waeth
iddo fod hebddo o ran y defnydd a wnaeth ohono. Ni ddysgodd
erioed i feddwl drosto'i hun. I feddwl fod yn ein gwlad ni ysgol
Sul a phregethu, ac eto dyma'r canlyniad. Mae gan fwynwyr y De
a chwarelwyr y Gogledd eu corau enwog ond does gan y gweision
ffermydd ddim byd. Pa iws rhoi pleidlais i bobol na wydda nhw
ddim beth ydyw.

Eu hunig sgwrs yw sgwrs am geffylau, aredig, a primiwns a'r
ffeiriau. Dyma fyddai testun sgwrs y ceffylau pe medrent siarad!
Does fodd cael y gweision hyn i gymryd diddordeb mewn dim.
Eisteddant yn ddifater yn y capel, fel anifeiliaid a rhyw bregethwr
yn dweud y byddai'n amhosibl pregethu i weision ffermydd yn
unig am fod un olwg arnynt yn ddigon.

Carwn wneud dau sylw, yn gyntaf: mae eu hanwybodaeth a'u
difaterwch yn gynnyrch naturiol caledi a chreulondeb eu bywyd.
Rhoddwch unrhyw ddyn i weithio'n galed am bedair awr ar ddeg
neu bymtheg awr y dydd a hynny ar ymborth gwael ac am esgus
o gyflog o geiniog yr awr ac fe'i gwnewch yn ddwl ac yn gwbwl
anwybodus. Yn ail, ni ddylid digalonni ynghylch gwella cyflwr y
gwas ffarm, mae yna deithi gwerthfawr a dymunol yn ei gymeriad,
maent yn onest, yn unplyg, yn eirwir, yn foesol ac yn weithgar.
Dyma sylfaeni campus i adeiladu arnynt. Y pwnc mawr yw eu
deffro o'u cysgadrwydd a'u dwyn i sylweddoli gwaeledd eu bywyd
presennol. Ni all neb ymladd drostynt, bydd raid iddynt ymladd
allan eu hiachawdwriaeth eu hunain. Unwaith y cyffroir hwy, ni
bydd modd eu gwrthsefyll, oblegid bydd cyfiawnder a thrugaredd
o'u plaid.

Ap Ffarmwr[14]

Bu'r ymateb i erthyglau a llythyrau Ap Ffarmwr yn
rhyfeddol o frwd ac eiddgar, gyda'r gwrthryfel ymhlith y 2,500
o weision ffermydd yn cryfhau'n gyflym. Yr oedd y papur
wythnosol dimai yn erfyn hynod o lwyddiannus yn yr ymgyrch,

a phrawf diymwad o hynny oedd y niferoedd o lythyrau a lifai i golofnau'r Werin yn wythnosol. Fe ddeuent o bob parth yng ngogledd Cymru yn cefnogi syniadau a gweledigaeth Ap Ffarmwr. Prif nod y llythyrau hyn oedd galwad am ffurfio undeb llafur rhag blaen. Synhwyrodd Ap Ffarmwr mai'r Werin oedd y newyddiadur mwyaf addas i hyrwyddo'i ymgyrch arbennig ar ran y gweision amaethyddol, ymgyrch i sicrhau lleihad yn eu horiau gwaith. Cyfeiria Maldwyn Thomas a Cyril Parry, yn briodol iawn, at y ffaith mai moeseg Anghydffurfiol, radicalaidd a gynhyrfodd Ap Ffarmwr i weithredu yn y modd y gwnaeth – moeseg a ofalai am ddirwest, y bywyd rhinweddol, datgysylltu Eglwys Loegr yng Nghymru, addysg, codi'n gynnar a gweithio'n galed. Ond yn bwysicach o lawer i Ap Ffarmwr ydoedd gofalu am anghenion 'pobl isaf cymdeithas', a helpu hyd y gallai.[15]

Bu'r defnydd a wnaed o'r Werin yn eithriadol o effeithiol a buddiol i ymgyrch Ap Ffarmwr. Fe agorodd y golygydd golofn arbennig dan y pennawd 'Gweision Ffarmwrs', a fu erioed golofn mwy poblogaidd mewn papur newydd. Y mae'n syndod mor raenus yw'r llythyrau o ran iaith, a'r cynnwys yn afaelgar, gyda brwdfrydedd yn codi i'r wyneb ynddynt. Cawsai'r gwerinwyr hyn ymarfer mewn ysgol Sul a chyfarfodydd llenyddol yn y capeli Ymneilltuol a geid ym mhob ardal drwy'r wlad. Y mae'n amlwg o'r llythyrau a'r erthyglau hyn eu bod yn gyfarwydd â ffurfio dadleuon a chyflwyno'u hachos a gwneud hynny mewn llythyrau byr a bachog.

Ar 4 Ionawr 1890, cafwyd cais gan Llafurwr i olygydd y Werin:

(i)   Agor colofn ar ran y gweithwyr amaethyddol i bawb danysgrifio a chydweithio er cychwyn cymdeithas undeb amddiffynnol.

(ii)   Wedi derbyn swm angenrheidiol i'r cyfarfod o'r treuliau fod cylchlythyrau i'w hanfon at bersonau cyfrifol trwy ogledd Cymru a'r Aelodau Seneddol yn erfyn am eu nawdd er cario'r amcan ymlaen.

(iii)   Fod cynnal cyfarfod canolog i ddewis pwyllgor cyffredinol a thynnu allan reolau ynghyd â sefydlu canghennau lleol. Fel y dywedodd Ap Ffarmwr, 'a chael y gweithwyr amaethyddol o *ddifrif*', credwn gyda phenderfyniad y byddai modd ffurfio undeb a fyddai yn offeryn effeithiol er dyrchafiad y dosbarth amaethyddol. Nid yn unig i sicrhau cyflogau safonol ac oriau gweithio rhesymol ond hefyd sefydlu man canolog – prif swyddfa lle y gall y dosbarth gorau o amaethwyr a'r gweision gyfarfod i adnabod ei gilydd yn well. Yn goron ar y cwbwl gallai'r ganolfan fod yn fan cyfarfod i bobol ifanc gael cyfarwyddyd mewn cyfeiriad.

Llafurwr

Erbyn mis Mawrth 1890 fe ddaeth cynhaeaf toreithiog o lythyrau ac erthyglau o blaid ymgyrch Ap Ffarmwr i golofn 'Gweision Ffarmwrs' yn y *Werin*. Trefnwyd cyfarfodydd cyhoeddus ym mhob ardal trwy gyfrwng eu hysbysebu yn y golofn hon. Bu'r cyfarfodydd yn fodd i wyntyllu cwynion y gweision amaethyddol gyda phwyslais arbennig ar oriau gwaith a phriodoldeb sefydlu undeb i'r gweithwyr amaethyddol. Yr oedd ym mhob cyfarfod apêl daer am gefnogaeth i gyfarfod cyhoeddus mawr yn Llangefni ar ddydd Llun y Pasg. Nodwedd amlyca'r cyfarfodydd hyn oedd brwdfrydedd y gweision dros yr ymgyrch a chyfrwng i uno'r gweithwyr drwy'r sir.

Yn Llanfairynghornwy, pentref bychan yng nghornel bellaf gogledd-orllewin y sir, y cynhaliwyd y cyfarfod cyhoeddus cyntaf erioed gan weision ffermwyr â'r amcan o daflu iau gorthrwm oddi ar eu gwarrau. Yn ôl un o'r trigolion, 'Mae Llanfairynghornwy yn bell o bobman, ddaeth neb oddi yno heb droi'n ôl.'[16] Ond er fod y lle mor anhygyrch, eto fe dyrrodd llaweroedd i'r cyfarfod arbennig hwnnw ar nos Wener, 28 Chwefror 1890. Yr oedd yr ysgol yn orlawn o weision cyn hanner awr wedi saith, a sawl ffermwr yn eu plith. Dewiswyd Thomas Williams, Penmynydd, i gadeirio'r cyfarfod, a phwy yn well nag un o hen wehelyth Tŷ Wian o'r ardal ac o linach y cawr-bregethwr Dr John Williams, Brynsiencyn? Yr oedd yr ardal hon yn nodedig am ei chymeriadau dewr a chadarn wedi eu magu ar grawen ddigon tenau o dir caregog ac un o'r moroedd garwaf yn eu cylchynnu. Galwodd y cadeirydd ar John Jones y gof, hen fardd gwlad a adnabyddid fel Garno. Yn naturiol, yr oedd gan y gof dipyn o gydymdeimlad â'r ffermwyr, gan mai nhw, wedi'r cwbwl, oedd ei gwsmeriaid. Cynghorodd Garno'r gweision i beidio â gofyn am fwy na gostyngiad i oriau gwaith o 12 awr y dydd, gan gofio am sefyllfa wasgedig y ffermwyr ar y pryd. Yna daeth Owen Williams, Caerdegog, ymlaen i annerch y cyfarfod. Cyfeiriwyd ato ef eisoes fel ffermwr oedd yn llawn cydymdeimlad ag amgylchiadau'r gweision amaethyddol ac yn barod iawn i gwtogi eu horiau gwaith, yn ôl eu gofyn, i 12 awr y dydd. Cafwyd gair gan ddau ffermwr arall o gylch Llanfechell, Capten Owen Thomas, Y Brynddu, a J. R. Hughes, Coeden. Galwodd amryw o'r llafurwyr a oedd yn bresennol nid yn unig am gwtogi'r diwrnod gwaith ond am gael gorffen am bedwar o'r gloch ar bnawn Sadwrn, ond fe safodd Garno yn erbyn hynny. Pwysodd eraill o'r gwŷr priod am gael tâl ar nos Wener yn lle'n hwyr ar nos Sadwrn, er mwyn i'r gwragedd gael cyfle i siopa cyn y Sul. Wrth gloi y cyfarfod galwodd y llywydd ar i bawb brynu'r *Werin* yn gyson ac nid iselhau eu hunain trwy ei fenthyca o dŷ i dŷ; wedi'r cwbwl, dim ond dimai oedd ei bris.

Cyhoeddwyd llythyr yn cynnwys adroddiad o'r cyfarfod arbennig yma yng ngholofn 'Gweision Ffarmwrs' y *Werin* ar 8 Mawrth 1890 gan Gweithiwr: 'Y floedd gynta i'r gâd, dyma ysgub y blaenffrwyth o'r cynhaeaf a gesglir oddi ar yr hâd a heuwyd.' Yn ddiddorol iawn, yn yr un rhifyn o'r *Werin* fe geir datganiad gan Labrwr o'r Aberffraw:

Yr ydym ninnau tua'r Aberffraw yma yn dechrau hogi ein harfau o blaid cael cwtogi ein horiau gweithio. Mae y ffordd yma lawer o amaethwyr yn cymryd diddordeb yn yr achos ac yn bleidiol i leihau eu horiau llafur. Fy nghyd-weithwyr, safwn dros ein hawliau, yr ydym wedi bod yn gaeth ar hyd yr oesoedd. Yr ydym yn bwriadu cynnal cyfarfod i geisio ymbaratoi ar gyfer cyfarfod mawr y Pasg a gynhelir yn Llangefni yn ôl dymuniad Ap Ffarmwr.

Ar gyfrif eu safle, y mae Aberffraw a Llanfairynghornwy yn ddwy ardal debyg iawn i'w gilydd, yn nannedd y môr o ddau gwr yr ynys, ac mae pobol y ddeule yn ddigon tebyg i'w gilydd. Mae'n ddiddorol iawn mai o'r ddwy ardal bellennig yma y daeth y floedd gyntaf i'r gad. Tybed a oes mwy o haearn yng ngwaed trigolion y lleoedd arbennig hyn – y pen draw? Bu achos yn Llys Ynadon Llangefni ddiwedd Awst 1890 gyda Samuel Williams, Tyn Llwydan, Llangadwaladr, yn hawlio tair punt a chweugain o iawn oddi wrth William Lewis, Pontfaen, Llangadwaladr, am iddo adael ei waith cyn pentymor. Hysbyswyd y llys fod y diffynnydd wedi'i gyflogi o fis Mai hyd fis Tachwedd ond iddo adael ei le ymhen dau ddiwrnod wedi iddo gael ei gyflogi heb unrhyw rybudd. Ei amddiffyniad oedd iddo gael ei gyflogi o chwech hyd chwech ar hyd y tymor oddigerth adeg cynhaeaf, pan oedd i weithio o chwech hyd saith. Ond oherwydd y cyffro ymhlith y llafurwyr amaethyddol bu i rai o ardal Aberffraw fygwth ei daflu i'r afon os gweithiai yr awr ychwanegol yn ystod y cynhaeaf. Bu'r achos yma yn ddigon o dystiolaeth ac o rybudd i bob gwas ffarm yng nghylch Aberffraw ufuddhau i ddymuniad yr ymgyrch dros wella'u hamgylchiadau. Fe ddyfarnodd y llys yn Llangefni fod William Lewis y gwas i dalu punt o iawn a'r costau.

Gyda chymorth y *Werin* yn hysbysebu'r cyfarfodydd cyhoeddus ac yn dwyn adroddiad llawn ohonynt, gafaelodd yr ymgyrch yn effeithiol iawn yn y llafurwyr amaethyddol drwy'r sir. Yr oedd y fath baratoi heintus ar gyfer y cyfarfod yn Llangefni ar y Pasg fel y synhwyrai rhai o'r ffermwyr fod yna rym nerthol y dylent ddod i delerau ag o. Ac o ganlyniad fe geid cynrychiolaeth dda o ffermwyr rhesymol yn y cyfarfodydd hyn. Fe aeth gwreichionen o Aberffraw i ardal gyfagos Soar, gwlad y ffermydd mawr. Ysgrifennodd un, do, i'r *Werin* ar 8 Mawrth 1890 yn gofyn i'r golygydd am ofod yn y golofn i ddiolch i Ap Ffarmwr am ddwyn achos y gweision ffermydd i sylw'r wlad ac yn llawenhau ei fod yn cael y fath sylw gan y dosbarth gweithiol:

Dyma bwnc yn awr gan labrwrs pob ardal, sef lleihau oriau llafur, ac i'r diben o ddwyn hynny oddi amgylch yr ydym ni yn yr ardal hon, sef Carregonnen, Soar, wedi penderfynu cynnal cyfarfod o weithwyr yr ardal nos Fercher 19eg o Fawrth [1890] yn ysgol Carregonnen am hanner awr wedi saith o dan lywyddiaeth y Rhyddfrydwr selog John Lloyd, Treiddon, pryd y disgwylir amryw o wŷr galluog i draddodi anerchiadau ar y pwnc. Taer erfynir ar i holl weithwyr yr ardal fod yno yn brydlon gan ei fod yn fater o gymaint ddiddordeb i bob un ohonom fel ein gilydd.

Yn ôl llythyr Gweithiwr i'r *Werin* bu cyfarfod brwdfrydig iawn o lafurwyr y cymdogaethau ar y nos Fawrth gyntaf ym mis Mawrth 1890 yn ysgol Bodffordd ym mhlwyf Hen Eglwys, i ddadlau am eu hawliau. Gweision ffermydd y cylch oedd y mwyafrif o'r gynulleidfa, ac ychydig iawn o ffermwyr ac arweinwyr y Rhyddfrydwyr oedd yno. Bu yno siarad huawdl iawn a hynod feirniadol o agwedd yr amacthwyr at eu hymgyrch. Cytunent yn unfrydol i gwtogi'r diwrnod gwaith o chwech y bore hyd chwech yr hwyr a chael noswyl am bedwar o'r gloch bnawn Sadwrn. Yr oedd galw gan amryw o'r siaradwyr i gael cymdeithas i uno'r gweithwyr amaethyddol drwy'r sir. Galwodd rhai siaradwyr ar y ffermwyr oedd yn wrthwynebus eu hagwedd tuag at eu gofynion i feddwl cymaint a wnaethant hwy y gweision drostynt yn rhyfel y degwm. Bryd hynny yr oedd y ffermwyr yn traethu'n huawdl iawn mai eiddo'r genedl oedd y degwm ac y dylai fynd i gadw'r tlodion ac at addysg ac y dylai'r gweithwyr gefnogi eu hachos. Ac fe wnaeth y gweision eu siâr yn hynod effeithiol. Ond wedi derbyn yr arian ni chlywyd gair o sôn am rannu'r ysbail, ac o ganlyniad credai'r gweithwyr ei bod yn hynod o bwysig eu bod yn uno â'i gilydd.[17]

Cyfarfu llafurwyr amaethyddol ardal Llanfaethlu a Llanfwrog gan basio'n unfrydol:

i) Ein bod am weithio o chwech y bore hyd chwech yr hwyr bob dydd ac eithrio dydd Sadwrn o chwech y bore hyd bedwar o'r gloch y prynhawn.

ii) Ein bod yn pasio pleidlais o ddiolch i Ap Ffarmwr. Trefnwyd i gyfarfod eto ar 21ain o Fawrth [1890].

Yn rhifyn 22 Mawrth 1890 o'r *Werin* aiff Gwas Bach â ni i ardal Tregaian, a sôn am gyfarfod o'r gweision amaethyddol yng ngefail y gof yno ar nos Wener, 14 Mawrth 1890. Lleihau oriau gwaith y llafurwyr oedd prif drafodaeth y cyfarfod yma eto, ynghyd ag i'r ffermwyr drin y gweision yn deg. Hysbysodd Marchog yr Engan (y cadeirydd) ei fod yn llafurwr amaethyddol er 35 mlynedd dan bwys a gwres y dydd, ac mai ychydig iawn o amser hamdden a gafodd i ddiwyllio ei feddwl a'i gymhwyso i fod yn aelod defnyddiol o gymdeithas. Penderfynwyd ar dir ysgrythurol a rheswm mai 12 awr y dydd y dylid gweithio, gan ymuno â'u cyfeillion mewn ardaloedd eraill.

Galwyd sylw at y cyfarfod mawr yn Llangefni ar ddydd Llun y Pasg gan annog pawb i fynd yno. Ychwanegwyd at yr anogaeth gyda'r geiriau 'Mae'n dibynnu arnom ni weithwyr amaethyddol ein bod yn unol, yn unol ac yn ymgadw oddi wrth y diodydd meddwol tra yn y dref.'[18]

Lledaenodd y cyfarfodydd cyhoeddus hyn drwy'r sir o ardal i ardal gyda'r un thema yn destun iddynt i gyd. Y brif gŵyn ym mhob cyfarfod oedd galw am gwtogi oriau gwaith ynghyd â galw am ffurfio undeb. Fe gaed unfrydiaeth eithaf llwyr ynglŷn ag oriau gwaith ac eithrio pnawn Sadwrn, ond doedd yna fawr o archwaeth am ffurfio undeb amaethyddol, er mawr siom i Ap Ffarmwr. Bu'r golofn 'Gweision Ffarmwrs' yn llawn o ymgyrch y gweithwyr amaethyddol mewn llythyrau ac adroddiadau am y cyfarfodydd cyhoeddus ac yn gyfrwng effeithiol iawn i hysbysebu'r cyfarfodydd hyn, gan nodi gyda manylder yr amser a'r lle. Ond er mwyn cadw'r ddysgl yn wastad rhwng meistr a gwas agorodd golygydd y *Werin* golofn arall dan y pennawd 'Yr Ochor Arall i'r Ddalen', i roi cyfle i'r ffermwyr ymateb i gwynion y gweision. Yn rhifyn 22 Mawrth 1890 ceir beirniadaeth gwbwl ddiflewyn-ar-dafod o Ap Ffarmwr gan Un Cydwybodol. Cyfeiria at y gweithwyr amaethyddol a'u cyrff iach, a'i bod yn amlwg na chaent unrhyw gam wrth y bwrdd bwyd fel yr honnai rhai o'r gweithwyr. Fe wyddai'n dda am lawer o'r gweision hyn yn methu â chyrraedd i'w gwaith erbyn hanner awr wedi chwech yn y bore. Credai mai diwygwyr anonest yn ceisio creu cynnwrf oedd dilynwyr Ap Ffarmwr. Honnai'r Un Cydwybodol fod gwaith y fferm yn ysgafn fel rheol a'r bwyd yn iach a maethlon. Mynnai fod y ffermwyr yn fodlon ac yn cytuno i gael diwrnod gwaith o 12 awr os caent ddiwrnod gonest o waith.

I fod yn deg â'r ffermwyr, yr oedd peth gwir yn eu beirniadaeth o safon gwaith y gweision amaethyddol erbyn diwedd y ganrif. Bu cryn leihad yn y gweithlu amaethyddol yn hanner olaf y ganrif, â gostyngiad ym Môn o 4,423 ym 1851 i 3,222 ym 1891. Ym 1868 yr oedd Llwydiarth Esgob, Llannerch-y-medd, yn cyflogi chwech o weision ond erbyn 1893 dim ond pedwar gwas a gyflogid yno. Fe gyfeiria D. Lleufer Thomas nid yn unig at y gostyngiad mewn niferoedd ond hefyd at y ffaith fod tueddiad i golli'r gweision gorau ac o ganlyniad bu cryn newid yn safon y gwaith. Aeth llawer iawn o weithwyr amaethyddol o Fôn ac o Lŷn i'r chwareli yn Arfon, math o waith a oedd yn gofyn am y gweithwyr gorau. Elai gweision y De i'r canolfannau diwydiannol a'r pyllau glo. O ganlyniad i'r ymfudo yma bu dirywiad yn safon gwaith y gweision amaethyddol,[19] a rhoes hyn reswm neu esgus i lawer o'r ffermwyr gwyno a gwrthwynebu cais y gweision am gwtogi oriau gwaith a chael gorffen am bedwar ar bnawn Sadwrn.

Yn yr un golofn, 'Yr Ochor Arall i'r Ddalen', fe ofnai Llifon y byddai'r gweithwyr amaethyddol yn streicio erbyn Clanmai nesaf, her gwbwl anghyfrifol. Yn wyneb y fath ragolygon credai y dylai'r ffermwyr ddod i ddealltwriaeth drwyadl a phendant am eu hiawnderau. Honnai Llifon na chyfarfu ag un ffermwr eto nad oedd yn fodlon cytuno â diwrnod gwaith o chwech y bore hyd chwech yr hwyr, ond ei bod yn gwbwl deg i ffermwyr gael gwaith am *bob* awr y telid ei gyflog i'r gwas. Credai y dylid cyflogi wrth yr awr fel ym mhob gwaith arall. Yn nhyb Llifon, dylid ystyried dylanwad y tywydd a dyddiau cwta o Hydref hyd Chwefror. Galwai am bwyllgor unedig o Fôn ac Arfon i ffurfio math o *farmers' defence society.*

Fel y deuai Llun y Pasg yn nes yr oedd mwy o feiddgarwch yn her y gweision amaethyddol. Yn ôl Labrwr bu hi'n dân gwyllt mewn cyfarfod yn Llanfechell dros gwtogi oriau gwaith y gweithwyr amaethyddol o bump y bore tan saith yr hwyr i chwech tan chwech. Yn ddiddorol iawn, tri ffermwr oedd y siaradwyr – Capten Owen Thomas, Y Brynddu, J. R. Hughes, Coeden, a Harri Williams, Cromlech. Ceir cofnod o gyfarfod tebyg yn y Garreglefn yn yr un rhifyn o'r *Werin*, lle y penderfynwyd yn unfrydol nad oedd neb i gymryd eu cyflogi Glanmai nesaf ond yn ôl y drefn newydd o chwech tan chwech. Dyma dynghedu pob gwas i wireddu'r penderfyniad. Y mae hanes am un – William Jones, Tyddyn Gil, o blwyf Llanfechell – a wireddodd y penderfyniad. Yn anffodus, fydd rhwydi'r haneswyr fyth yn dal y pysgod bach, ac o ganlyniad rhaid bodloni ar atgofion cenhedlaeth a adawodd ei hanes i ni'r genhedlaeth iau. Nis gwyddom yn iawn pa bryd yr aeth William Jones i ffair gyflogi Llanfechell heb wybod bod ffermwyr y cylch wedi cynllwynio â'i gilydd i beidio â'i gyflogi. Yr oedd William Jones yn ddyn gloyw iawn ac yn gymeriad gonest a chydwybodol ac, yn naturiol, yr oedd yn gryn sarhad ac yn wir amharch arno i'w anwybyddu. Mae'n amlwg y bu i William Jones godi ei lais yn rhai o'r cyfarfodydd cyhoeddus. Yr oedd yn werinwr hynod o ddiwylliedig ac yn ddarllenwr mawr yn Gymraeg a Saesneg. Ei hoff faes fyddai beirniadaeth ysgrythurol a phynciau cymdeithasol a pholiticaidd. Yn naturiol, fe'i hedmygid yn fawr gan ei gyd-weithwyr amaethyddol fel un cymwys a chyfrifol i arwain mewn byd ac eglwys a rhoddid pwys bob amser ar ei farn a'i gyngor. Nid rhyfedd i ffermwyr y cylch ei ofni, ond doedd hi ddim yn hawdd gwrthwynebu cymeriad a berchid gan bawb ac, yn goron ar y cyfan, yr oedd yn flaenor Methodist yng nghapel Siloam, Cemlyn. Dyna paham y bu raid i'r ffermwyr gynllwynio'n ddichellgar i anwybyddu William Jones yn y ffair gyflogi honno yn Llanfechell.

Aeth William Jones adref o'r ffair yn ddyn siomedig a thoredig i Dyddyn Gil, bwthyn bychan yn ardal Cemlyn, at ei briod a'i bedwar plentyn. Fe dalodd William Jones bris uwch am ei safiad dros wella amgylchiadau ei gyd-weithwyr nag odid neb – fe gollodd ei waith. Tybed sawl un arall, fel William Jones, a ddioddefodd dros ei safiad yn ymgyrch Ap Ffarmwr? Ymfudodd William Jones i Ganada, er mor anodd a chwithig oedd hynny, i geisio gwaith i gadw'i deulu. Bu yno'n ddigon hiraethus am ddwy flynedd a dychwelyd adref â mwy fyth o haearn yn ei waed. Ar ei ddychweliad cafodd waith gan Sais a oedd yn berchen ffatrïoedd teganau ym Manceinion a Chaergybi. Cartrefodd Mr Wells ar stad fechan ar lan Llyn Geirian ym mhlwyf Llanfflewin ac yno y bu William Jones yn gofalu am adar y llyn a'u bwydo ar gyfer y saethwyr.

Asgwrn y gynnen rhwng gweision a meistri amaethyddol oedd oriau gwaith yn bennaf, a dyma oedd sail ymdrechion William Jones hefyd. Mae'n rhyfedd i achos o'r fath anfon gwas a meistr i'r fath eithafion. Mae'n ymddangos y byddai ambell i ffermwr yn llawn obsesiwn ac yn mwydro'u pennau. Y mae gan Ian Hughes o Gaergybi gof am ei daid, John Hughes, yn sôn fel yr aeth i weini i ddechrau fel gwas bach i Lyslew ym mhlwyf Llanedwen. Ymhen amser symudodd i Gastellor ym mhlwyf Llandysilio a chofiai'n dda fel y byddai'r ffermwr wedi mopio'i ben yn lân efo'r ymgyrch oriau gwaith. Cerddai ôl a blaen ar y buarth yn dadlau'n uchel efo'i hun: 'Chwech dan chwech, chwech dan chwech, beth ddaw ohona ni?'

Ond er y bygwth a'r bytheirio gan rai o'r ffermwyr, yn bennaf ynglŷn ag oriau gwaith, ymlaen yr aeth ymgyrch y gweision ffermydd nes cyrraedd pinacl yr ymgyrch mewn cynhadledd yn Llangefni ar ddydd Llun y Pasg, 1890. Yn ôl pob adroddiad fe ddaeth miloedd o lafurwyr amaethyddol i'r gynhadledd honno. Rhyfeddai Ap Ffarmwr iddo gael y fath afael ar y gweision ffermydd. Rhyfeddai eraill at ymddygiad gweddus a pharchus y dosbarth yma, heb gofio bod cryn wahaniaeth rhwng y cynulliad yma a'r ffair gyflogi, lle yr arferent fynd dros y tresi. Fu Llangefni erioed mor llawn â'r diwrnod arbennig hwnnw.

Yn y gynhadledd am 12 o'r gloch:

i) Fe benderfynwyd apelio ar y ffermwyr i leihau oriau

gwaith o 14 awr i 12 awr y dydd a bod tri phryd bwyd i fod y tu fewn i'r 12 awr.

ii) Methiant fu'r ymdrech i gael noswyl am bedwar o'r gloch ar bnawn Sadwrn.

iii) Bu dadlau brwd dros sefydlu undeb amaethyddol ond fe gollwyd y bleidlais o gryn fwyafrif, a fu'n gryn siom i Ap Ffarmwr; wedi'r cwbwl, hwn oedd ei fabi o.

iv) Penodwyd pwyllgor o 16, pedwar o bob dosbarth, i gadw llygad ar y penderfyniadau.

Terfynwyd y diwrnod gyda gorymdaith o gannoedd o gynadleddwyr drwy'r dref gydag Ap Ffarmwr yn eu harwain, er y cred rhai i Ap Ffarmwr gael ei gario ar ysgwyddau'r gweithwyr.[20]

Bu'r ffermwyr yn ddigon cyfrwys i dderbyn cytundeb y gynhadledd a chwtogi oriau gwaith y gweision i 12 awr, a thrwy hynny fe dynnwyd y mat oddi dan draed y protestwyr i ryw raddau. Gwyddent mai dyna oedd prif gŵyn y gweision. Ond fe barhaodd Ap Ffarmwr â'i ymgyrch i sefydlu undeb y gweithwyr amaethyddol a hynny er gwaethaf agwedd negyddol y Gymdeithas Ryddfrydol a dihidrwydd y gweinidogion Ymneilltuol. Er ffurfio Undeb Llafurwyr Amaethyddol Môn, dim ond canran fechan iawn o'r gweithwyr a fentrodd ddangos eu cefnogaeth. Bodlonodd y mwyafrif ar doriad yn eu horiau gwaith, heb awydd yn y byd i berthyn i undeb. Ac er rhoi ail gyfle i amcanion Ap Ffarmwr ym 1891, yr oedd yr asbri cychwynnol wedi oeri a thawelu.

Yr oedd sawl rheswm am y diffyg diddordeb yma gan y gweithwyr mewn undebaeth pan oedd fwyaf o'i eisiau. Yn wahanol i'r chwarelwyr a'r glowyr a weithiai ochor yn ochor ar y graig neu yn y pwll glo, yr oedd y gweithwyr amaethyddol ar wasgar mewn ffermydd anghysbell yng nghefn gwlad. Yn y tyddynnod a'r ffermydd lleiaf byddai'r meistr yn cydweithio â'r gweision. Byddai'r chwarelwyr yn cymdeithasu llawer yn y caban mewn dadleuon llenyddol a diwinyddol, a byddai'r glowyr yn cymdeithasu llawer iawn â'i gilydd yn y 'stiwtiau gan drefnu eisteddfodau a gwyliau. Ond roedd byd y gweision ffermydd yn gwbwl wahanol. Doedd ganddynt hwy mo'r cyfleusterau i gymdeithasu â'i gilydd, ond yng nghymdeithas lenyddol y capel, a thyrrent at ei gilydd ddwywaith y flwyddyn yn y ffeiriau pentymor. Pwy welai fai ar y gweithwyr amaethyddol am greu diwylliant o streicio ffenestri iddynt eu hunain, gan sicrhau ambell noson gysurus ryfeddol?

Ond heb os, yr oedd achos arall i gyfrif am fethiant Ap Ffarmwr i wella byd y gwas ffarm. Roedd yna ryw elfen geidwadol yn perthyn i'r dosbarth yma, y syniad taeoglyd fod rhaid derbyn y drefn a bodloni ar eu stad. Fe bregethai cewri'r Methodistiaid ar briodoldeb gweision yn ufuddhau i'w meistri ac yn derbyn y drefn yn ddirwgnach. Bu cryn gondemnio ar John Elias am bregethu'r geidwadaeth honno gan Bob Owen Croesor.

O ganlyniad, beth bynnag oedd y rhesymau, ni sefydlwyd undeb o ganlyniad uniongyrchol i weithgareddau Ap Ffarmwr yn y tair blynedd o weithgarwch brwdfrydig rhwng 1889 a 1892. Mi geisiodd wneud yr amhosibl mewn sir a oedd yn gwbwl amddifad o unrhyw draddodiad undebol, ond fu'r cyfan ddim yn ofer. Bu'r ymdrechion i gwtogi oriau gwaith y gweision amaethyddol yn llwyddiannus ac fe symbylwyd y gweithwyr i ystyried eu hamgylchiadau ac ennyn cydymdeimlad rhai o'r cyflogwyr mwyaf cydwybodol. O ganlyniad i ymdrechion Ap Ffarmwr fe etholwyd gweithwyr amaethyddol ar fyrddau'r ysgolion a chynghorau plwyf, a gwnaethpwyd ymdrech lew i berswadio Owen Thomas i sefyll fel ymgeisydd seneddol yn enw'r gweithwyr amaethyddol ym 1892 ac wedyn ym 1894.

Fe sefydlwyd Undeb Gweithwyr Môn yn Llangefni ym 1909 a'i chofrestru'n swyddogol fel undeb llafur ym 1911, ac fe olrheinir ei chychwyn i'r gwrthryfel amaethyddol a ysbrydolwyd gan Ap Ffarmwr yn ystod y 1890au. Am y tro cyntaf, cododd y dosbarth isaf mewn cymdeithas i hawlio gwell amodau gwaith. Y mae David Pretty yn ein hatgoffa bod beirdd a phregethwyr Môn wedi cael eu dyrchafu i statws 'gwŷr mawr Môn' tra erys enwau'r dynion hynny a roes lais i ddyheadau'r gwas ffarm di-falch yn angof. Ac eto, dyma'r bobol a fu'n gymorth i sicrhau

177

buddugoliaeth anhygoel Syr Owen Thomas yn etholiad seneddol 1918, ac a aeth ymlaen i sefydlu Plaid Lafur Sir Fôn.[21] Yr oedd cydymdeimlad J. O. Fransis gyda'r gweision hyn: 'Pan gododd ffermwyr y dosbarth canol yn erbyn yr arglwyddi tir protest gyfiawn oedd hynny. Ond pan feiddia'r gweision druan ddadlau eu hiawnderau yn erbyn y ffermwyr rhaid galw hynny yn rhyfal dosbarth.'

Ym 1894 fe dorrodd Ap Ffarmwr ei gysylltiad â phapur *Y Werin* a'r gweision ffermydd pan adawodd yr ardal a derbyn swydd fel golygydd y *Merthyr Times*. Parhaodd i hyrwyddo radicaliaeth flaengar ac undebaeth lafur ym Merthyr Tudful. Yn fuan wedyn symudodd i weithio i'r *Nottingham Daily Express*, ac yno yn Nottingham ym 1899, yn 39 oed, bu farw a'i gladdu ym mynwent y capel yn Nwyran, Môn, gyda chofgolofn dalgryf i nodi'r fan lle gorwedd cyfaill y gwas ffarm.[22]

Tirfeddianwyr a Thirddeiliaid

CWESTIWN CYNTA'R *RHODD Mam* yw 'Pwy a wnaeth y byd?' ac fe'i hetyb yn gwbwl ddibetrus mai Duw a wnaeth y byd. Fe hola eto yn yr ail bennod, 'Pwy biau'r byd?' a daw'r ateb yr un mor bendant mai 'Duw biau bob peth'. Mi chwiliais yn ofer yn y llyfryn bach i weld pwy a fu'n dosrannu'r ddaear i berchenogion cymwys, mewn cyfarfod gwobrwyo mawr efallai? Dichon y cafodd y tirfeddianwyr ffodus hyn yr hawl i isosod eu tiroedd i denantiaid eu stiwardio a'u goruchwylio. Gresyn na fyddai modd ateb pob cwestiwn fel y gwna awduron y *Rhodd Mam*. Ond dan yr amgylchiadau rhaid gwneud y gorau o'r wybodaeth a'r manylion a feddwn.

Y ffynhonnell orau a feddwn sy'n taflu peth goleuni ar yr holl gwestiwn o ddosbarthu daear Cymru, gan gynnwys daear Môn, yw'r arolwg gan y Llywodraeth ym 1873 ar berchenogaeth tir Cymru a adwaenir fel y *Return of Owners of Land in 1873* ac a elwir hefyd yn 'Llyfr Dydd y Farn Newydd'. Y mae'r adran ar Gymru yn y ddogfen yn cynnwys wyth dudalen fawr gyda dwy golofn yn dynodi enwau, cyfeiriadau a mesur eu tiroedd, a'r tiroedd hynny ym Môn yn mesur o 1 acer gan John Griffith yng Nghemaes hyd at 16,000 o aceri gan O. Fuller Meyrick, Bodorgan.

Nodwn yn y tabl a ganlyn groestoriad o enwau'r perchenogion:

Perchenogion Tir Môn, 1873

Enw'r Perchennog	Cyfeiriad	Mesur y Tir a. r. p.	Rhent £.s
Marcwis Môn	Beaudesert	8,485.1.34	9,132
Mrs Aubrey	Llannerch-y-medd	2.2.4	4.8
David Bentley	Llanfair-yn-neubwll	6.2.9	4.15
Arglwydd Boston	Llanidan	9,507.3.11	7,520.12
Syr Richard Bulkeley	Biwmares	16,516.2.16	17,997.18
Ymddiriedolwyr Capeli	Llangristiolus	5.3.0	6.12
Ymddiriedolwyr Capeli	Cerrigceinwen	76.2.0	55.2
Ymddiriedolwyr Capeli	Llandwrog	117.0.13	97.12
Ymddiriedolwyr Capeli	Llanrhyddlad	10.3.4	10.11
Wardeiniaid Eglwysi	Cerrigceinwen	8.3.0	9.11
Wardeiniaid Eglwysi	Llanddaniel Fab	2.2.34	2.11
Wardeiniaid Eglwysi	Llangoed	15.0.0	6.13
Coleg yr Iesu	Rhydychen	278.0.5	270.0
Richard Davies	Treborth, Bangor	2,428.3.6	1,808.13
Robert Davies	Bangor	2,305.1.39	1,785.0
Samuel Dew	Llangefni	31.0.4	26.4
R. L. Edwards	Nanhoron, Pwllheli	1,339.3.10	1,017.18
John Elias	Cemaes	83.0.29	90.19
Ei Anrhydedd H. W. Fitzmaurice	Plas Llwyn Onn	433.1.32	379.5
Capten William Evans	Henblas	666.0.12	583.7
John Hughes	Marian Llanddyfnan	80.3.38	139.14
Owen Hughes	Dewis-Dyddyn	30.3.31	26.2
Mrs Walter Griffith	Buarth Cerrig, Porthaethwy	2.0.20	66.0
J. H. L. Hampton	Henllys, Biwmares	534.2.11	760.5
Capten Lewis Hampton	Bodior	805.2.22	654.5
David Hughes	Cemaes	34.3.6	15.12
Archddiacon J. W. Jones	Caergybi	962.1.18	1,241.17
Dr William Jones	Graeanfryn	100.2.7	148.0
Owen Lewis	Bodrida, Llangeinwen	29.2.11	18.0
W. Parry Lewis	Cichle, Biwmares	141.0.30	26.0

O. Fuller Meyrick	Bodorgan	16,918.0.25	13,283.2
Syr Arundel Neave	Dagnam Park	5.3.18	3.804.14
Arglwydd Niwbwrch	Glynllifon	1,745.0.13	1,141.1
Henry Owen	Llangefni	1.0.0	29.0
Hugh Owen	Quirt, Dwyran	365.2.11	375.15
Parch. H. D. Owen	Trefdraeth, Môn	196.0.22	236.6
Capten W. H. Owen	Plas Penrhyn	765.1.1	395.16
Mrs Owen	Trefeilir	13.2.28	17.14
Elizabeth Parry	Wakefield Rd, Lerpwl	1.0.0	4.2
Mrs Lloyd Jones Parry	Tregaian	905.2.34	612.15
Phillip Nathaniel	King's Bench, Temple	32.0.0	32.0
Parch. H. Pritchard	Dinam, Llangaffo	77.3.36	88.15
Henry Pritchard	Tresgawen, Llangefni	2,357.2.11	2,041.12
H. L. Pryce	Llanfairynghornwy	64.17.0	56.10
Mr Prytherch	Bryngo	1.0.15	4.12
Railway Co. Anglesey Central		34.0.0	161.10
Railway Co. London and North Western	Gorsaf Euston, Llundain	130.0.9	7,372.5
Capten G. P. Rayner	Tresgawen	384.0.11	222.9
William Roberts	Lledwigan, Llangefni	536.2.32	657.19
Benjamin Roose	Amlwch	44.1.13	36.3
Ysgol Rydd	Biwmares	1,166.1.0	1,028.6
Ymddiriedolwyr Ysgol	Botwnnog	258.2.0	278.11
Ymddiriedolwyr Ysgol	Llanbadrig	26.0.0	20.18
Arglwydd Stanley o Alderley	Alderley Park	5,960.1.0	4,238.11
Ei Anrhydedd W. O. Stanley	Penrhos	4,697.1.34	5,086.0
Owen Thomas	Cemaes	42.3.6	40.10
Capten E. H. Verney	Rhianfa	5,078.0.25	3,516.0
Arglwydd Vivian	Biwmares	3,721.2.16	3,167.11
Parch. Morris Williams (Nicander)	Llanrhyddlad	15.0.14	22.9
Cadfridog T. P. Williams	Craig y Don	3,224.3.18	3,121.18
William Williams	Plas Gwyn, Pentraeth	1,601.3.8	809.5

a) Perchenogion tiroedd dros acer mewn mesur:

Perchenogion   1,126
Mesur eu tiroedd   161,701 o aceri
Rhent eu tiroedd   £151,330.10

b) Perchenogion tiroedd dan acer mewn mesur:

Perchenogion   3,015
Mesur eu tiroedd   234 o aceri
Rhent eu tiroedd   £19,928.17

Ond buan iawn yr aed i deimlo bod llawer iawn o ddiffygion yn nogfen y Llywodraeth ac aeth John Bateman ati i gywiro'r diffygion hyn ym 1877. Cyfrifir gwaith Bateman yn gryn wellhad ar yr arolwg a wnaed gan y Llywodraeth.[1] Lluniodd gategorïau o berchenogion ac fe rannwyd y tiroedd rhyngddynt. Fe nodwn yn y tabl isod y gwahanol ddosbarthiadau o berchenogion tiroedd Cymru ym 1877 a'r mesurau a feddai bob dosbarth. Y mae'r ffigyrau hyn yn dangos yn amlwg ym Môn stadau mawr iawn o gymharu â siroedd eraill, a'r stadau hynny yn eiddo i ychydig iawn o dirfeddianwyr – roedd stadau o dros 1,000 o aceri yn meddiannu 60 y cant o holl arwynebedd yr ynys, ac yn eiddo i 571 o berchenogion. Y mae John Bateman yn dosbarthu'r perchenogion hyn i wyth categori gan roi mesurau eu tiroedd:

Gwahanol Ddosbarthiadau Tirfeddianwyr Môn, 1877

Dosbarth	Nifer Perchenogion	Aceri
Y pendefigion	3	31,339
Y tirfeddianwyr	8	66,175
Y sgweieriaid	6	10,200
Yr iwmyn mwyaf	31	15,500
Yr iwmyn lleiaf	86	14,620
Tyddynwyr	955	20,421

Bythynwyr	3,015	234
Cyrff cyhoeddus	37	3,447
Tir diffaith	-	5,678
Cyfanswm	4,141	167,614

Yr ydym yn ddyledus i Bateman am ei gymwynas yn categorïo'r tirfeddianwyr. Fe sylwn yn syth fod y rhannu yn hynod o anghyfartal. Y mae'r tirfeddianwyr lleiaf, y tyddynwyr a'r bythynwyr, efo'i gilydd yn ffurfio 95 y cant o'r perchenogion gyda dim ond un rhan o ddeg o'r tir. Yn wahanol i siroedd y De, Caerfyrddin a Cheredigion, lle ceid stadau cymharol fychan, yr oedd yn Sir Fôn stadau llawer mwy. Fe osodid y stadau sylweddol, ac eithrio fferm y plas, i denantiaid. Fe osodid stadau bychan hefyd gan amlaf, stadau dan 1,000 o aceri. Byddai perchenogion y stadau hyn yn credu y byddai'n fwy proffidiol iddynt osod eu tiroedd na'u ffermio eu hunain, er y byddai rhai'n rhentu fferm arall yn y gymdogaeth. Ond yr arferiad mwyaf cyffredin fyddai gosod stad fechan o ryw 200 i 1,000 acer ac ymddwyn a byw fel gwŷr bonheddig. Yr oedd tipyn o statws cymdeithasol yn deillio o berchenogi tiroedd yn y cyfnod yma, yn enwedig o rentu'r tir i denantiaid. Dibynnent gan amlaf ar incwm o swyddi a phroffesiynau eraill, neu fusnes – yr oedd rhai yn dwrneiaid neu'n farchnatwyr amaethyddol. Bu cryn gynnydd yn y ffermwyr ffansi yma ar ôl 1870 pan fu gwerthu tiroedd gan y tirfeddianwyr mwyaf ac y gwerthwyd tiroedd anghysbell ac anhwylus. Yr oedd gan rai o'r entrepreneuriaid hyn wreiddiau dwfn yng nghefn gwlad gyda chryn dipyn o bridd yn eu gwaed, amryw ohonynt wedi eu magu ar dyddynnod bychan ac wedi llwyddo'n dda yn eu gwahanol alwedigaethau. Cafodd amryw o'r dosbarth yma o Fôn yrfa hynod lwyddiannus yn y môr ac eraill yn dringo'n uchel ym myd y banciau. Daw dau enw a gododd o deuluoedd digon cyffredin i'r meddwl yn syth – William Thomas, Y Bont, Llanrhyddlad, a theulu'r Davieses o Borthaethwy. Yr oedd gan Robert a Richard Davies stad o 4,700 o aceri o dir da rhyngddynt. Daeth

183

William Thomas, Y Bont, yn berchen llongau enwog a thrwy ei lwyddiant neilltuol gwireddwyd breuddwyd ei fywyd sef dod yn dirfeddiannwr. Tyfodd ei stad yn 5,000 o aceri. Gwariai ar welliannau buddiol ar adeiladau a thai'r tyddynnod a brynai ac yna eu gosod yn rhesymol i denatiaid lleol. Ond ar wahân i unrhyw uchelgais, yr oedd tir yn fuddsoddiad ac yn symbol o statws cymdeithasol uwch na'r cyffredin. Eto, ni chyfrifai'r tirfeddianwyr mawr fod yr entrepreneuriaid hyn yn perthyn i'r un dosbarth â hwy gan nad oeddynt mor ariannog â hwy. Doedd neb i dorri dim ar gribau'r hen deuluoedd bonheddig hyn, y Bwcleiaid o Baron Hill a'r Meyrickiaid o Fodorgan, a oedd yn berchenogion rhannau mor helaeth o'r ynys er cyn cof.

Yr oedd y tirfeddianwyr mawr yn ddosbarth arbennig iawn a berchid gan fodau is. Yr oedd tair nodwedd sylfaenol yn perthyn iddynt – plasty'r teulu, fferm y plas wrth ymyl y cartref ac yna stad diriog, helaeth wedi'i gosod i denantiaid lawer. Byddai'n hawdd iawn adnabod y fynedfa i rodfa'r plas gyda rhododendrons yn harddu'r cloddiau, blodau nas ceid yn unman arall. Yr oedd rhyw ddieithrwch estron yn perthyn i'r holl le. Serennai rhybudd mewn llythrennau duon ar lidiart gwyn i bob meidrolyn gadw draw. Pwy nad ofnai'r cipar â gwn dan ei gesail, clos pen-glin o frethyn anghyffredin o frych a sanau rhychog tewion at ei ben-gliniau, ac yntau'n medru siarad iaith y mawrion yn rhugl? Gyda'r blynyddoedd fe ddiflannodd y byd rhyfeddol yma a daeth byd newydd i lenwi'r adwy rhwng y ddau ddosbarth. Aeth y plasau heirdd yn furddunnod blêr – 'mieri lle bu mawredd'. Ond fe erys rhai yn weddol raenus i'n hatgoffa o'r oes a fu ac yn atyniad digon pleserus i gymdeithasau o hynafiaethwyr – plasty Bodorgan, Tregaian, Bryndlu yn Llanfechell, y Garreglwyd yn Llanfaethlu a'r Plas Gwyn ym Mhentraeth.

Yr oedd y landlordiaid hyn fel dosbarth o rentwyr yn byw yn eithaf cyfforddus ar renti eu tiroedd. Bu amryw ohonynt yn gaffaeliaid ac yn symbylwyr eiddgar i ddiwygio amaethyddiaeth ym Môn fel mewn siroedd eraill drwy'r wlad. Byddent yn awyddus i'w tenantiaid fentro ac arbrofi ar y tir a gyda'r stoc. Mae'n debyg mai Syr Richard Bulkeley oedd y blaenaf yn hyn o beth, yn llawn brwdfrydedd i wella gwartheg Sir Fôn. Argraffodd bamffledi gan eu cyfieithu i'r Gymraeg ar gyfer ei denantiaid gan fod y rhelyw ohonynt yn uniaith Gymraeg. Fe ysgrifennodd lythyr maith i'w holl denantiaid a'i gyhoeddi ym 1835 dan y teitl 'I Denantiaid Tiroedd y Baron Hill'. Y mae'n cymeradwyo gwartheg byrgorn i'w denantiaid: cyfeiria at eu cymhwyster arbennig yn pwyso'n well yn ddyflwydd oed nag eidion Sir Fôn yn dair oed! Mae'r llythyr yn manylu hefyd ynglŷn â'r fantais o ddraenio'r tir ar gyfer codi ŷd yn fwyaf arbennig. Y mae'n cloi'r llythyr gyda'r geiriau gobeithiol 'yr wyf yn hyderus y gellir gwneud Môn Mam Cymru yn rhandir ffrwythlonaf holl arglwyddiaethau y Brenin'.[2] Gan mai'r Parch. James Williams, Llanfairynghornwy, a arwyddodd y llythyr, heb os ei syniadau ef a anfonwyd i'r tenantiaid. Yr oedd James Williams yn ddyn hynod o ddawnus a deallus mewn sawl byd; heb os, hwsmonaeth oedd ei arbenigedd ac fe fanteisiodd y tirfeddianwyr a'r tenantiaid ar ei wybodaeth arbenigol.

Fe gefnogai'r landlordiaid y Cymdeithasau Amaethyddol hefyd, fel y cyfeiriwyd eisoes. Enillent yn gyson gyda'u hanifeiliaid ym Mhrimin Môn, a hynny'n destun cwyno i'r tenantiaid gan y byddent yn ennill gormod, er mai gwella'r stoc fyddai holl fwriad y landlordiaid. Bu i Gymdeithas Amaethyddol Meirionnydd rannu'r gystadleuaeth, un i stoc y landlord a'r llall i stoc y tenant, gyda'r tenant yn ennill gwobr ariannol a'r landlord yn cael gwobr anrhydedd. Bu'r landlordiaid yr un mor gefnogol i ymrysonfeydd lleol, fel aredig a thoi teisi gwair ac ŷd a rasys cŵn defaid. Bu'r ymrysonfeydd hyn yn gyfrwng i ennyn diddordeb a balchder y llafurwyr tir yn eu gwaith ac yn help i dynnu'r landlord, y tenant a'r gwas yn nes at ei gilydd.

Ond ar y cyfan yr oedd y landlordiaid mwyaf yn byw a bod yn reit annibynnol ar eu stadau a'u tenantiaid. Cyflogent stiwardiaid neu asiantau i oruchwylio eu stadau tiriog gan y rhoddai hynny amser a chyfle iddynt hwy eu hunain ymhél â gwleidyddiaeth ac achosion cymdeithasol ac i ddilyn bywyd cyfforddus fel byddigions. O ganlyniad fyddai'r perchenogion hyn ddim yn trin a thrafod rhyw lawer ar fusnes y stad. Mae'n debyg fod asiant profiadol da yn llawer gwell nag ambell landlord. Er hyn, fyddai'r un landlord yn gadael ei stad yn gyfan gwbwl i'r asiant, er mor dda y gallai hwnnw fod; fe gadwai mewn cysylltiad â'i denantiaid trwy lythyrau ynglŷn â thrin yr adeiladau, ôl-ddyledion rhent a chymhwyster y tenantiaid i ffermio'u daliadau. Mae'n weddol amlwg oddi wrth y llythyrau hyn fod yr awdurdod ar ddiwedd y dydd yn llaw'r landlord. Eto, yr oedd gan yr asiant gryn ddylanwad wrth gynghori a chyfarwyddo'r ddwy ochor mewn anghydfod ac ef a redai'r stad o ddydd i ddydd. Yr oedd yr asiant yn ased hynod o werthfawr i'r landlord ar adeg etholiad hefyd. Wedi'r cwbwl, yr oedd yr asiant beth yn nes at y tenant na'r landlord er mwyn sicrhau y byddent yn pleidleisio i'r meistr neu o leiaf yn ôl ei ddymuniad.

Yn ôl y Comisiynwyr Tir, clarcod banc, ocsiwnïars, swyddogion rhyfel wedi ymddeol a thwrneiaid fyddai'r stiwardiaid hyn gan amlaf, heb fawr o brofiad o ffermio nac o fywyd cefn gwlad. O ganlyniad, cwynai'r tenantiaid yn barhaus yn eu cylch. Wedi'r cwbwl, tueddai rhai o'r landlordiaid i ystyried eu stadau yn ddim ond ffynhonnell incwm heb dalu dim sylw i broblemau eu tenantiaid. Cyflogai rhai ohonynt Albanwyr neu Saeson yn asiantau am y byddai'r rheini yn barod i ymddwyn yn ddideimlad a hyd yn oed yn ddidostur tuag at y tenantiaid. Codent renti afresymol o uchel, a throi y tenant na thalodd ei rent o'i fferm yn gwbwl ddidostur – a gwae'r tenant a bleidleisiai yn groes i ddymuniad ei landlord. Dyma'n wir oedd craidd 'Pwnc y Tir' ar ddiwedd y bedwaredd ganrif ar bymtheg yng Nghymru. Doedd y stiwardiaid yn ddim ond olynwyr, mae'n debyg, i hen feiliff y Canol Oesoedd.[3] Yr oedd llawer o'r stiwardiaid hyn yn gwbwl anaddas i'r gwaith gan fod cefndir ac iaith y tenantiaid mor ddieithr iddynt; doedd yna ddim byd yn gyffredin rhyngddynt, ac yr oeddynt yn llawer nes at fyd ac at gefndir y landlord. Yr oedd cyflogi neu ddewis asiant tir yn hynod o bwysig gan y dibynnai'r berthynas rhwng tenant a landlord ar gymeriad, ymddygiad a hyfforddiant yr asiant. Yn wir, dibynnai gwelliannau amaethyddol ar ei fedrusrwydd a'i ddawn ef.

Fe berthynai tair nodwedd i swydd yr asiant tir:

i) Yr asiant fyddai'n cynrychioli'r stad mewn perthynas â'r byd y tu allan. Byddai'n ymorol nad oedd tresmaswyr ar y tir na neb arall yn symud terfynau neu'n ymyrryd â'r ffensys. Cadwai lygad ar yr awdurdodau lleol ynglŷn â materion yn ymwneud ag iechyd a glendid. Yr asiant fyddai'n trafod gyda chwmnïau'r rheilffyrdd a'r ffyrdd pan godai achos.

ii) Yr asiant a gynrychiolai'r landlord ym mhob ymwneud â'r tenant, y bythynwyr a gweision y fferm ynghyd â setlo rhenti. Byddai galw arno hefyd i dorri dadl rhwng cymdogion a'i gilydd, y ciperiaid, y coedwigoedd, y plasty ac adeiladau fferm y plas.

iii) Cynghorai'r asiant y landlord gyda golwg ar ddatblygu'r stad ac ef a gadwai gyfrifon y stad.

Nid yn unig fe gwynai'r tenantiaid am ddiffygion yr asiantau, fe gwynai rhai ohonynt hefyd oherwydd bod y landlordiaid yn anwybyddu eu stadau gan fyw oddi cartref a gadael y cyfan i'r asiantau dibrofiad a didostur yn aml. Crëwyd storïau digon anghyfrifol am fywyd y landlordiaid hyn yn byw yn esgeulus mewn 'gwlad bell'. Bu'r wasg Ryddfrydol yn ddiarbed ei beirniadaeth, yn arbennig y *Faner* dan olygyddiaeth Thomas Gee. Dyma lythyr o'r cylchgrawn hwnnw:

Y mae mwyafrif y landlordiaid yn byw yn Lloegr, tra y mae'r Cymry druan trwy chwys eu wyneb yn crafu pob dimai yn y gymdogaeth iddynt hwy (y landlordiaid) gael y pleser o'i gwario yn Lloegr neu ar y Cyfandir. Cofiwch mai ffaith yw hyn ac nid breuddwydion di-sail; mae'n gwlad mewn stâd ddifrifol ac fe ddylem gydnabod yn ddiolchgar wasanaeth y wasg Ryddfrydol a'r *Faner* yn enwedig am ddwyn ein hachos ger bron y byd.[4]

Fe wnaed cryn dipyn o gynnwrf a chwŷn ynghylch y ffaith bod y landlordiaid yn absennol o'u stadau ac, yn naturiol, roedd hynny'n amharu ar reolaeth a chyflwr y stadau. Yn ôl y Comisiynwyr Tir, yr oedd cryn amwysedd ynghylch yr holl fater. Yn ôl tystiolaeth a gasglodd y Comisiynwyr, mi fyddai amryw o'r landlordiaid oddi cartref am dri mis o'r flwyddyn ond byddent gartref am y naw mis arall. Mae'n eithaf gwir y byddai rhai landlordiaid o Iwerddon yn gadael eu stadau gydol y flwyddyn yng ngofal asiantau a thwrneiaid digon dibrofiad. Gadawsant eu plastai i adfeilio a difetha o ddiffyg gofal a ripâr. Ond allai'r sgweier Cymreig ddim fforddio byw'n fras a gwastraffus yn Llundain. Doedd hi ddim yn hawdd i'r landlordiaid yma anwybyddu eu stadau trwy fyw yn rhy bell oddi wrthynt; yr oeddynt wedi buddsoddi cyfalaf sefydlog yn y stadau hyn mewn adeiladau, ffensys, ffyrdd a draeniau. Go brin, yn ôl y Comisiynwyr Tir, fod gan y tenantiaid hyn ryw lawer o sail i'w cwyno am y landlordiaid absennol, o leiaf i'r fath raddau ag y gwnaent. Ond rhaid sylwi mai landlord delfrydol i'r tenant o Gymro fyddai'r landlord hwnnw oedd yn gweithio fferm y plas ei hun a chanddo beth profiad o ffermio a diddordeb personol. Dyma fyddai syniad y tenant cyffredin am landlord, felly nid rhyfedd i'r cylchgronau eu cystwyo mor ddidostur – cylchgronau megis y *Faner*, cylchgrawn wythnosol a brodorol a ddarllenid gan oddeutu 15,000 yr wythnos. Rhoes ei berchennog, y Parch. Thomas Gee, dystiolaeth i'r Comisiynwyr Tir yn Ninbych gan ddefnyddio rhagfarnau crefyddol fel erfyn yn erbyn y landlordiaid. Cyflwynwyd amryw o lythyrau yn eu ffurf wreiddiol i'r Comisiynwyr.

Yr oedd papurau newydd eraill, yn ogystal â'r *Faner* – yr *Herald*, y *Genedl* a'r *Gwyliedydd* – yn condemnio'r landlordiaid. Yn anffodus, does gennym ddim modd dweud beth oedd nifer y landlordiaid coll – does gennym ddim ystadegau i'n helpu i gael cyfrif cywir – ond does dim sail dros gredu bod yna gyfrif uchel o landlordiaid o Gymru'n byw yn Lloegr am ran helaetha'r flwyddyn.

Ond beth bynnag am fân gŵynion y tenantiaid, fe sylwodd y Comisiynwyr Tir mai ynghylch y ddaliadaeth amaethyddol y bu iddynt dderbyn fwyaf o dystiolaeth. A barnu oddi wrth swm a chymeriad y dystiolaeth honno, cymeriad anfoddhaol y system yma oedd prif achos cwyn y tenantiaid. Gan fod cymaint â 60 y cant o dir Môn yn eiddo i ddim ond ychydig o dirfeddianwyr mawr, yr oedd y cytundeb rhwng y landlord a'r tenant o dragwyddol bwys. Y mae pawb nad yw'n rhydd-ddeiliad yn ddeiliad y tŷ neu'r ystafell lle mae'n byw, yr ardd y mae'n ei thrin, y siop lle mae'n masnachu neu'r fferm y mae'n ei hamaethu ac yn perthyn i system denantiaeth. Mewn arolwg o'r dystiolaeth a gasglwyd gyda golwg ar benodi Comisiwn Brenhinol gan *The North Wales Property Defence Association*, deil yr awdur fod pedair ffordd bosibl i ddelio efo'r tir:

i) Y system o gytundeb rhydd rhwng perchennog a thenant.
ii) Hawl y tirfeddiannwr i wneud i ffwrdd yn llwyr â thenantiaeth cyn belled â bod tir amaethyddol yn y cwestiwn, a chyfnewid beilïaid yn lle tenantiaid.
iii) System sydd o fewn gallu'r wladwriaeth, er nad yw o fewn ei hawl deg i wneud i ffwrdd yn llwyr â'r landlordiaid ac yna deuai'r wladwriaeth yn dirfeddiannwr cyffredinol.
iv) Perthynas gytundebol rhwng tirfeddiannwr a thenant wedi ei haddasu, ym mha un y byddai'r wladwriaeth yn penodi telerau'r cytundeb rhwng y ddau, y tirfeddiannwr a'r tenant.[5]

Mae'n amlwg mai'r bedwaredd system a fyddai'n dderbyniol gan ffermwyr Cymru. Yn ffodus, y mae gennym gytundebau 10 o stadau mwyaf Sir Fôn ar ddiwedd y bedwaredd ganrif ar bymtheg,[6] ac fe nodwn ddetholiadau o'r cytundebau hynny:

1) Syr George Meyrick, Bodorgan

Fe ddarparwyd ffurf y cytundeb hwn, yn ôl yr asiant, pan basiwyd Deddf y Daliadau Amaethyddol (1875), ac ar ôl ymgynghori gyda'r tenantiaid fe ychwanegwyd sawl cymal o'r Ddeddf ac fe wrthodwyd cymalau lawer. Dyma brif gymalau'r cytundeb:

1. Fe gytuna'r landlord i osod i'r tenant ac fe gytuna'r tenant i gymryd y fferm a'r tir a enwir. Eithrir ac fe gedwir i'r landlord yr helwriaeth i gyd, ysgyfarnogod, cwningod, adar gwyllt, cyffylogiaid a sneipod a'r hawl i hela, yr holl goed, mwynau a

189

mwyngloddio, cerrig gyda rhyddid i dorri a chloddio a chwarela a chludo'r cerrig ymaith; hawl gan y landlord, ei asiant neu eraill i arolygu'r fferm.

2. Y denantiaeth i gychwyn ar 13 Tachwedd ac i derfynu pan fydd unrhyw un o'r partïon yn rhoi i'r llall chwe mis o rybudd mewn ysgrifen i adael.

3. Y rhent i'w dalu'n chwarterol ar 25 Mawrth, 24 Mehefin a 29 Medi, y taliad cyntaf i'w ddisgwyl ar 25 Rhagfyr.

4. Y rhent amodol ychwanegol: deg punt am bob acer o dir a ddefnyddiwyd yn groes i'r telerau. Deg punt am bob tunnell o wair, gwellt, tail, eithin, maip, mangs neu unrhyw borthiant arall y gellid ei werthu neu ei roi i ffwrdd oddi ar y fferm a'i thir. Byddai raid talu'r rhent yma yn ddiymdroi.

5. Talu'r rhent, y tollau, trethi, prif rent y Goron a thaliadau eraill, a'r degwm sy'n rhan o'r rhent ac i'w dalu i'r landlord cyn y rhent arall ar 2 Gorffennaf.

6. Cadw'r tŷ a'r adeiladau, y giatiau, ffensys gan eu ripario yn gyson, paentio efo paent olew da y gwaith coed a gwaith haearn y tŷ ac adeiladau'r fferm bob tair blynedd a thu fewn i'r tŷ bob saith mlynedd.

7. Rhaid yswirio'r tŷ a holl adeiladau'r fferm os ydynt ar y safle, yn enw'r landlord a'r tenant, ac yswirio'r stoc byw a marw a hynny yn enw'r tenant. Bydd raid i'r landlord gymeradwyo'r cwmni yswiriant. Rhaid yswirio i swm dair gwaith y rhent.

8. Ni chaniateir isosod na rhannu rhan o'r fferm neu'r tŷ. Rhaid byw yn y tŷ gydol y denantiaeth.

9. Rhaid cadw un ci i'r landlord pan ddymuna. Ymorol am helfa'r landlord ac ymlid tresmaswyr.

10. Trefnu'r fferm yn addas a phriodol. Ni chaniateir trin mwy na dwy ran o dir y fferm ar unwaith a dylid cadw at dyfu cnydau mewn cylchdro.

11. Hau digon o had gwair da gyda chwe phwys o had meillion coch a dau bwys o feillion y meirch yr acer wrth hadu'r tiroedd. Gwaherddir torri unrhyw hadyd, eithin neu ddrain yn ystod blwyddyn olaf y denantiaeth a dim aredig neu losgi unrhyw ran o'r fferm.

12. Cadw cyfrif digonol o stoc o wartheg yn wastad ar y tir.

13. Rhaid porthi cynnyrch y fferm ar y fferm. Ni chaniateir gwerthu na rhoi cnydau'r fferm, fel gwair a gwellt, tail, eithin, maip, mangls nac unrhyw borthiant arall.

14. Rhaid torri'r holl ysgall, tafol, dail poethion a phob rhyw chwyn arall yn ystod mis Gorffennaf bob blwyddyn ar y fferm.
15. Wrth derfynu'r denantiaeth rhaid gadael y cyfan o'r gwair, y gwellt, cnwd glas a'r tail – cynnyrch blwyddyn olaf y denantiaeth – i'r landlord neu i'r tenant newydd am brisiad gan brisiwr annibynnol.
16. Caniatáu i'r tenant newydd ddefnyddio'n ddi-dâl o'r wedd a pheiriannau'r hen denant i hadu'r tir â'i had gwair a'i had meillion ei hun yn y gwanwyn, ac fel y gall ddechrau aredig y tir sofl ar ôl 29 Medi ym mlwyddyn olaf y denantiaeth, iddo baratoi'r tir.
17. Os bydd y tenant yn gwneud gwelliannau ar ei ddaliad a fydd yn cynnwys unrhyw un o'r dosbarthiadau canlynol:
    Dosbarth Cyntaf: Draenio'r tir, codi, ymestyn, gwella neu adnewyddu'r tai neu'r adeiladau.
    Ail Ddosbarth: Esgyrnu'r tir efo esgyrn toddedig. Calchio'r tir.
    Trydydd Dosbarth: Gwasgaru gwrtaith artiffisial neu dail arall. Hadu'r tir i borfa barhaol.
    yna bydd gan y tenant hwnnw hawl i iawndal mewn perthynas â'r gwelliannau.
18. Ni chaiff y tenant iawndal onid yw wedi cael caniatâd y landlord wedi'i fynegi mewn cytundeb arbennig ac wedi'i arwyddo gan y landlord neu ei asiant.
19. Ni chaniateir cydio injan, peiriant neu gelfyn yn rhan o'r lle heb ganiatâd ysgrifenedig y landlord. Fe ddaw pob teclyn a gysylltir yn y lle yn eiddo i'r landlord maes o law.

2) Yr Arglwydd Stanley o Alderley, Penrhos, Caergybi

Daw'r detholiadau hyn o hen gytundeb yr Arglwydd Stanley. Y mae'n cynnwys cosbau ar y cychwyn:

1. Pum punt am bob acer o dir lle codir mwy na dau gnwd o rawn yn olynol.
2. Pum punt am bob acer o hen dir gweirglodd a dorrir.
3. Pum punt am bob acer o dir a aradr-wthiwyd a'i losgi neu a fraenarwyd.
4. O leiaf chwarter o'r tir âr dan gnwd glas bob blwyddyn.
5. Dim mwy nag un rhan o dair o'r tir glas yn weirglodd bob blwyddyn.

6. Ni chaniateir cadw milgi nac unrhyw gi hela.

7. Rhaid cadw'r tŷ a'r holl fythynnod ac adeiladau'r fferm mewn cyflwr boddhaol.

8. Rhaid porthi'r gwair, y gwellt a'r maip ar y fferm, ond pe prynai'r tenant yn gyntaf bum tunnell o dail pydredig da, yna fe gaiff werthu tunnell o wair, gwellt neu faip, os rhydd ddeuddydd o rybudd i'r landlord o'i fwriad.

9. Bydd y tenant newydd i gymryd yr had gwair a heuwyd y flwyddyn honno am y pris uchaf os na fu pori'r tir ar ôl 1 Hydref.

10. Mewn achos lle mae'r tenant wedi gadael y tir mewn cyflwr gwael wedi gordynnu ohono bydd raid asesu a phrisio cost cael y tir i drefn.

11. Bydd yr holl dail a brynwyd i fewn i'r fferm yn lle gwair, gwellt a maip a'r holl dail a gynhyrchwyd ar y fferm at ddefnydd y landlord neu'r tenant newydd heb unrhyw iawndal amdano.

12. Ni chaiff y tenant ddadwreiddio neu dorri dim eithin, coed, drain neu lwyni, neu goed ffrwythau; yn hytrach, eu gadael i'r landlord.

13. Disgwylir i'r tenant adael yr holl adeiladau mewn cyflwr da a phriodol, yn cynnwys yr holl ddrysau, cloeon, cliciedau a'r pethau hynny sy'n sefydlog yn eu lle, a'r holl ffensys, waliau, camfeydd a'r holl giatiau i'w gadael yn eu lle.

14. Rhaid i'r tenant agor a glanhau y ffosydd, y draeniau a'r dyfrffosydd.

Y mae'r ddau barti i benodi canolwr a bydd ei benderfyniad ef yn derfynol.

3) Syr R. H. W. Bulkeley, Baron Hill

Ar stad Baron Hill roedd y denantiaeth i ddechrau ar 13 Tachwedd, ac yn seiliedig ar Ddeddf Daliadau Amaethyddol 1883. Byddai taliad cyntaf y rhent yn daladwy ar 25 Rhagfyr.

Yn ôl yr arfer byddai'r holl helwriaeth yn eiddo i'r landlord yn unol â Deddf Helwriaeth 1880.

1. Y rhent i'w dalu'n chwarterol a phob gofyn arall.

2. Ym mlwyddyn olaf y denantiaeth ni chaniateir aredig tyndir mwy nag un rhan o chwech o dir y fferm.

3. Dim mwy nag un rhan o dair o'r tir i fod yn dir âr o fewn un flwyddyn.
4. Dim i dynnu dau gnwd o wair o'r fferm heb ei wrteithio'n dda.
5. Dim codi dau gnwd o ŷd yn olynol o unrhyw ddarn o'r tir heb godi cnwd glas rhyngddynt, a hwnnw wedi'i wrteithio'n dda a'i lanhau.
6. Yna gyda'r cnwd a ddilyno'r cnwd glas, rhoed 10 cibynnaid o had regras a 10 pwys o feillion i bob acer.
7. Cadw'r tir yn lân o ysgall a chwyn a thorri'r holl wrychoedd o leiaf unwaith y flwyddyn.
8. Bob tair blynedd rhaid paentio holl waith coed yr adeiladau o'r tu allan, y ffenestri, y drysau a'r giatiau. Unwaith bob saith mlynedd rhaid paentio'r gwaith coed tu fewn i'r tŷ fferm.
9. Rhaid yswirio'r tŷ a'r adeiladau fferm i'w llawn werth gyda'r *Alliance Assurance Company London*. Mewn achos o niweidio gan y tân bydd gwario arian yswiriant ar ailadeiladu yn ôl cyfarwyddyd y landlord.
10. Ni chaniateir gwerthu neu roi dim gwair, gwellt, cnwd glas neu dail oddi ar y fferm heb roi tail artiffisial neu borthiant yn ei le o un rhan o dair o'i werth.
11. Dim hawl i werthu trwy ocsiwn gyhoeddus ddim o'r stoc oddi ar y fferm heb ganiatâd y landlord.
12. Ni chaniateir ailosod dim o'r tir heb ganiatâd y perchennog.
13. Yn yr un modd, rhaid cael caniatâd y landlord i godi adeilad newydd, ffensys neu waliau, neu wneud newidiadau o unrhyw fath ar y fferm heb ganiatâd y perchennog.
14. Cadw un ci at ddefnydd y landlord os dymuna.
15. Cadw'r adeiladau, waliau, pontydd, ffyrdd, giatiau, camfeydd, ffensys, cloddiau, draeniau a rhedfeydd dŵr mewn cyflwr priodol a da.
16. Bydd y landlord neu'r tenant newydd yn cymryd yr holl wair, gwellt, cnwd glas a'r tail am bris y priswyr annibynnol.
17. Yn yr un modd bydd y landlord neu'r tenant newydd yn talu'r pris uchaf am yr had gwair a'r had meillion a heuwyd gan y tenant ar unrhyw ran o'r tir y gwanwyn blaenorol.

Yna fe geir ar y diwedd gymal dyfarnu (*arbitration clause*):

Y mae pob cwestiwn i'w ofyn yn y dull a ddarparwyd gan y Ddeddf Daliadau Amaethyddol (1883).

4) Y Foneddiges Reade, Y Garreglwyd

Ar stad y Garreglwyd yr oedd y denantiaeth i'w therfynu gyda chwe mis o rybudd a'r rhent i'w dalu yn hanner blynyddol; yr holl helwriaeth gan gynnwys ysgyfarnogod a'r cwningod i'w cadw i'r landlord yn unol â Deddf Helwriaeth 1880; a'r tenant i warchod yr holl helwriaeth ynghyd â'r adar gwyllt a'r pysgod. Y mae'r cytundeb yn rhifau 4, 5, 6, 9, 13 ac 16 yr un fath â chytundeb Baron Hill.

Dyma'r cymalau eraill o bwys yn y cytundeb:

Ni chaniateir gwerthu neu symud o'r lle heb ganiatâd ysgrifenedig ddim o'r gwair, gwellt, eithin, meillion, mangels, maip nac unrhyw borthiant arall a dyfwyd ar y fferm. Ni chaniateir symud dim eithin, rhedyn neu ddrain o'r fferm na'u torri ychwaith yn ystod chwe mis olaf y denantiaeth. Ni ddylid dan unrhyw gyfrif dorri mawn na thywyrch fel tanwydd nac at unrhyw bwrpas arall. Dylid torri'r ysgall a'r chwyn, a phob dwy flynedd dylid glanhau yr oll o'r ffosydd agored a chegau'r draeniau tan yr wyneb, carthffosydd a'r dyfrffosydd ac os na wna, gall y landlord wneud a rhoi'r gost ar y tenant. Rhaid caniatáu i'r tenant newydd ddod i fewn a hau had meillion neu had arall yn gymysg â'r cnwd o ŷd fel y gwêl ef orau a'r hen denant i lyfnu a rowlio'r tir ar ei gost ei hun.

Telir i'r tenant wrth iddo ymadael werth y cnwd glas, ac eithrio tatws. Y gwerth yn dilyn y dull arferol o brisio cynnyrch. Yn yr un modd bydd prisio meillion, gwair a gwellt mewn teisi, neu unrhyw gynnyrch arall, hefyd y tail a gynhyrchwyd ar y fferm yn ystod chwe mis olaf y denantiaeth, eto am y pris arferol. Ond pe bai'r tenant newydd yn gwrthod cytuno â'r prisiau yna bydd y tenant at ei ryddid i werthu'r cynhyrchion i eraill a chaiff ei dalu am yr had meillion a'r gwair a heuwyd ganddo flwyddyn y gadael, â chaniatáu na phorwyd na thorri'r tyfiant.

Chaiff y tenant ddim hawlio dim dan unrhyw arferiad gwlad dim ond dan gytundeb Daliadau Amaethyddol (Lloegr) 1883.

5) Marcwis Môn

Y mae cytundeb Cymraeg y Marcwis yn debyg iawn i gytundeb stad Baron Hill ond yn hepgor cymalau 2, 3, 8, 10, 12 a 15 gydag ambell amrywiad neu ychwanegu rhai cymalau eraill fel a ganlyn:

1. Eithrio adran 33 Deddf Daliadau Amaethyddol 1883.
2. Yn unol â Deddf Helwriaeth 1880 y mae'r holl helwriaeth a'r cwningod i'w cadw'n unig i'r landlord a bydd pob hawl iddo ef gerdded y tir i saethu pryd fynno.
3. Grym gan y landlord hefyd i ailfeddiannu fferm ar fis o rybudd fel y bo angen i adeiladu, plannu neu unrhyw bwrpas arbennig arall gyda thalu iawndal teg i'r tenant. Bydd unrhyw anghytuno ynglŷn â'r pris i'w setlo yn ôl y Ddeddf Gymodi (1889).
4. Y rhent i'w dalu'n hanner blynyddol.
5. Pan werthir neu brisio tail artiffisial a ddygwyd i'r fferm yn lle cynhyrchion a werthwyd ni ddylai'r pris fod yn llai na dwy ran o dair o'r hyn a werthwyd.
6. Ni ddylai mwy na dwy ran o bump o'r fferm gael ei thrin o fewn blwyddyn.
7. Ni chaniateir codi adeiladau na ffensys newydd heb gytundeb ysgrifenedig y landlord neu'r asiant.
8. Os torra'r tenant unrhyw un o amodau'r cytundeb bydd yn gyfrifol am gosb o ddwbwl y golled a wnaeth, wedi'i hasesu gan brisiwr a benodwyd gan y landlord ac a fydd i'w hadfer fel iawndal penodedig.

6) T. L. Hampton Lewis, Henllys, Biwmares

Bydd yr holl helwriaeth yn unol â Deddf Helwriaeth 1880 ynghyd â'r helwriaeth adenog a'r adar gwyllt yn eiddo i'r landlord gyda'r hawl unigryw iddo saethu ar y tir. Mae amodau'r cytundeb yn debyg i bob pwrpas i'r rhai a welir yng nghymalau 4, 5, 6, 7, 12, 13, 14, 15 ac 16 cytundeb Baron Hill.

Dyma'r ychwanegiadau:

1. Holl gynnyrch y fferm i'w fwydo ar y fferm a'r cytan a fydd yn weddill ar derfyn y denantiaeth yn wair, gwellt a chnwd glas a'r holl ddail ar ôl 30 Mehefin i'w gymryd gan y landlord neu'r tenant newydd am brisiad y prisiwr.
2. Ni chaniateir torri dim o'r eithin ar y tir na gwerthu dim ohono yn ystod chwe mis olaf y denantiaeth.
3. Y tenant i gadw un ci at ei ddefnydd ei hun.
4. Bydd gan y landlord hawl i adfeddiannu'r fferm a heb unrhyw broses gyfreithiol bydd ganddo hawl i droi'r tenant o'i fferm os bydd y tenant yn gwrthod cydymffurfio â thelerau'r cytundeb.

195

7) Y Cadfridog Owen Williams, Craig y Don, Môn

1. Cadw'r fferm mewn cyflwr addas o ran cynnal a chadw, y fferm a'r adeiladau, gyda'r landlord yn ymorol am goed, llechi a chalch ar gyfer y gwelliannau, a'r cludo ar gost y tenant.
2. Rhaid porthi'r cynnyrch ar y fferm.
3. Ni chaniateir torri'r gwrychoedd dan saith mlynedd o dyfiant a rhaid ffensio a glanhau y ffosydd, y draeniau a'r dyfrffosydd. Ni ddylid tocio'r coed yn uwch nag yr arferid eu tocio a rhaid amddiffyn yr holl goed a'r coed ifanc.
4. Telir ugain punt yr acer am dorri tir gweirglodd neu dir pori.
5. Hawl gan y landlord i benderfynu terfynu'r denantiaeth heb roi rhybudd ymlaen llaw mewn achos o ddiffyg taliad rhent neu syrthio'n fyr o gadw amodau'r cytundeb.
6. Fe gymer y tenant newydd y gwair, y gwellt a'r cnwd glas am bris a osodir gan ganolwr wedi'i bennu gan y landlord neu'r tenant.

8) Y Foneddiges Vivian, Stad Plas Gwyn, Pentraeth

1. Pan fydd y tir glas wedi'i droi, ni ddylid cadw mwy na dau gnwd o ŷd yn olynol, ac yna codi'r cnwd glas ohono gyda'r tir wedi'i gadw'n lân, ac yna'r pedwerydd cnwd yn ŷd wedi ei wrteithio'n dda a hau'r had gwair a'r meillion gorau. Yna, codi gwair y bumed flwyddyn a'i bori ar y chweched.
2. Ni cheir gwerthu dim gwair neu wellt, yn hytrach, ei borthi ar y fferm. Bydd raid gwrteithio'r tir yn gyson ac mewn cylchdro. Bydd raid gadael y tail ar derfyn y denantiaeth i'r tenant newydd am bris y prisiwr. Ni ddylid aredig hen dir neu dir gweirglodd; os gwneir bydd deg punt yr acer o gosb.
3. Ni ddylid gwerthu cnwd ar ei dyfiant heb ganiatâd y landlord.
4. Ni ddylid pori neu ffagio'r tir a hadwyd â phorfa, gwair neu feillion ym mlwyddyn olaf y denantiaeth; wrth ymadael fe gaiff y tenant werth yr had a heuodd.
5. Ni ddylid tocio'r coed neu goed ifanc ar y tir na'u gosod dan eu gwerth heb ganiatâd ysgrifenedig. Ni ddylid difrodi'r tiroedd na'r adeiladau.
6. Ceidw'r landlord yr hawl i blannu a hau unrhyw ran o'r tir gan ddigolledu'r tenant. Bydd hawl ganddo hefyd ar yr holl goedydd, mwynau a'r chwareli llechi a cherrig. Bydd yr helwriaeth a'r pysgod ar y fferm yn eiddo cyfan i'r landlord.
7. Dylid cadw'r tŷ, yr adeiladau, giatiau, waliau, ffensys, ffosydd a'r tirlyfrau.

8. Rhaid yswirio y tŷ fferm a'r adeiladau rhag tân am y swm a bennir.

9. Os elo'r tenant yn fethdalwr fe derfynir y denantiaeth yn llwyr gyda rhyddid gan y landlord i gymryd y daliad drosodd. Er hyn, bydd yn orfodol i'r tenant dalu'r holl rent a threthi sy'n daladwy i derfyn yr hanner blwyddyn honno a bydd y landlord at ei ryddid i gymryd y cnydau ar y tir am bris a roddir gan ddau brisiwr annibynnol.

Yr oedd y dull hwn o gytundeb mewn grym ar stad y Foneddiges Vivian yn Sir y Fflint hefyd, gyda'r ychwanegiadau canlynol: y tenant wrth ymadael i roi'r tir i fyny ar 30 Tachwedd a rhywfaint o dir pori ac ychydig o adeiladau a gâi eu cadw tan 1 Mai y flwyddyn wedyn. Ni châi'r tenant hau ar unrhyw ran o'r tir geirch gaeaf neu unrhyw gnwd arall ac eithrio gwenith.

9) Y Foneddiges Neave o Lys Dulas

Y mae cytundeb y stad hon, ac eithrio rhai gwahaniaethau, yn gywir yr un fath â chytundeb stad Baron Hill. Dyma'r gwahaniaethau:

1. Dim darpariaeth ar gyfer gwerthu cynnyrch y fferm ar delerau o wneud i fyny'r golled.

2. Does dim cyfamod y dylai prydleswr gyfrannu tuag at atgyweirio. Y mae'r cymalau i iawndaliadau yn dilyn yn nes i'r darpariaethau a geir yn stad y Penrhyn na chytundeb y Faenol.

10) Syr Llewelyn Turner a Charles Hunter

Y denantiaeth i'w therfynu ar rybudd o 12 mis a'r rhent i'w dalu'n hanner blynyddol.

Y mae'r cytundeb hwn yn debyg iawn yn rhifau 3, 12, 13 a 16 i gytundeb Baron Hill a'r un fath â chytundeb stad y Penrhyn yn rhifau 9, 10 a 12. Dyma'r unig gymalau o bwys yn y cytundeb:

1. Ni ddylid gwerthu neu symud gwair, gwellt na chnwd glas na thail ar ôl 30 Mehefin heb ganiatâd ysgrifenedig y landlord.

2. Ar derfyn y denantiaeth, caiff y tenant newydd neu'r landlord y dewis o brynu'r holl wair, y gwellt, eithin, porthiant, cnwd glas a'r tail ar y fferm am bris a bennir gan ganolwr.
3. Caiff y tenant ei dalu'n llawn am yr had gwair a'r meillion a heuwyd y gwanwyn cynt a chaiff ei dalu am ei lafur yn trin y tir ac yn hau'r had.

Cafwyd goleuni pellach ar y cytundebau a'r amrywiol amodau ynddynt pan holwyd Owen Williams, tenant Tyn-y-Buarth ar Fynydd Mechell ym mhlwyf Llanfflewin. Yr oedd Owen Williams yn bur anfoddog ar ei landlord, sef ficer Llanfflewin, gan fod Tyn-y-Buarth yn eiddo i'r Eglwys – tir y llan. Tystiai Owen Williams ei bod hi'n llawer gwell bod yn denant i landlord da nag i'r Eglwys. Rhag cyfrannu dim at welliannau, cuddiai'r ficer y tu ôl i'r esgus nad oedd y lle yn eiddo iddo dim ond tra byddai'n dal y fywoliaeth honno.

Yn ôl Owen Williams bu cryn anghydfod ynglŷn â thenantiaid a thenantiaeth tyddynwyr a sgwatwyr ar Fynydd Mechell pan fu cau'r tiroedd. Mae'n amlwg ei fod yn ddigon balch o'r cyfle i ateb y Comisiynwyr Tir pan holwyd ef ynglŷn â chytundebau a'r amodau perthynol ynddynt. Yn gyffredinol yr oedd tenantiaeth yn terfynu ar 13 Tachwedd ac yn gofyn chwe neu 12 mis o rybudd, yn ôl Owen Williams. Gosodid ffermydd yr ardal o flwyddyn i flwyddyn, ac weithiau fe ganiateid prydlesi pan fyddai'r tenant am godi adeiladau ar y fferm. Yn ôl tystiolaeth Owen Williams bu cryn ofyn am brydlesi yn y gorffennol ond erbyn y 1870au doedd ond ychydig iawn o ofyn amdanynt fel yr oedd pris tir yn gostwng ynghyd â phris cynhyrchion y fferm. Cwynai Owen Williams fod cymaint o werthu ar ffermydd a'r tenantiaid yn colli arian y bu iddynt, dros y blynyddoedd, ei wario ar welliannau i'r adeiladau a'r tir. Gwyddai am hyn trwy brofiad ei dad. Honnai Owen Williams fod ganddo nifer dda o gopïau o gytundebau o laweroedd o stadau Sir Fôn ynghyd â dyfyniadau ohonynt, prawf o'i gonsýrn am y broblem.[7]

Pwysodd y Comisiynwyr arno i rannu'r dyfyniadau â hwy, ac yn ffodus iawn cafwyd ganddo restr dda o'r cytundebau hyn a rydd inni oleuni pellach ar amodau'r cytundebau hynny.

Bwriad Owen Williams, ar ei addefiad ei hun, oedd tanlinellu rhai o'r telerau a ystyrir y rhai mwyaf gormesol ynghyd â rhai o'r stadau lle ceid y cyfryw delerau:

1) Ar stadau yr Arglwydd Penrhyn, Syr George Meyrick, y Cadfridog Hampton Lewis a'r Foneddiges Reade dim ond chwe mis o rybudd i adael a gâi'r tenant.

2) Ar stadau Baron Hill, Henllys Biwmares a Bodorgan roedd yn rhaid i'r tenant gadw un ci i'r landlord.

3) Ar stadau Rhianfa, Henllys Biwmares, Bodorgan a'r Garreglwyd roedd yn rhaid i'r tenant warchod a chadw'r helwriaeth i'r landlord.

4) Ar stadau Rhianfa, Penrhos (Caergybi), Penrhyn a Henllys, ar benderfyniad y landlord byddai raid i'r tenant adael yr holl dail a gynhyrchwyd hyd 1 Gorffennaf heb iawndal.

5) Ar stadau Plas Coch, Baron Hill, Henllys Biwmares a'r Garreglwyd ni châi'r tenant werthu ei stoc mewn ocsiwn gyhoeddus heb ganiatâd y landlord mewn ysgrifen.

6) Ar stad Penrhos byddai raid i'r tenant adael yr holl giatiau wrth ymadael, er na fu i'r landlord erioed eu rhoi.

7) Ar stadau Penrhyn, Henllys Biwmares, y Garreglwyd a Phlas Coch ni chaniateid i'r tenant werthu unrhyw gynnyrch o'r fferm wrth ymadael ac nid ymrwymai'r landlord i brynu'r cynnyrch; os dewisai beidio rhoddid caniatâd i'r tenant ei werthu. Ond fe ddylai'r tenant wybod wrth hau a oedd ei landlord am ei brynu ai peidio rhag ofn y byddai'n ymadael. Er enghraifft, pe bai cae o 10 acer dan gnwd glas o rwdins, maip a mangls ar fferm 10 milltir neu 12 o'r dref neu'r stesion a phe bai'r landlord yn dweud wrth y tenant ychydig wythnosau cyn 13 Tachwedd am werthu'r cnwd, ni dderbyniai fel arfer fwy na rhyw un rhan o dair o werth y cnwd amdano. Dylai'r cytundeb fod yn orfodol ar y ddau barti fel ei gilydd.

8) Ar stadau Baron Hill a Bodorgan roedd yn rhaid yswirio'r oll o'r adeiladau gan y tenant mewn swyddfa ac i swm y penderfynid arno gan y landlord.

9) Ar stad Henllys Biwmares ni châi'r tenant gadw mwy nag un ci at ei ddefnydd ei hun.

10) Ar stad y Penrhyn ni chaniateid iawndal am welliannau parhaol os na dderbynnid caniatâd y landlord neu ei asiant i wneud y gwaith, caniatâd yr oedd yn annichon ei gael gan yr asiant.

11) Ar stad Rhianfa yr oedd y cosbau am ddiystyru a chadw amodau'r cytundebau yn afresymol. Dyma enghraifft: cosb o 20 punt am werthu tunnell o wair, gwellt, eithin neu gnwd glas. Cosb eto o hanner can punt am bob acer o dir a gâi ei amaethu yn groes i delerau'r cytundeb, ac eto yr oedd llawer o'r tenantiaid na wyddent beth y bu iddynt gytuno ei wneud gan nad oedd ganddynt gytundeb. Yr oedd y cosbau afresymol hyn ar stad Rhianfa, a dim ond ychydig yn llai oedd y cosbau ar stadau eraill.

Yr ydym yn ddyledus iawn i'r Comisiynwyr Brenhinol am roi inni ddarlun da o stadau Môn ac amrywiol gytundebau'r stadau hynny yn y bedwaredd ganrif ar bymtheg, yn arbennig y telerau oedd ynglŷn â hwy. Fel y cyfeiriwyd eisoes ac fel y sylwa'r Comisiynwyr, ynglŷn â thirddaliadaeth y bu iddynt dderbyn y swm mwyaf o dystiolaeth a chwynion am y gwahanol systemau. Ar ddechrau'r bedwaredd ganrif ar bymtheg y drefn brydlesol oedd y ffurf gyffredin o denantiaeth a bu mewn grym drwy chwarter cyntaf y ganrif. Ond yn gwbwl ddisymwth fe newidiwyd y dull bron yn llwyr i denantiaeth flynyddol. Y prif reswm am y newid fu'r amrywiadau mewn prisiau, a oedd mor nodweddiadol o'r bedwaredd ganrif ar bymtheg, er nad dyma'r unig reswm am y newid. Yr ergyd gyntaf i'r hen system o denantiaeth oedd y dirwasgiad amaethyddol hirfaith a difrifol a ddilynodd ryfeloedd Napoleon.[8]

Erbyn dechrau'r 1890au yr oedd cymaint â 90 y cant o denantiaid gogledd Cymru ar gytundeb blynyddol. Er fod y tirfeddianwyr yn barod iawn i ganiatáu prydlesi, doedd dim galw amdanynt gan y tenantiaid. Y mae'r rhesymau am hyn yn eithaf amlwg:

i) Yr oedd y rhent dan system brydles yn sefydlog yn rhy hir o gofio'r amrywiadau ym mhrisiant cynnyrch a llafur y fferm.

ii) Yr oedd gostyngiad mewn rhenti a ganiateid i'r tenant

blynyddol ond ni chaniateid hyn i'r lesddeiliaid yn ystod tymor y les. Mi fyddai'n rhaid wrth weithred arbennig arall er mwyn gostwng y rhent. A phe bai ffermwr am sawl rheswm yn gorfod rhoi'r fferm i fyny am fod cystadleuaeth estron yn ormod iddo, ni allai ildio'r cytundeb a byddai'n rhaid iddo ddal i weithio'i fferm, er y gwyddai fod y cyfalaf yn darfod. Mi fyddai'r Arglwydd Harrowby, a oedd yn gryn awdurdod ar y pethau hyn, yn arfer dweud 'A yearly tenancy carries with it the idea of continuity. A lease carries with it the idea of termination.'[9]

iii) Yr oedd yn arferiad mewn achos o les i roi baich y gwelliannau ac ychwanegu adeiladau newydd ar y daliwr prydles ac roedd y cytundebau yn cael eu gweithredu'n llymach nag yn achos y tenantiaid blynyddol.

Rheswm arall dros y newid yma a chefnu ar y prydlesi oedd am fod prydles yn gytundeb trwy weithred a olygai gost i'r ddwy ochor. Mewn gwirionedd, fe olygai 'tenantiaeth flynyddol' denantiaeth am nifer amhenodol o flynyddoedd a benderfynid gan ewyllys y naill a'r llall o'r partneriaid, os byddai'r rhybudd yn rhesymol. Awgryma'r Comisiynwyr fod, y tu ôl i wrthwynebu'r prydlesi, rhyw wrthwynebiad greddfol ar ran y landlord a'r tenant am i neb wneud y berthynas rhyngddynt yn fater o gytundeb llym – rhyw drefniant busnes, mewn geiriau eraill, caniatáu i'w perthynas gael ei rheoli'n llwyr gan egwyddorion masnachol mewn iaith gyfreithiol ffurfiol nad oedd y tenant druan yn ei ddeall, ac o ganlyniad doedd ganddo ddim hyder yn y fath gytundeb.

Daw araith Tom Ellis, yr Aelod Seneddol, i gof, pan soniodd am olyniaeth etifeddol fel arferiad gwlad, yr hen arferiad hwnnw fod un aelod o'r teulu, ar farwolaeth, yn olynu yn y denantiaeth ar y fferm trwy'r cenedlaethau. Yr oedd yn arferiad hynod o werthfawr. Rhoddai tenantiaeth o'r fath sicrwydd a oedd yn arwain at ffermio llawer gwell. Ond, ysywaeth, bu i'r amodau politicaidd a gododd yn ystod hanner olaf y bedwaredd ganrif ar bymtheg, i raddau, ddinistrio yr arferiad da yma.

Mae yna eithriadau i'r arferiad yma, er mor glodwiw y gall

fod. Mae digon o enghreifftiau lle gwrthodwyd yr olyniaeth mewn tenantiaeth a hynny am resymau priodol. Fe geir achosion o feddwdod a chymeriad llwgr ac anaddas i gymryd tenantiaeth fferm. Ceir ystyriaethau cwbwl ddilys lle na ellid gweithredu'r olyniaeth mewn tenantiaeth, fel y nodir yn yr arolwg a gasglwyd ar gyfer y Comisiwn Brenhinol:

i) Yr oedd hi'n amhosibl i'r tenant ymddeol o ffermio i ddewis busnes arall yn ei le neu symud i fferm fwy.

ii) Ni fyddai mab i denant fferm o angenrheidrwydd yn awyddus i ffermio.

iii) Yr oedd olyniaeth yn y llinach wrywaidd yn aml yn gallu bod yn amhosibl.

iv) Os byddai olyniaeth deuluol yn rheol sefydlog a digyfnewid, fel y mynnai Tom Ellis, byddai'n amhosibl i was ffarm godi i fod yn ffermwr ei hun, fel oedd yn digwydd yng Nghymru yn gyson. Mi fyddai'r denantiaeth yn aros yn nheuluoedd y tenantiaid.[10]

Wedi rhoi heibio pob ystyriaeth hanesyddol, tenantiaeth flynyddol oedd y dull mwyaf cyffredin o ddaliadaeth tir amaethyddol yng Nghymru ac yn arbennig felly yn Sir Fôn, er mai tenantiaeth fer ac ansicr iawn ydoedd hi yn yr ystyr gyfreithiol gyfyng. Ond roedd y dystiolaeth a dderbyniodd y Comisiynwyr Brenhinol yn gwrthddweud hyn – yn ystod yr holl ymchwiliad fe dystiai'r tirfeddianwyr a'r asiantau i barhad tenantiaeth y teuluoedd ar yr un fferm neu ar yr un stad. Y mae'n amlwg oddi wrth eu tystiolaeth y bu yr arferiad o olyniaeth deuluol mewn tenantiaeth yn nodwedd bennaf yn rhai o stadau Sir Fôn. Yr oedd yn rheol gyson i ddewis aelod o deulu'r tenant a fu farw fel ei olynydd. Pan fyddai aelod o'r teulu yn gymwys i olynu fe roddid y flaenoriaeth iddo ef neu hi yn gwbwl ddirwgnach; doedd dim achos, yn ôl y Comisiynwyr, pryd y gwrthodwyd i'r weddw ddilyn ei phriod a fu farw fel tenant os dymunai ei olynu. Yn ddiddorol iawn, yr oedd y parhad yn y denantiaeth yn llawer amlycach ymhlith y Cymry Cymraeg nag odid neb arall a chymerent gymaint o falchder yn eu treftadaeth â phe baent yn berchen ar eu daliadau.

Rhoes yr Arglwydd Stanley o Alderley restr fanwl inni o olyniaeth etifeddol mewn daliadau gan yr un teuluoedd. Dyma nifer teuluoedd Sir Fôn a fu'n denantiaid yn yr un lle am dros 50 mlynedd:

Enw	Daliad	Plwyf	Cyfnod y bu'r tenant a'i hynafiaid ar y stad	Sylw
Elizabeth Davies	Bottan	Llanfachraeth	50ml	Olynu'r gŵr
John Evans	Cefn Rhosydd	Bodedern	80ml	
Evan Hughes	Tŷ Croes	Llechylched	50ml	
William Hughes	Dafarn Newydd	Llanfaethlu	100ml	
David Jones	Rhosddu a Gofynys	Llanfaethlu	100ml	W. R. Jones
David Jones	Tryfil Fawr	Llandrygan	70ml	Ei fab yn y Felin yng Nghaergybi
O. Lloyd Jones	Gwredog	Amlwch	Yn ôl i 1636	
Hugh Jones	Gammog	Llanrhyddlad	80ml	Dilyn ei dad
Mary Jones	Pont y Pandy	Llanddeusant	65ml	
Thomas Jones	Plas Bodewryd	Bodewryd	58ml	
Richard Owen	Ysgubor Ddu	Llanfflewin	60–70ml	
Y Brodyr Owen	Penmynydd	Bodedern	90ml	
Elizabeth Owen	Tregwehelydd	Llantrisant	Yn ôl i 1820	
John Owen	Trefadog	Llanfaethlu	90ml	
John Parry	Yr Erw Fawr	Llanynghenedl	60ml	
Robert Roberts	Treferwydd	Llandrygan	90ml	
Jane Rowlands a William Jones	Tyndryfol Fferam Dryfol	Aberffraw	50ml	
William Rowlands	Dalar Hir	Bodedern	100ml	
Thomas Rowland	Plas Brain	Llanbedrgoch	60ml	
Elizabeth Williams	Tyddyn Bont	Gwalchmai	50ml	
Hugh Williams	Penrhyn	Llanfwrog	69ml	
John Williams	Cae Gwyn	Llandrygan	80ml	
John Williams	Tai Uchaf	Bodedern	70ml	
Robert Williams	Tre Angharad	Bodedern	90ml	
Robert Williams	Bodedern	Bodedern	90ml	

William Rowlands	Dalar Hir	Bodedern	100ml
Edward Williams	Bronheulog	Llanddeusant	50ml
William Griffith	Druid House	Caergybi	50ml
William Harper	Trefengan	Caergybi	50ml
John Hughes	Yr Efail Bach	Caergybi	100ml
Mary Hughes	Tŷ Mawr (y mynydd)	Caergybi	70ml
Robert Hughes	Gors y Twr	Caergybi	75ml (tair cenhedlaeth)
Susannah Hughes	Mynyddgofdu	Caergybi	100ml
Richard a Catherine Jones	Bryniau Geirwon	Caergybi	90ml
Elizabeth Jones	Ffynnon Gorllas	Caergybi	70ml
J. W. Jones	Bodwarren	Caergybi	100ml
Mrs Morgan	Tyddyn Pioden	Caergybi	55ml
Huw Owen	Llwyn y Berth	Caergybi	60ml
Samuel Roberts	Porthdafarch	Caergybi	Tua 300ml
John ac Anna Thomas	Trefignath	Caergybi	50ml
Jane Williams	Tyddyn Uchaf	Caergybi	55ml
Capten R. Williams	Yr Ogof	Caergybi	50ml
William Williams	Tan Alltran	Caergybi	300ml
Hugh Edwards	Pwllfillo	Rhoscolyn	80ml
Richard Jones	Cerrig	Rhoscolyn	50ml
John Owen	Rhydbont	Rhoscolyn	100ml
John Roberts	Tyn'rallt	Rhoscolyn	66ml [11]

Os oedd stadau Sir Fôn yn fawr, yr oedd y ffermydd yn fychan. Fe ddywed Syr Thomas Phillips fod y ffermwr o Gymro yn gyferbyniad cryfach na hyd yn oed y llafurwr Cymreig i'r un dosbarth yn Lloegr. Yr oedd yn trigo mewn fferm fechan gan fyw'n agos iawn at y llafurwr tir o ran dull o fyw, ei weithio llafurus, ei gartref a'i arferion.[12]

Yn ystadegau Cyfrifiad 1851 y cawn y cyfeiriad cyntaf at faint ffermydd Prydain. Yn ôl y ffigyrau hyn yr oedd 75 y cant o ddaliadau gogledd Cymru dan 100 acer o faint a dim ond 15 y cant rhwng 100 a 200 acer a 10 y cant o weddill dros 100 acer. Erbyn 1875 y mae'r ffigyrau yn dangos mai 47 o aceri oedd maint fferm gyffredin yng Nghymru. Cyfrifid hefyd fod raid i'r ffermwyr Cymreig gael o leiaf 40 acer o fferm i wneud bywoliaeth. Dyna oedd maint ffermydd Môn at ei gilydd yn y 1870au, fel y dynoda ambell enw fel Tyddyn Deugain yn Llannerch-y-medd a Pum Lloc yng Ngwalchmai. Os byddai'r tyddyn dan 40 acer mewn mesur yna byddai raid i'r tyddynnwr gael gwaith arall i chwyddo'i incwm. Byddai rhai o dyddynwyr de'r ynys yn gweithio yn chwareli Arfon, gyda'r wraig a'r plant yn helpu ar y fferm. Byddai amryw o dyddynwyr canol y sir, Llannerch-y-medd a Gwalchmai a Bodedern, yn dal cwningod ac ambell un yn potsio er mwyn gwneud bywoliaeth! Yn naturiol, byddai trigolion y glennydd yn ymestyn eu hincwm o gynhaeaf y môr.

Un rheswm am y daliadau bychan oedd yr hen system honno a adwaenid fel system gafaeliad, a olygai rannu'n gyfartal. Ar farwolaeth y tad arferid rhannu'r fferm rhwng y meibion gyda phob un yn cael yr un faint o siâr. Yn naturiol, o ganlyniad, os oedd tyaid go fawr o feibion byddai'r rhannu'n fychan iawn. Mewn mannau eraill yr oedd ansawdd y tir yn penderfynu maint y fferm. Os byddai'n dir anghynhyrchiol, gwael a phell o'r farchnad, byddai'r mesur yn llawer llai. Byddai'r ffermydd yn llawer mwy mewn daear ffrwythlon, dda.

Cafodd yr awch a'r dyhead am diroedd gryn effaith ar fesurau ffermydd hefyd. Yr oedd ysgrifenwyr amaethyddol a stiwardiaid y stadau yn awyddus a hynod o gefnogol i'r syniad o uno ffermydd bychan i ffurfio uned lawer mwy. Dadleuent fod daliadau Cymru yn rhy fychan heb reswm ac o ganlyniad yn rhwystr i ddatblygiadau amaethyddol. Yn ôl Walter Davies, yr oedd y rhelyw o adolygwyr amaethyddol siroedd y wlad yn bleidiol iawn i'r uno. Dadleuai Davies fod raid cysylltu llawer iawn o ffermydd bychan y wlad er mwyn denu buddsoddwyr cefnog i roi o'u harian i'r diwydiant amaeth, a oedd yn nychu o ddiffyg buddsoddiad sylweddol.

Yn naturiol, yr oedd llawer o'r landlordiaid mwyaf yn ymuno yn yr ymgyrch dros gysylltu tyddynnod bychan yn ffermydd mawr gan y byddai'n arbed llawer iawn o gostau iddynt ar dai ac adeiladau'r ffermydd, gan y byddai llai ohonynt. Ond yn ddiddorol iawn, cafwyd adroddiad ym 1870 yn gresynu bod y broses o uno ffermydd wedi arafu'n arw, yn enwedig yn siroedd Môn, Caernarfon, Dinbych a Fflint. Sylwa awdur yr adroddiad mai'r prif reswm am yr arafu yma oedd y rheol gyffredinol honno, ar farwolaeth tenant, pa mor fychan bynnag oedd y fferm, y byddai'r landlord yn caniatáu i aelod arall o deulu'r tenant fu farw gael y denantiaeth. Mae'n ymddangos y byddai rhai o'r landlordiaid yn ffafriol i'r hen arferiad yma o barhad y denantiaeth o fewn teulu'r ymadawedig. Mi ddywedodd Arglwydd Penrhyn beth fel hyn am yr arferiad yma: 'It is a custom of the utmost value. This security of tenancy was security for labour and good husbandry.' Rhoes golygydd *Baner Cymru* ei big yn y potes hefyd:

Y mae un drwg arall yn amlhau yn y tir yn y dyddiau hyn, sef cysylltu maes wrth faes yn enwedig ar rai etifeddiaethau. Fe gysylltir weithiau bump neu chwech o dyddynnod ynghyd. Lle yr oedd amaethwyr diwyd yn gwneud bywoliaeth led gysurus i'w teuluoedd, fe'u troir o'u cartrefi yn ddiseremoni, fe dynnir eu tai i lawr ac adeiladu tai annedd gwych a thai hwsmonaeth cyfleus a hwylus ar ganol y tir a'u gosod yn gyffredin i Sais neu gan amlaf i Sgotiaid. Y mae boneddigion Cymru lawer ohonynt yn y dyddiau hyn yn hollol amddifad o genedlgarwch eu henafiaid. Ni ddylai un a fyddo'n euog o hyn gael ei ethol i'r Senedd byth, beth bynnag, os na fydd ein seneddwyr yn wladgarwyr da ni wiw disgwyl y gwnânt.[13]

Y mae'n amlwg, fel y tystia'r Comisiynwyr, nad oedd yng Nghymru yn gyffredinol alw nac angen i uno'r ffermydd i gael unedau mwy i gynnal teuluoedd fel yr oedd hi yn Iwerddon. Yr oedd ymysg tyddynwyr Cymru rhyw gred draddodiadol fod gan y rhai a fagwyd ar y tir hawl foesol i wneud eu bywoliaeth o'r tir drwy eu hoes. O ganlyniad, fe ystyriai tenantiaid Cymru fod cysylltu'r mân ddaliadau â'i gilydd yn dor-rheol foesol.

Pregethai'r proffwyd Eseia yn y flwyddyn 740 cyn Crist am i'w genedl gyflawni'r un drosedd: 'Gwae y rhai sydd yn cysylltu tŷ at dŷ ac yn cydio maes wrth faes, hyd oni byddo eisiau lle, ac y trigoch chwi yn unig ynghanol y tir.'[14]

Fel y tystia'r Comisiynwyr Tir, pwy bynnag neu beth bynnag oedd yn tueddu i gyfyngu neu leihau'r cyflenwad o ddaliadau ar wahân, fe'u cyfrifid gyda'r eiddigedd eithaf ar ran y tenantiaid.

Yn ffodus, mae tabl dosbarthol yn dangos mesurau daliadau Môn ym 1875.

	Nifer	Acer
Daliadau o dan 50 acer	2,757	40,785
Daliadau o 50–100 acer	417	29,821
Daliadau o 100–300 acer	374	63,288
Daliadau o 300–500 acer	23	8,527
Daliadau o 500–1,000 acer	5	3,303
Daliadau dros 1,000 acer	-	-
Cyfanswm	3,576	145,724

PENNOD 7

Gwrthryfel y Tenantiaid

BRITHWYD HANES AMAETHYDDIAETH Cymru yn y bedwaredd ganrif ar bymtheg gan y gwrthdaro parhaus rhwng gwas a meistr a rhwng meistr a landlord. Hawliodd y cwyno a'r cecru yma lawer iawn o'u hamser a'u hamynedd ar draul gwaith y fferm. Mynnai'r ffermwyr gadw oriau gwaith y gweision yn afresymol o uchel heb gwtogi dim. Ymdrechodd Ap Ffarmwr yn wrol a dewr i amddiffyn hawliau'r gweision ac er na lwyddodd i sefydlu undeb iddynt yn Sir Fôn fe dorrodd ddwyawr oddi ar eu diwrnod gwaith, o 14 awr i 12 awr. Yr oedd gan y tenantiaid hefyd gŵyn ddilys iawn yn erbyn y meistri tir a godai renti eu daliadau yn ddireswm ac yn ddirybudd. I wneud pethau'n waeth, manteisient ar eu cyfle i werthu'r fferm ar ôl i'r tenant wario'n helaeth ar yr adeiladau a'r tir a chodi gwerth y lle, a hynny iddynt hwy eu hunain.

Mae a wnelom â'r tenant a'i wrthdaro â'r landlord yn y bennod hon. Fu'r tirfeddianwyr erioed yn rhan naturiol o fywyd Cymreig cefn gwlad. Er eu bod yn byw ymhlith y trigolion gwerinol hyn, eto yr oeddynt yn gwbl ar wahân iddynt. Siaradent iaith wahanol – Saesneg crand oedd iaith y bonheddwyr hyn – ac roeddynt yn trigo mewn plastai o'u cymharu â'r hen dai fferm a'r bythynnod; tueddent i gyfri'r gwerinwyr hyn yn israddol.

Erbyn Ionawr 1893 yr oedd y gwrthdaro'n cynhesu. Rhoes golygydd y *Werin Gymreig* gyfleon da i gŵyn y tenantiaid yn ei bapur, gan bwyso'n gyson am sefydlu Dirprwyaeth Dirol i ddadlennu cyflwr amaethyddiaeth yng Nghymru. Rhoes Mr Gladstone addewid y byddai'r Senedd newydd yn sefydlu Dirprwyaeth Dirol, gan ychwanegu: 'Ar ganlyniad ymchwiliad y Ddirprwyaeth yma y gorffwys dyfodol amaethyddiaeth yng Nghymru' – gair proffwydol, cryf. Agorodd golygydd y *Werin* golofn dan y pennawd 'Pwnc y Tir' i roi cyfle i landlord a thenant ymateb i'r ymchwiliad.

Ond er i Mr Gladstone roi addewid i sefydlu'r Comisiwn Tir, wedi iddo ennill yr etholiad ym 1892 ei ddewis fyddai cynnull Pwyllgor Dethol. Cyfeiriodd at bwnc y tir yn ei araith enwog ar lethrau'r Wyddfa ym mis Medi 1892 ond yr oedd yn fis Rhagfyr cyn iddo ildio i ymbiliadau Tom Ellis gyda chymorth Lloyd George a Herbert Lewis. Yr oedd ganddynt gefnogaeth Asquith yn y Cabinet hefyd. Sefydlwyd y Comisiwn Brenhinol ar 27 Mawrth 1893 a bu'n casglu tystiolaeth tan 1896, pan gyhoeddwyd yr adroddiad terfynol mewn nifer sylweddol o gyfrolau. Penodwyd yr Arglwydd Carrington yn gadeirydd a D. Lleufer Thomas yn Ysgrifennydd. Cawn dystiolaeth ffermwyr a thyddynwyr, landlordiaid a stiwardiaid tir Sir Fôn yng nghyfrol 2 yr adroddiad. Ym 1893 ymwelodd y Comisiynwyr â Sir Fôn i roi cyfle i'r tenantiaid a'r landlordiaid leisio'u cŵyn a rhoi darlun o'r sefyllfa amaethyddol ar yr ynys ar ddiwedd y bedwaredd ganrif ar bymtheg. Y mae'n ddogfen swmpus, yn ffynhonnell hynod o werthfawr o safbwynt hanes amaethyddol ym Môn ar ddiwedd y ganrif ac yn ddirnadaeth dreiddgar o amgylchiadau cymdeithasol pobol yr ynys hon. Y mae'n ymchwiliad trylwyr a gonest ac yn un o'r dogfennau pwysicaf a feddwn ar hanes bywyd yn ei holl agweddau yn ystod y bedwaredd ganrif ar bymtheg ym Môn, yn arbennig hanes ei phrif ddiwydiant, amaethyddiaeth, a'i gwnaeth yn fam Cymru.

Prif gwynion y tenantiaid i'r Comisiwn oedd yr anghyfiawnder o godi rhenti ar welliannau y bu iddynt hwy eu gwneud a thalu amdanynt.

1. *John Hughes, Llyslew, Llanedwen*

Dyma'r achos enwocaf yn adroddiad y Comisiynwyr ar Sir Fôn. Yn ôl ei dystiolaeth i'r Comisiynwyr, yr oedd John Hughes wedi gwario dros £2,000 ar ei fferm dros y blynyddoedd, fferm o 250 o aceri a gyfrifid ymhlith y ffermydd mwyaf, ac yn dir o ddaear dda. Yr oedd Llyslew yn eiddo i hen Ysgol Ramadeg Botwnnog yn Llŷn a than reolaeth yr Eglwys Esgobol. Sefydlodd yr Esgob Henry Rowland (1551–1616) ysgoloriaethau yng Ngholeg yr Iesu, Rhydychen, a chymunroddodd diroedd tuag at sefydlu ysgol ym Mellteyrn yn Llŷn (Botwnnog). Dilynodd John Hughes ei dad yn Llyslew ym 1864 a pharhau fel tenant blynyddol yno hyd 1872 pan gytunodd gyda'r ymddiriedolwyr ar brydles am 45 mlynedd ar rent o £220. Bu i'r twrnai ffeodedig ddarparu'r brydles. Gwnaed y brydles gydag Arglwydd Esgob Bangor, Arglwydd Niwbwrch, Arglwydd Penrhyn, Deon Bangor, William Bulkeley-Hughes, Richard Lloyd Edwards, Charles Wynne Finch, y Parch. William Williams (Clerc), John Griffith Wynne Griffith, Rice William Thomas a'r Parch. John Williams Ellis (Clerc), sef ymddiriedolwyr Ysgol Ramadeg Rydd Botwnnog, yn arwyddo un rhan a John Hughes y rhan arall. Naw o'r 11 o ymddiriedolwyr a arwyddodd y brydles; gwrthododd Bulkeley-Hughes ei harwyddo gan y tybiai nad oedd gan yr ymddiriedolwyr hawl i ganiatáu prydles am fwy na 21 mlynedd, a bu iddo rybuddio John Hughes y tenant nad oedd y brydles yn gyfreithlon. Ond ddaru'r ymddiriedolwyr ddim gwadu'r brydles yn ystod oes y tenant ac fe ddywedai John Hughes y teimlai mor ddiogel â phetai'r ymddiriedolwyr oll wedi arwyddo'r brydles ac nid amheuodd erioed eu gallu gan y credai fod eu gair fel bonheddwyr cystal â'u gweithred.

Ar sail yr hyder yma ac anrhydedd y landlordiaid aeth John Hughes ymlaen, fel cynt, i wella'i fferm ac mae prawf o hynny mewn prisiad a wnaed gan y ddau brisiwr mwyaf cymwys yn y sir i gyd. Yn ôl eu hamcan bris, £2,600 y bu i John Hughes ei wario ar y gwelliannau ar wahân i'r hyn a wariodd i wella'r tir; bu iddo wastatáu a chlirio llawer iawn o diroedd anwastad a diffaith ac nid oedd modd prisio gwaith o'r math.

Yn anffodus bu farw John Hughes ar ddiwedd y flwyddyn 1886 ac yntau wedi ymdrechu'n ddygn i gael Llyslew i gyflwr arbennig o dda. Ar ei farwolaeth rhoes ei chwaer Catherine Parry ei swydd i fyny ym Manceinion er mwyn dychwelyd i'r hen gartref ym Môn. Cafodd lythyrau gweinyddu stad ei brawd a gwelodd yn syth nad oedd ef wedi byw yn ddigon hir i gael unrhyw fudd o'r arian a wariodd ar y fferm ac na chafodd amser i dalu'n ôl yr arian y bu iddo ei fenthyca i wneud y gwelliannau. Fu Catherine Parry fawr o dro yn setlo efo'r credydwyr i gyd ac roedd mewn sefyllfa i gario ymlaen efo'r fferm. Gwnaeth sawl cais i'r ymddiriedolwyr am sicrwydd na fyddent yn manteisio ar ddilysrwydd amheus y brydles a'i therfynu. Ym mis Tachwedd 1888 cafodd rybudd i ymadael o Lyslew. Ymroes hithau ar unwaith i wneud popeth o fewn ei gallu i ddarbwyllo'r ymddiriedolwyr i ganiatáu iddi gael aros yn ei hen gartref. Defnyddiwyd pob dadl o'i phlaid. Pwysodd cynrychiolaeth o amaethwyr blaenllaw, ynadon y fainc ac amryw o'r ymddiriedolwyr i bledio ar ran Mrs Parry. Yr oedd ffermwyr amlwg o'r sir yn barod i sicrhau'r rhent mewn pryd ac i reoli'r fferm, ond er pob ymdrech gan ffermwyr profiadol a da a gan gymeriadau amlycaf y gymdeithas, fe fwriwyd Catherine Parry o'i chartref gyda chymorth siryf y sir. Hi oedd unig chwaer y brawd a wariodd ei holl eiddo i wella'i fferm. Nid yn unig fe'i symudwyd o'i chartref ond fe'i rhoed i eistedd ar stôl ar ganol y ffordd fawr o flaen Llyslew. Yno yr eisteddai yn gripil digartref.

Cafodd gweithred mor warthus ac annymunol effaith syfrdanol ar y sir yn gyffredinol, fel y gallesid disgwyl. Yr oedd ei brawd yn un o gymeriadau parchusaf yr ardal, gŵr yr edrychai pawb i fyny ato fel arweinydd y gymdeithas. Cyfrifid ef yn un o gynghorwyr diogelaf y Methodistiaid yn Sir Fôn, un o gadarnleoedd yr enwad hwnnw yng Nghymru. Dyma fel yr ysgrifenna Hugh Owen amdano:

Ei argyhoeddiad ef o waith y fugeiliaeth i'r eglwysi a esbonia
waith eglwys Brynsiencyn yn galw ei bugail cyntaf (y Parch.
John Williams) ac ef yn fwy na neb arall a roes osgo newydd i
eglwysi Môn tuag at y fugeiliaeth... ffrwyth ei gynllunio ef yw
Arholiad Sirol Môn a'r Cymanfaoedd lle y gwobrwyir yr ymgeiswyr
llwyddiannus yn yr arholiad hwnnw.[1]

Yn ychwanegol at yr holl gymeradwyaeth a anfonwyd
eisoes ar ran Mrs Catherine Parry, fe anfonwyd deisebau i
bob ymddiriedolwr ynghyd â'r llythyr arbennig hwn at Esgob
Bangor.

Fy Arglwyddi a boneddigion:
Yr ydym ni sydd â'n henwau isod sy'n dirfeddianwyr, ffermwyr a
masnachwyr ym mhlwyf Llanidan a'r gymdogaeth gyfagos yn erfyn
yn ostyngedig i gyflwyno'r ddeiseb hon mewn cyswllt â gosod fferm
Llyslew i'ch sylw. Ar ôl clywed fod Llyslew wedi ei gosod i Mr John
Evans, yr ydym yn taer erfyn arnoch i ailystyried eich penderfyniad
a dymunwn gyflwyno i chwi y rhesymau canlynol am ddod atoch
ynglŷn â'r mater:

1. Fod teulu'r tenant presennol (Mrs Parry) wedi byw yn Llyslew
    er 80 i 90 o flynyddoedd a bu i'w diweddar frawd wario £3,000
    mewn gwelliannau ar y fferm.

2. Gan mai Mrs Parry yw'r berthynas agosaf a gweinyddwraig y
    diweddar Mr John Hughes, felly y mae ganddi bob rheswm i
    ddisgwyl pob mantais a all ddeillio o'r brydles ganiatawyd i
    John Hughes ym 1872, gall obeithio dilyn ei brawd fel tenant.

3. Y mae Mrs Parry yn barod i dalu rhent teg am y fferm ac yn
    barod hefyd i gyflwyno enwau bonheddwyr parchus a dibynnol
    i sicrhau y byddai'r rhent yn cael ei dalu yn ei bryd ac y
    byddai'r fferm yn cael ei ffarmio yn y dull gorau.

4. Y mae teimladau Môn i gyd mor gryf na fyddo Mrs Parry yn
    colli ei hen gartref digon i gyfiawnhau i mi gyflwyno i chwi yr
    apêl ostyngedig yma a'r ddeiseb.

Gan fawr obeithio y gwelwch eich ffordd yn glir i ganiatáu'r ffafr
hon. Bydd eich deisebwyr yn dal i weddïo.

Fe arwyddwyd y ddeiseb gan 200 o bersonau o fewn 36 o oriau a hynny yng nghymdogaeth Llyslew. Yn ychwanegol at y ddeiseb yma anfonwyd llythyr gan Mrs Parry i'r personau canlynol: Arglwydd Esgob Bangor, Mr Evans Baron Hill, Cyrnol West, Capten Wynne Griffith, Syr Love-Jones Parry, Mr Lloyd Edwards, Mr Ellis Nanney a'r Anrhydeddus Frederick Wynne.

Llyslew

5ed Tachwedd 1889

Rwy'n erfyn arnoch fel un o ymddiriedolwyr Elusen Botwnnog i ddarllen ac ystyried yr apêl bersonol hon, credaf ei bod yn cynnwys ffeithiau, os y cymerir hwy i ystyriaeth, all ddylanwadu arnoch i ailystyried eich penderfyniad ynglŷn â gosod Llyslew.

Pan arwyddais y cytundeb i ddod yn denant i Llyslew am y deuddeg mis yn gorffen ar 12 Tachwedd 1889, roeddwn ar ddeall wrth wneud hynny y byddwn yn cryfhau'r cyfleon i ddod yn denant blynyddol a phan ddaeth y stiward tir a'r twrnai yma yn gwbwl annisgwyl rai misoedd yn ddiweddarach, gwnaeth sylw fod popeth mor dwt a threfnus yma yn Llyslew, a'r ffaith na wnaeth unrhyw gyfeiriad at ddim yn wahanol, arweiniodd hyn fi i obeithio ac i ddod i'r casgliad fod fy siawns am y denantiaeth yn llawer cryfach; mi fyddwn wedi gwneud pob ymdrech fisoedd yn ôl i wybod teimladau'r ymddiriedolwyr ar y mater hwn pe bai pethau'n wahanol. Carwn bwysleisio imi gael fy ngeni a'm magu yma, ac i'm rhieni a'm brawd ddal y fferm dros ddeng mlynedd a thrigain ac yn naturiol y mae gen i gyswllt rhyfeddol o agos â'm hen gartref, dyma'r unig achos imi roi gorau i'm busnes ym Manceinion, ymddiriedais yng ngharedigrwydd yr ymddiriedolwyr y deuwn yn denant Llyslew ar ôl fy mrawd.

Y mae'r amgylchiadau y deuthum i gyswllt â hwy yn rhai poenus i'w hailadrodd a does dim rhaid imi fynegi iddynt fod yn achos cryn bryder a thrallod ac ni fu imi arbed unrhyw ymdrech neu aberth personol i fodloni y credydwyr i gyd ac erbyn hyn rwyf wedi setlo efo Mr H. Williams a fu'n rheoli am ddeunaw mis.

Rwy'n byw ymhlith rhai o ffermwyr mwyaf profiadol Sir Fôn a gallwn eich cyfeirio at unrhyw un ohonynt (heb eu caniatâd) i brofi fod Llyslew yn awr mewn gwell trefn nag y bu ers blynyddoedd lawer. Mi enwaf Mr Roberts, Trefarthen; Mr Owen, Penmynydd; Mr Owen, Rhyddgar; Mr Owen Lewis, Bodrida; Capten Owen, Plas Penrhyn; a Mr Roberts, Gwydryn.

Rwy'n barod i roi rhent rhesymol a ofynnwch ac mi arwyddaf gytundeb o'r dull o ffarmio a dybiwch sy'n briodol a rhesymol. Gallaf roddi enwau a rhif o bersonau dylanwadol a pharchus a byddai unrhyw un ohonynt yn barod iawn i warantu y telir y rhent yn rheolaidd ac yr amaethir Llyslew yn unol â'r cytundeb. Rwy'n falch o ffendio fod Sir Fôn i gyd mewn cydymdeimlad dwfn efo mi yn yr helbul poenus yma. Rwy'n wraig weddw ddiamddiffyn ac mae meddwl gwahanu â'm hen gartref yn torri 'nghalon, yn wir does gen i unman i fynd gyda dim ond ychydig wythnosau i baratoi popeth. Rwy'n gobeithio y byddo'r apêl wylaidd yma'n llwyddo. Fodd bynnag, mi arhosaf yma hyd nes y'm gorfodir i adael.

Yr eiddoch yn ffyddlon,
Cat Parry

O.N. Bu i John Evans y tenant newydd gamarwain yr ymddiriedolwyr pan ddywedodd ei fod yn gefnder i mi. Yn ddieithriad pan fyddo newid tenantiaeth fe gymerir cyfrif i weld beth sy'n ddyledus i'r hen denant mewn tail a hadau ac ati. Yr oedd prisiad yn Llyslew dros £300 ond fe gymerodd y landlord feddiant o'r gwelliannau, y tail, hadau a phopeth arall heb dalu'r un ddimai amdanynt.

Fel y gallesid credu, bu'r fath weithred â therfynu tenantiaeth neb mor ddisymwth yn achos cynnwrf mewn ardal, ond yn yr achos yma yr oedd y tenant yn wraig weddw anabl y bu raid i'r sheriff ei thrafod yn gorfforol. Heb os, bu i'r achos yma adlewyrchu'n anffafriol iawn ar y tirfeddianwyr ac ar yr Eglwys Esgobol gan fod yr Esgob a gwŷr eglwysig eraill yn aelodau amlwg o ymddiriedolwyr Ysgol Botwnnog. Rhoes y wasg lwyfan i'r ddwy ochor ddatgan eu beirniadaeth a'u hamddiffynfa. Gwelwyd pennawd arwyddocaol iawn i lythyr beiddgar a heriol yn y *Werin Gymreig* ar 14 Tachwedd 1889 gan gefnogwyr brawd Mrs Catherine Parry.

Llyslew a'r 'Budrwaith Eglwysig'

Gyda bod gwas cyflogedig y *Property Defence Association*
wedi cyhoeddi ei druth er ceisio profi mai enllib ydyw yr oll a
ddywedyd yn erbyn y tirfeddianwyr yng Nghymru, dyma eto
enghraifft i law o'r creulondeb a'r anghyfiawnder annynol a arferir
gan y dosbarth hwn tuag at eu tenantiaid, yn arbennig y rhai
diamddiffyn. Pa achos rhesymol a chyfiawn dros i ymddiriedolwyr
Ysgol Ramadegol Botwnnog droi Mrs Catherine Parry allan o
Lyslew y Calan Gaeaf hwn ar lai na thair wythnos o rybudd?
Yr oedd y diweddar John Hughes yn ddyn a adwaenid ym Môn
ac Arfon fel un o'r ffermwyr gorau, dyn diwyd a duwiolfrydig.
Llafuriodd yn galed yn Llyslew fel tenant am bum mlynedd a
deugain gan wario miloedd o bunnau i ddyfrffosi, gwrteithio,
meithrin y tir a chodi adeiladau teilwng a phwrpasol. Y mae
Llyslew yn awr yn un o'r ffermydd godidocaf yng ngogledd Cymru.
Bu farw John Hughes yn Rhagfyr 1886, ac mewn dim o dro wele
reibwyr Torïaidd ac Eglwysig yn dylyfu eu dannedd ac yn barod
i draflyncu'r holl fraster. Ar 13 Tachwedd 1888 cafodd Mrs Parry
rybudd i ymadael. Dychmygwch fraw, dychryn a thrallod Mrs
Parry pan ddaeth dieithryn i Lyslew ar ddydd Llun 28ain o Hydref
yn hysbysu Mrs Parry ei fod ef wedi cael tenantiaeth y fferm ac y
byddai raid iddo ddod yno cyn dydd Calan Gaeaf. Mr John Evans,
Y Dymchwa, Llanfechell, oedd y tenant newydd, eglwyswr a Thori
mawr.

Os y llwyddant i droi Catherine Parry o'i chartref fe
dynnant storm i'w pennau a wna fwy o ddifrod arnynt na dim a
ddigwyddodd i Dorïaeth er deffroad Rhyddfrydiaeth yng Nghymru.
Ceir gweled ai nid 'Trech gwlad nag Arglwydd', ie 'nag Arglwydd
Esgob'.

Fe roes tenant newydd Llyslew gryn bwys ar y ffaith ei fod
yn Dori ac yn Eglwyswr mawr. Mewn dim o dro ymatebodd
John Evans i'r llythyr gyda'r fath bennawd yn y *Werin* ar 14
Tachwedd a chyhoeddwyd ei ateb yr wythnos wedyn – ymateb
hynod o ffyrnig, fel y gallesid disgwyl gan ŵr o'i safle: 'Pa
hawl gyfreithiol neu foesol sydd gan Mrs Parry ar y fferm?'
Aiff ymlaen yn ei lythyr i nodi'r rheswm y bu i ymddiriedolwyr
Ysgol Botwnnog wrthod tenantiaeth Llyslew i Mrs Parry: 'Yr

oedd Mrs Parry wedi gadael ei chartref yn Llyslew bymtheg mlynedd ar hugain yn ôl i fyw ym Manceinion i fywyd hollol wahanol i fyd amaethwr ac o ganlyniad doedd hi ddim yn abl nac yn gymwys i ffermio Llyslew. Pe buasai Mrs Parry wedi aros gyda'i brawd mi fyddai hynny yn rhoi rhyw hawl iddi ar y ffrem ond gan nad oedd wedi aros doedd ganddi unrhyw afael ar y lle.' Cyfeiria John Evans ymhellach yn ei lythyr at wendid y brydles a oedd gan John Hughes. Dyma'r brydles y gwrthododd Bulkeley-Hughes, fel un o'r ymddiriedolwyr, ei harwyddo gan na chredai ei bod yn gyfreithlon gan ei bod yn hwy na 21 mlynedd. Er i John Hughes wybod yn iawn fod y brydles yn annilys, eto fe wariodd dros ddwy fil o bunnau ar wella Llyslew. Mynnai John Evans fod cymhwyster ganddo fel Tori ac yn arbennig fel Eglwyswr i gael tenantiaeth Llyslew: 'Dyma ffrem a rad-roddwyd gan yr Esgob William Rowlands a phe bai'n fyw ar hyn o bryd ei ddymuniad fuasai cael un o'r cymhwyster a hefyd un o'r un ffydd ag yntau. Yr oedd yn unol â'i natur i wneud da i bawb ond yn enwedig i rai o *deulu'r ffydd*.'

Yn yr un rhifyn o'r *Werin Gymreig* (14 Tachwedd) bu i gefnogwyr Mrs Parry ddal i amddiffyn eu safbwynt. Credent nad oedd John Evans, y tenant newydd, yn ddim ond twlyn a ddefnyddiwyd gan yr ymddiriedolwyr i'w diben o droi Mrs Parry allan o Lyslew. Mynnent fod Mrs Parry mor gymwys â neb i ffermio Llyslew ac iddi brofi hynny ers iddi gymryd lle ei brawd ar y ffrem. Ac fel y berthynas agosaf at John Hughes, y cyn-denant, ganddi hi yr oedd yr hawl foesol orau ar y lle. Os credai'r ymddiriedolwyr y byddai'n well gan yr Esgob William Rowlands Eglwyswr fel tenant, paham y gosodwyd hi i Ymneilltuwr mor selog â John Hughes am yr holl flynyddoedd? Ac os credent fod y brydles yn anghyfreithlon, fe'i rhoddwyd gan Esgob Bangor a'r ymddiriedolwyr a doedd neb allai wadu'r brydles. Nid oedd ganddynt ofn canlyniadau'r Llys Cyfiawnder. Dywedent fod y landlordiaid a'r Eglwys wedi bod law yn llaw hyd hynny yn gormesu ac yn ysbeilio'r bobol gan eu diraddio i isafiaeth y caethwas ond yr oeddynt yn ddiolchgar am arwyddion fod eu cydwladwyr yn gwrthwynebu eu gorthrymwyr.

Mae'n ymddangos fod y gwrthdaro gwleidyddol a chrefyddol yn chwarae rhan amlwg yn y berthynas rhwng y landlordiaid a'r tenantiaid. Erbyn diwedd y bedwaredd ganrif ar bymtheg yr oedd yr Ymneilltuwyr yn cynyddu'n gyflym ac yn peri cryn bryder i'r Eglwyswyr a'r Torïaid. Yn ôl y Comisiynwyr yr oedd tair fferm o fewn cylch o ddwy filltir i Lyslew a fu gynt dan denantiaeth Anghydffurfwyr a Rhyddfrydwyr o fewn y pum mlynedd diwethaf wedi dod dan denantiaeth Eglwyswyr a Thorïaid. Mi ddywedodd y Gwir Barchedig Ddeon Bangor wrth Hugh Williams, Gwyndryn, fod Llyslew wedi bod yn ddigon hir dan denantiaeth Methodist ac y gwnâi ei orau glas i'w dwyn hi o law'r Methodistiaid. Mae'n wir, yn ôl tystiolaeth y Comisiwn, fod yr ymddiriedolwyr i gyd yn Eglwyswyr, gydag un Rhyddfrydwr.

Ond diwedd yr anghydfod fu dadfeddiannu Llyslew a throi Catherine Parry i'r lôn yn llythrennol – er, yn ôl adroddiad y Comisiynwyr, fe'i rhoed i eistedd ar y stôl 'yn hynod o dyner'.[2] Gwrandawyd yr achos yn llysoedd Llundain, ond ofer fu pob ymdrech, er i'r gymuned amaethyddol ym Môn ac yn arbennig trigolion plwyf Llanedwen sefyll fel un gŵr. Honnai'r ymddiriedolwyr y bu raid i'r llys gadw at lythyren y gyfraith a thrwy hynny anwybyddu teimladau a chydymdeimlad cymdogion dros wraig weddw anabl a fwriwyd o'i chartref i ffordd fawr i eistedd fel Job yn y llwch a'r lludw.

2. Owen Williams, Caerdegog Uchaf, Llanfechell

Yr oedd achos Owen Williams yn un hynod o ddiddorol ac enwog, fel achos Llyslew ym mhlwyf Llanedwen. Mae a wnelo achos Owen Williams â Deddf Henfeddiant (y *Prescription Act*) lle yr oedd dau dirfeddiannwr yn ymdrechu i wrthod arddel hen arferiad i gario grafel a thywod o draeth Cemlyn yng ngogledd-orllewin Môn. Fe safodd Owen Williams yn ddiwyro ac ennill ei achos.

Rhoes Owen dystiolaeth i'r Comisiwn Brenhinol drosto'i hun fel ffermwr Caerdegog Uchaf ac fe gynrychiolai dyddynwyr y gymdogaeth yn ogystal. Perthynai Caerdegog Uchaf i stad Bodfean yn Llŷn a theulu Glynllifon. Gynt yr oedd yn eiddo i Arglwydd Niwbwrch, ond bellach yn eiddo i'w fab, yr Anrhydeddus Frederick Wynne.

Bu teulu Owen Williams yn byw yng Nghaerdegog ers dros 200 mlynedd, gan fynd yn ôl i'r ddeunawfed ganrif. Yr oedd ganddo dderbynebau rhent yn dyddio'n ôl dros 160 o flynyddoedd yn dangos mai £4 oedd y rhent bryd hynny. Bryd hynny yr oedd y fferm yn hynod ddigynnyrch gyda rhan helaeth o'i thir yn gorstir a llynnoedd yn y gaeaf. Fe agorodd y teulu ddyfrffosydd a draenio'r tir, ac fe ddraeniodd Owen Williams gynifer â mil o rydau yn ystod y 15 mlynedd blaenorol ar gost o 3s y rhwd heb ddimai at y gost gan y landlord na dim at walio ychwaith. Naw mlynedd ynghynt yr oedd y tŷ'n adfail bron ac yn gwbwl anaddas i neb fyw ynddo. Aeth Owen Williams at yr asiant a gofyn a fyddent yn codi tŷ newydd gan fod y tŷ presennol yn beryglus i fyw ynddo. Addawodd yr asiant gael gair efo'r landlord a chafwyd addewid am dŷ newydd ond y byddai'r rhent yn codi er mwyn sicrhau y câi'r landlord log ar ei arian. Derbyniodd Owen Williams y telerau gan gymryd y landlord ar ei air a chododd dŷ newydd. Gwariodd yn agos i £300 ynghyd â derbyn £90 gan y landlord. Yn ychwanegol at hyn fe gododd adeiladau fferm hefyd a chostiodd y rheini £100 iddo. Fe wariodd gymaint â £500 ar 50 acer o dir yn ystod 14 mlynedd gan gredu y derbyniai gyfiawnder gan ei landlord fel yr addawodd.

Manteisiodd Owen Williams ar y cyfle i alw sylw'r Comisiynwyr at y ffaith fod bythynnod i weision priod yr ardal yn hynod o brin ac mewn cyflwr truenus. Doedd yn yr ardal ddim ond saith bwthyn ar gyfer 2,500 o aceri ac o'r saith dim ond dau oedd yn addas i neb fyw ynddynt. Cofiai Owen Williams yn dda fel y byddai digon o fythynnod hyd ffermydd yr ardal, ond fu hi erioed yn flaenoriaeth gan landlord na ffermwr i'w cynnal a'u cadw nes y byddent yn furddunnod yn dymchwel i'r llawr. Fel y gwelsom mewn pennod arall, yr oedd Owen Williams yn hynod dda i'r gweision. Cododd dŷ deulawr o gryn faint ar ben y lôn at Gaerdegog fel cartref i'r gweision priod. Yn ôl tystiolaeth Owen Williams, yr oedd y ffermwyr yn awyddus iawn i gael gwasanaeth y gweision ond yn gyndyn ryfeddol i ofalu amdanynt.

Ar ôl dwy flynedd o wario ar ei fferm derbyniodd Owen Williams lythyr gan yr is-asiant i'w hysbysu bod Caerdegog Uchaf ar werth am bris o £2,000 neu £40 yr acer o rent. Rhoes yr asiant addewid y câi y cynnig cyntaf am y pris hwnnw ac os na fyddai'n barod i brynu yr oedd dyn o'r gymdogaeth yn barod i wneud. Yn hytrach na cholli ei gartref wedi gwario cymaint, prynodd Owen Williams Gaerdegog. Yn ôl prisiau tir yn yr ardal fe dalodd £500 yn ormod am ei gartref.

Ryw ddwy flynedd ynghynt, ym 1890, bu ymgais i amddifadu'r cyhoedd o'r hen hawl i fynd i draeth Cemlyn gan asiantau Syr George Meyrick, stad Bodorgan, a'r Foneddiges Neave, yn enw'r Bwrdd Masnach. Cafodd Owen Williams fil o £2-2 o'r llys am dresmasu i gario llwyth o dywod o'r traeth, hen arferiad er cyn cof. Fe olygai gryn amser a chost i herio'r gwaharddiad, ond yr oedd eisiau mwy na bil o'r llys i droi trwyn Owen Williams, Caerdegog. Credai fod asiantau'r stadau yma yn achosi llawer iawn o drwbwl i bobol Sir Fôn a haerai fod yna sawl achos yn ei gymdogaeth a oedd yn profi hyn. Mewn un achos collodd teulu bach eu cartref oherwydd bod y tenant, gwraig weddw, wedi priodi dyn nad oedd yr asiant yn ei gymeradwyo – er ei fod yn ddyn profiadol a dibynnol yng ngwaith y fferm ac er fod ganddynt fel teulu ddigon o fodd i ffermio'n llwyddiannus.

Mewn achos arall ar yr un stad, oherwydd bod y tenant yn gymeriad syml a diniwed, methodd â thalu'r rhent ar amser, ac yn ei ofn a'i gywilydd dihangodd i America gan adael ei wraig a chwech o blant. Daeth tri o berthnasau'r tenant ymlaen a thalu'r rhent, y tri yn ffermwyr parchus yn yr ardal. Cynigiodd y tri fod yn fechnïwyr i'r rhent, ond fe'u gwrthodwyd, ac er fod y tenant wedi dychwelyd o'i grwydr, fe'u trowyd o'u cartref. Priodolai Owen Williams y fath ymddygiad i'r asiantau anghyfrifol mewn awdurdod.

Yna fe droes y Comisiynwyr at achos traeth Cemlyn gan holi pwy oedd y landlordiaid a geisiodd wahardd mynediad i'r cyhoedd i'r traeth. Atebodd Owen Williams yn ddibetrus mai asiant Syr George Meyrick a'r Foneddiges Neave, yn enw'r Bwrdd Masnach, oedd y tu ôl i'r gwaharddiad (cawsant ganiatâd y Bwrdd Masnach i ddefnyddio'u henw ar yr amod y byddent yn talu'r costau i gyd). Pwysleisiodd Owen Williams mai dilyn hen arferiad yr oeddynt wrth fynd i'r traeth efo'r drol i nôl llwyth o dywod neu raean fel y bo'r gofyn.

Gwrthododd Owen Williams yn bendant y cais a ddaeth o'r llys am dresmasu. Aeth ymlaen i'r Llys Sirol yn Llangefni. Dyma adroddiad o ddyfarniad y llys hwnnw o'r *Law Times*, 11 Mehefin 1892:

TRAETH – HIRFEDDIANT
Perygl i'r gwahanfur naturiol i gadw'r môr draw:
Yn Llys Sirol Llangefni ar yr 17eg o Fai, cyflwynodd Syr Horatio Lloyd y dyfarniad canlynol:
Achos y Bwrdd Masnach yn erbyn Owen Williams.

Yr Amaethwr a'r Tirfeddianwyr

Rhoes y barnwr ystyriaeth ofalus a manwl i'r achos gan ymweld â'r llecyn yma – Traeth Cemlyn. Y mae'r man y cymerwyd y gro islaw craig o 20 i 24 troedfedd sydd ar derfyn y tir, a chymerwyd y gro tua naw llath i gyfeiriad y môr o'r graig. Haera'r diffynnydd fod y llecyn yma ar ei dir rhyw filltir o Gaerdegog, maent wedi arfer ers llawer o flynyddoedd nôl tywod a gro yn ddi-baid ac yn ddiwahardd, a honna fod ganddo yn rhinwedd Deddf Henfeddiant (*Prescription Act*) hawl i wneud hynny. Yn erbyn Owen Williams y gwnaed y gŵyn er fod hen ŵr, Richard Williams, wedi byw yno ar hyd ei oes ac wedi arfer yr hawl heb ymyriad. Yr oedd amryw o dystion pwysig eraill. Owen Parry, hen ŵr pedwar ugain a phump mlwydd oed, wedi ei eni ddwy filltir o'r lle, a ddywed y byddai holl denantiaid y plwyf yn mynd yno. Tystiolaeth gyffelyb oedd gan John Williams, John Thomas a Lewis Williams, yr oll yn amaethwyr parchus, a dywedent eu bod hwy a'u teuluoedd wedi arfer mynd i'r traeth yma i nôl tywod a gro. Fu yna erioed ymyriad na rhwystr yno ac eithrio unwaith pan rwystrodd Thomas Pritchard (asiant Syr Meyrick) ddyn rhag cymryd gro o lecyn uwchlaw llinell terfyn llanw'r môr. Deil y barnwr y gellir sefydlu drwy gyfraith fraint a hawl y diffynnydd, Owen Williams. Yr oedd y barnwr o'r farn fod y diffynnydd wedi profi ei deitl o dan Ddeddf Henfeddiant i fynd i Draeth Cemlyn i gymryd gro, tywod a gwymon at amcanion ei fferm.

Dyfarnodd y barnwr, o berthynas i'r gŵyn am dresmasu, fod y diffynnydd wedi profi ei hawl i gymryd gro a thywod o'r lle hwn a gwrthododd y gwaharddiad.

Caniatawyd costau y diffynnydd ar y raddfa uchaf, gan fod yr achos yn un o ddiddordeb cyffredinol.

3. *John Thomas, Tŷ Wian, Llanfairynghornwy*

Y mae Tŷ Wian yn fferm o 90 acer yng nghwr eithaf gogledd-orllewin Môn. Rhoes John Thomas y ffermwr ei dystiolaeth i'r Comisiynwyr Tir ac yntau newydd brynu'r daliad am bris llawer rhy uchel o ystyried iddo wario cymaint ar welliannau ar y fferm. Fel sawl ffermwr arall ym Môn yn y cyfnod yma, fe wariodd John Thomas gannoedd o bunnau ar welliannau a gododd werth y daliad yn sylweddol a hynny heb iawndal o gwbwl. Bytheiriai John Thomas, fel ffermwyr eraill, iddo wario ddwywaith – gwario ar le er mwyn ei wneud yn llawer drutach iddo'i hun.

Yr oedd gan John Thomas gyfrif manwl o'r arian a wariodd ers 1857 ar welliannau i'r fferm. Y gwaith cyntaf a wnaeth oedd clirio, ffensio a draenio dau glwt helaeth o dir wast lle tyfai eithin mor uchel fel y nythai'r brain ynddynt. Yr oedd yr eithin yn lloches i lwynogod, ffwlbartod a nadroedd. Y tâl a gafodd am ei lafur blin yn y fath ddryswig oedd wyth bunt o godiad yn y rhent a phedair punt ar ddeg yn ei werth trethadwy. 'Er hyn,' meddai, 'es ymlaen am rai blynyddoedd gyda'r gwaith o ddraenio, agor dyfrffosydd, trin tir corslyd, cau tyllau mawn, gwneud gwrychoedd newydd, plannu coed drain, gwneud a gosod olwyn ddŵr ac adeiladau. Gweithiais mor galed, yn ôl Dr

Jones Caergeiliog, fel y cefais lid yng nghyhyrau fy llaw chwith. Bûm am ddwy flynedd heb allu gweithio. Mewn llai na dwy flynedd anfonwyd Mr Edwards o Bwllheli yma i ailbrisio'r tir ac o ganlyniad cododd fy rhent ddeunaw punt a gwneud y lle yn rhy ddrud o ddim rheswm, can punt am ddeng acer a phedwar ugain. Rhwng popeth ces fy nhrin yn wael gynddeiriog.'

Dyma ddatganiad o'r gwariant ar welliannau gan John Thomas yn Nhŷ Wian, 1857–1892:

Dyddiad	Disgrifiad	Gwaith a wnaed	Cost l. s. d.
1857	Cae Brynllawenydd	Walio, draenio, plannu drain	40-10-6
1857	Cae Brynllawenydd	Wal yr ardd	3-10-0
1858	Rhosuchaf	Walio, draenio, plannu drain	53-10-0
1858	Rhosuchaf	Ffordd gwaith	40-0-0
1859	Rhosisaf	Walio, draenio, plannu drain	80-0-0
1860	Cae Sgubor	Walio, draenio, plannu drain	87-10-0
1862	Cae Cerrig Llwydion	Walio, draenio, plannu drain	68-10-0
1863	Cae Cerrig Llwydion	Walio, draenio, plannu drain	81-10-0
1868	Waengors	Walio, draenio, plannu drain	81-10-0
1869–1870	Gors	Walio, draenio, plannu drain	107-0-0
1870	Cae Canol	Walio, draenio, plannu drain	90-0-0
1872	Cae Rallt Bach	Walio, draenio, plannu drain	90-0-0
1874	Cae Lloia	Walio, draenio, plannu drain	100-0-0
1876		Melin ddŵr	150-0-0
1877	Cae Pant	Walio, draenio, plannu drain	108-0-0
1882	Cae'r Graig	Walio, draenio, plannu drain	92-10-0
1884	Cae'r Geirian	Walio, draenio, plannu drain	100-0-0
1860–1889		Tŷ a'r adeiladau fferm	600-0-0

Pan ffendiodd John Thomas fod ei fferm ar werth, anfonodd yn syth at Syr Richard restr o'r hyn a wariodd ar y lle ar ôl marw ei dad. Gofynnwyd iddo anfon ei gynnig am Dŷ Wian, a rhoes gynnig o £2,000, heb ddisgwyl iawndal, ond cafodd ateb gyda'r troad y dylai ddyblu'r cynnig. Yn y pen draw, fe'i prynodd ar ocsiwn gyhoeddus am £2,800. Eto, bu raid iddo dalu ddwywaith am y gwelliannau a wnaeth ar ei gost ei hun. Ni chredai John Thomas iddo dalu pris rhy uchel am y fferm a oedd yn gartref iddo; ei bryder pennaf oedd mai ei lafur a'i gost ef a gododd ei gwerth. Mynnai iddo dalu ddwywaith drosodd amdani, nid yn unig gwario ar y gwelliannau ond dyblu'r rhent wedyn, heb sôn am y llafur a roes ef ei hun nos a dydd. Credai, heb y gwelliannau hyn, mai oddeutu £1,500 i £2,000 oedd gwerth Tŷ Wian.

Fe'i holwyd gan Ellis Jones Griffiths, fel aelod o'r Comisiynwyr, ynghylch ansawdd ffermio yn Sir Fôn ar y pryd. Credai John Thomas fod rhai ffermwyr da iawn ym Môn a rhai gwael iawn, iawn. Yr oedd yn eithaf siŵr y bu dirywiad mawr yn ansawdd ffermio ym Môn dros y 10 mlynedd blaenorol a'r tir wedi ei esgeuluso'n fawr. Credai mai'r rheswm am y dirywiad amlwg oedd y ffaith fod tir yn rhy ddrud. Rheswm arall oedd nad oedd sicrwydd tenantiaeth gan laweroedd o denantiaid, a phwy fyddai am ymdrechu dan amodau felly? Credai John Thomas mai'r ateb ydoedd sefydlu Llys Tir. Holwyd ef ymhellach a fyddai'n syniad da pe bai'r Llywodraeth yn rhoi benthyciad ariannol fel yn Iwerddon er mwyn i ffermwyr brynu eu ffermydd a dod yn berchenogion arnynt. Cytunai John Thomas â'r syniad, pe ceid yr arian am log rhesymol.

Yr oedd y Comisiynwyr braidd yn amheus o'r ffaith fod yr eithin yn ddigon mawr i'r brain nythu ynddynt, ond fe lynai John Thomas wrth ei stori: cofiai'n dda pan oedd yn blentyn iddo gasglu wyau'r brain rhwng canghennau pigog yr eithin. Ceisiodd y Comisiynwyr gornelu John Thomas eto am iddo gwyno ynghylch y rhent uchel ac eto yr oedd ganddo ddigon o arian i'w wario ar gyfreitha gyda'i gymydog, John Owen, Y Caerau, yn y brawdlys ym Miwmares ac yna yn y Llys Adrannol ac ymlaen i'r Llys Apêl. Dadlau ynghylch rhyw lwybr a gysylltai'r ddwy fferm yr oeddynt, neu'n hytrach, lôn las oedd hi. Ond yn ôl John Thomas, ei gymydog o'r Caerau a ddaeth ag achos yn ei erbyn ef i gychwyn, ac yna aeth yntau ag ef i'r llys yn Llangefni am ddifrod, yn symud y cerrig a'r grafel a roes John Thomas i drwsio'r ffordd fawr.

Yn ddiddorol iawn, fe erys atgofion difyr a doniol am John Thomas gan drigolion hynaf Llanfairynghornwy, yn arbennig am y cweryla diollwng rhyngddo a'i gymydog, John Owen, Y Caerau, ynglŷn â'r pwt o lôn las rhwng y ddwy fferm a'r ddau gymydog. Ond beth bynnag am y berthynas rhwng y ddau, fe gydnabyddai pawb fod John Thomas, Tŷ Wian, yn ffermwr arbennig o dda ac fe fynnai gael y neges i'r Comisiynwyr Tir cyn tewi. Enillodd John Thomas wobr arbennig iawn fel y ffermwr gorau yn Sir Fôn a Sir Gaernarfon. Gwobr am y rheolaeth a'r oruchwyliaeth orau ar ei fferm oedd hon, gwobr a gyfrifid yn gryn dipyn o bluen yn het unrhyw ffermwr. Golygai, yn fwyaf arbennig, y gwelliannau a wnaed i'r fferm ac fe ymffrostiai John Thomas iddo ymdrechu i wneud Tŷ Wian yn well fferm trwy ddraenio'r tir, codi waliau, plannu llwyni o goed drain a chadw'r adeiladau mewn ripârs cyson fel na fyddai gywilydd ganddo i neb eu gweld. Mynnai John Thomas fod stori'r wobr yn cael ei chynnwys yn adroddiad y Comisiynwyr.

Doedd neb o'r teulu i gymryd Tŷ Wian ar ôl John Thomas. Aeth ei ddau fab i'r America yn bur ifanc, a dyna fu'r cyfrif olaf amdanynt. Fe'i dilynwyd yn Nhŷ Wian gan gymeriad nodedig arall o'r Ardal Wyllt, Thomas Williams, Waenlydan, cefnder i'r Parchedig Ddr John Williams, Brynsiencyn – un o gymeriadau'r Ardal Wyllt oedd yntau hefyd.

4. R. H. Williams

Dyma dyst beth yn wahanol ac eto yn dal cyswllt agos â byd amaeth Môn fel ysgrifennydd i bwyllgor o denantiaid ac wedi ei benodi yn arbennig i baratoi tystiolaeth i'r Comisiwn Tir. Yr oedd hefyd yn gynrychiolydd y wasg ac ysgrifennydd i Gymdeithas Ryddfrydol Môn. Mae ei dystiolaeth fel cynrychiolydd y tenantiaid yn fuddiol iawn i'n pwrpas ni.

Y mae R. H. Williams yn cychwyn ei dystiolaeth efo tri phen:

1. Y gwahaniaeth mewn iaith, gwleidyddiaeth a chrefydd rhwng landlord a thenant.

2. Gwerthiant tiroedd yn ystod y pedair blynedd flaenorol yn y sir.

3. Amharodrwydd tenantiaid ffermydd i ddod ymlaen i roi tystiolaeth i'r Comisiwn Tir.

Manylwn yn awr ar y tri phwynt hyn:

1. Yr oedd y mwyafrif o landlordiaid a thenantiaid Môn yn gwahaniaethu'n fawr o berthynas i'w hiaith, eu gwleidyddiaeth a'u crefydd. Oherwydd hyn yr oedd cryn ddiffyg cydymdeimlad rhyngddynt a'i gilydd, rhywbeth dieithr iawn i'r Saeson, ond yr oedd hyn yn gosod y tenant Cymreig dan gryn anfantais. Yr oedd y tri phwynt a nodwyd yn achosi teimladau dieithr gan nad oedd ganddynt ddim yn gyffredin, ond cwestiwn iaith oedd yn effeithio ar y tenant fwyaf gan na allai droi at ei landlord ond trwy rywun arall yn canoli ac fe fyddai'n anodd iawn i'r tenant fynegi ei gŵyn i'r landlord. Yr oedd R. H. Williams wedi gobeithio darparu tabl a fyddai'n dangos canran y landlordiaid oedd yn cymharu â'r tenantiaid ar y pwyntiau hyn drwy'r ynys, ond ni lwyddodd i wneud hynny felly fe ddetholodd bum plwyf ar hap, sef Llanfihangelysceifiog, Llanddaniel Fab, Llanedwen, Llansadwrn a rhanbarth Gaerwen o blwyf Llanidan. Yn y plwyfi hyn yr oedd 159 o ffermydd dros 3 acer yr un y gwyddai'n bendant:

(a) *Ar gwestiwn iaith*: o'r 159 o ffermydd yr oedd Saeson yn byw mewn 3 a Chymry yn byw mewn 156 ohonynt. Yr oedd Cymry yn berchenogion 19 ohonynt a 140 ohonynt yn eiddo i Saeson.

(b) *Ar gwestiwn gwleidyddiaeth*: o'r 159 o ffermydd yr oedd tenantiaid 47 ohonynt yn Dorïaid a 112 ohonynt dan denantiaid oedd yn Rhyddfrydwyr. Yr oedd 11 o'r ffermydd hyn yn eiddo i landlord oedd yn Rhyddfrydwr tra oedd 148 yn eiddo i Dorïaid.

(c) *Ar gwestiwn crefydd*: o'r 159 o ffermydd hyn yr oedd 27 ohonynt dan denantiaeth Eglwyswyr a 132 dan denantiaeth Ymneilltuwyr. Yr oedd 13 ohonynt yn eiddo i landlordiaid oedd yn Ymneilltuwyr a 146 ohonynt yn eiddo i landlordiaid oedd yn Eglwyswyr.

2. *Gwerthiant ffermydd*. Dyma fanylion am stadau dros 150 o aceri yr un a ddaeth ar y farchnad yn ystod y pedair blynedd flaenorol:

Dyddiad	Stad	Aceri
27 a 28 Mehefin 1889	Cadfridog Owen Williams	2,400
5 Medi 1889	Syr George Meyrick	440
5 Medi 1890	Fferm Cae Mawr	206
17 Gorffennaf 1890	Cyrnol Henry Platt	296
25 Mehefin 1891	Cadfridog Owen Williams	184
25 Mehefin 1891	Syr Richard Bulkeley	1,584
16 a 17 Mawrth 1893	Syr Richard Bulkeley	6,443

Ynglŷn â'r gwerthiannau hyn, bu i denantiaid y ffermydd a werthwyd wynebu cryn drallod a phryder cyn y gwerthiant. Er i'r landlord roi awgrym cyffredinol y byddai'r tenant oedd mewn meddiant yn cael prynu ei ddaliad trwy gytundeb preifat, yr oedd yn rheol i beidio awgrymu pris ond, yn hytrach, gadael i'r tenant enwi swm y byddai'n barod i'w dalu am ei fferm. Pan fyddai'r landlord yn awgrymu swm byddai'n bris afresymol ac, fel yn achos Tŷ Wian, gofynnwyd i'r tenant dalu bron i £700 yn fwy na phris yr ocsiwn gyhoeddus. Nid dyna'r cwbwl – fe ddywedid bod y prisiau'n uchel iawn, ac ar sail hyn dadleuid bod y rhenti yn isel ond nid oedd hyn yn derfynol. Pan werthid y fferm fe werthid gwelliannau'r tenant, oedd yn werth cannoedd o bunnau mewn rhai achosion. Câi'r tenant ei hun mewn cyfyng-gyngor – naill ai byddai raid iddo dalu eto am ei welliannau ei hun neu golli'r cwbwl. Y mae ymlyniad i gartref yn ystyriaeth bwysig iawn. Byddai raid i'r tenant gysidro, os collai ei fferm, ei bod yn sefyllfa anodd, oherwydd y fath gystadlu am ffermydd, i gael fferm arall yn unman. Ac yn achos Ymneilltuwyr, yr oedd yn gynddeiriog o anodd cael fferm, fel nad yw'n rhyfeddod yn y byd y byddent yn rhoi pris afresymol am fferm yn hytrach na bod ar y clwt heb unman. Ar wahân i'r effaith ar y tenant mewn meddiant, yr oedd y gwerthiannau yn gwegian ffydd a gobaith y gymuned amaethyddol mewn sicrwydd daliadaeth a sylfaenwyd ar y syniad fod y stadau mawr yn dragwyddol barhaol! O ganlyniad i hyn cododd ymdeimlad o ansicrwydd a effeithiai'n hynod o anffafriol ar amaethu'r tir yn briodol a da.

3. *Amharodrwydd tenantiaid i ddod ymlaen i roi eu tystiolaeth.* Fe godai'r ofn, yn uniongyrchol neu'n anuniongyrchol, y byddai'r landlord yn taro'n ôl. 'Oherwydd natur yr achos nid wy'n barod i awgrymu enwau, neu mi fydd y niwed a ofnant yn digwydd,' meddai R. H. Williams. Mi soniodd ffermwyr mewn sawl enghraifft wrtho na theimlent yn rhydd nac yn braf i ymddangos yn gyhoeddus yn rhoi tystiolaeth yn erbyn eu landlord. Dyma'r rheswm a roesant, sef y gallent fod eisiau gostyngiad yn y rhent, gwelliannau ar eu ffermydd neu dichon gael fferm arall ar y stad, i'w meibion neu i berthnasau. Credent y byddent yn debycach o gael y ffafrau hyn trwy osgoi'r bocs tystio yn yr ymchwiliad. Rhoes sawl tenant fenthyg copïau o'u cytundebau i R.H., a fu'n help mawr iddo ddarparu copïau gwag i'w rhoi i'r ymchwiliad. Yr oedd hyn yn arwydd o faint yr ofn a oedd gan y tenantiaid i beryglu eu tenantiaeth. O berthynas i wleidyddiaeth fe sylwodd R. H. Williams yn ystod yr etholiad seneddol blaenorol na feiddiai ambell denant fynychu pwyllgorau Rhyddfrydwyr na chyfarfodydd cyhoeddus y blaid honno rhag ofn i'r landlord ddod i wybod. Yr oedd un tenant am y tro cyntaf yn ei fywyd yn dangos a datgan i bwy y perthynai'n wleidyddol ar ddydd etholiad am yr unig reswm ei fod bellach wedi prynu ei fferm!

Holai'r Comisiynwyr beth a olygai R. H. Williams wrth y diffyg cydymdeimlad rhwng landlord a thenant ynglŷn â'r iaith. 'Tybed ai dysgu Cymraeg i'r landlordiaid fyddai'r ateb?' Ond roedd R.H. yn reit bendant y byddai hynny allan o'r cwestiwn. Tystiai Mr Williams mai achos ei gydymdeimlad oedd y ffaith fod y tenant ar drugaredd ei landlord. 'Mewn gwirionedd,' meddai, 'does ond un ateb i'r sefyllfa, os gellir troi y tenantiaid yn Saeson, yn Eglwyswyr ac yn Dorïaid neu droi'r landlordiaid yn Rhyddfrydwyr, yn Ymneilltuwyr ac yn Gymry!'

5. William Edwards M.R.A.S.E.

Yr oedd William Edwards yn gynfyfyriwr o Brifysgol Bangor, yn Gadeirydd Cymdeithas Ryddfrydol Môn, yn gyn-Ysgrifennydd Cymdeithas Amaethwyr Môn ac ar y pryd yn ddarlithydd mewn Amaethyddiaeth dan Gyngor Sir Caer.

Fe'i gwahoddwyd gerbron y Comisiynwyr i dystio a chynrychioli plwyfi Llanddaniel Fab, Llanedwen, Llanfairpwll a Phenmynydd. Yr oedd tiroedd y plwyfi hyn yn eiddo i bedwar neu bum landlord ond yr oedd llawer o berchenogion llai, a rhai rhydd-ddeiliaid hefyd a ddaeth yno yn ystod y blynyddoedd blaenorol. Dyma grynodeb o'r dystiolaeth a roddodd:

1) *Tenantiaeth* – Bydd tenantiaeth yn y rhannau hyn yn cychwyn ar y trydydd ar ddeg o Dachwedd ac fe osodir y daliadau o flwyddyn i flwyddyn. Does yna fawr o alw am brydlesi gan y tenantiaid ac ni chânt gynnig prydlesi gan y landlordiaid ychwaith. Ni chredant y byddai prydles o un flwyddyn ar hugain – dyma'r tymor arferol – yn gwella dim ar eu sefyllfa. Y mae'r cyfnod yn rhy fyr i'r ffermwyr fentro i fuddsoddi rhyw lawer yn eu daliadau ar ffurf gwelliannau costus.

2) *Cytundebau a phrydlesi* – Disgwylir i'r tenantiaid arwyddo'r cytundebau ar gychwyn eu tenantiaeth ond ni chânt gopi o'r cytundeb. Yr oeddynt i gofio'r holl reolau ar ôl un darlleniad. Y mae un tenant yn y gymdogaeth yma, Mr John Owen, Gaerwen Ganol, y gofynnwyd iddo arwyddo cytundeb gormesol iawn gyda chymal ynddo yn cytuno i dalu £10 i'r landlord am bob tunnell o rwdins, mangs, gwair, gwellt a hyd yn oed eithin a werthai oddi ar ei fferm. Wedi cryn ddadlau a phrotestio gostyngwyd y pris i £2.12s.6d. Y Foneddiges Reade oedd yn gyfrifol am y fath gytundeb, gyda J. Lloyd Griffiths yn asiant.

Mae'n amlwg yn ôl John Owen mai'r asiant J. Lloyd a gymerodd y cytundeb wedi ei arwyddo a thebyg iawn fod ganddo ef law yn ei ddrafftio yn y lle cyntaf – pwy fedrai fyth gadw'r cytundeb? Bytheiriai John Owen nad oedd y tŷ fferm yn addas i neb fyw ynddo a chredai nad oedd diben mynd i ddosbarthiadau mewn llaethyddiaeth yn y gymdogaeth ac yntau, druan bach, yn gorfod byw yn yr un ystafell â'r llaethdy, neu'n hytrach fod y llaethdy yn ei ystafell fyw.

3) *Rhent* – Y rhent arferol yw punt i bunt a phymtheg swllt yr acer ond nid oes unffurfiaeth. Y mae rhai o'r ffermydd bach dros dair punt yr acer tra bod eraill am bymtheg swllt yr acer. Ym mhlwyf Llanddaniel Fab y mae rhenti'r ffermydd bach lawer yn uwch na'r ffermydd mawr ar y stadau mwyaf.

4) *Trin y tir* – Yn ystod y ganrif hon y mae cryn fesur o dir wedi ei adennill a'i adfer a hynny ar gost y tenantiaid; mewn rhai achosion bu i'r landlord gyflenwi peipiau ar gyfer draenio'r tir. Ond y gwir amdani yw mai ychydig iawn o newid a fu yn natur amaethu yn yr ardaloedd hyn yn ystod yr hanner canrif diwethaf.

5) *Gwelliannau* – Y tenantiaid sy'n gyfrifol am yr holl welliannau yn yr ardaloedd yma, fel draenio, ffensio, giatiau a chilbostiau, gwrteithio a hadau a hadu. Yn gyffredinol bydd raid i'r tenantiaid godi'r adeiladau yn briodol. Go brin fod fferm yn y gymdogaeth yma lle na ofynnir i'r tenantiaid ar ryw amser neu'i gilydd godi adeiladau newydd ar eu daliadau. Mewn rhai enghreifftiau y mae'r landlordiaid yn cyflenwi'r defnyddiau. Mae yn y gymdogaeth ddigon o enghreifftiau lle'r adeiladwyd yr oll o'r adeiladau gan y tenantiaid, ond mae hynny rai blynyddoedd yn ôl. Y mae'r ffermydd i gyd yn dioddef o ddiffyg adeiladau ac mae'n bwysig iawn tynnu sylw at y fath ddiffyg, gan ein bod yn yr ardal yma ar hyn o bryd yn trefnu dosbarthiadau addysg mewn llaetheg. Ond pa les cael gwersi yn y pwnc – does yma yr un fferm yn yr ardal gyda llaethdy addas i ofynion athrawon mewn llaetheg ddiweddar.

6) *Iawndaliadau* – Ni chaniateir iawndal i denant sy'n ymadael. Does yna ddim arferiad o hynny yma; mae Deddf 1875 a 1883 yn farw gorn cyn belled â bod yr ardal yma yn y cwestiwn. Y mae pob landlord yn yr ardal yma wedi anwybyddu Deddf 1875 yn llwyr, ond mae hynny'n wir am bob landlord yn Sir Fôn ac eithrio Capten Verney. Y mae'n werth cyfeirio at achos Griffith Owen, gynt o Dŷ Mawr, Llanfair P.G., sydd ar hyn o bryd yn Gwna Fawr, Trefdraeth, fel enghraifft o denant a fethodd â chael iawndal digonol am y gwelliannau a wnaeth. Yr oedd ef yn denant ar stad Graig y Don ac fe'i trowyd allan o'i fferm oherwydd, gair yr asiant, y bu iddo bleidleisio i R. Davies, yr ymgeisydd Rhyddfrydol, yn etholiad 1874. Mr Hargest o Borthaethwy oedd yr asiant hwnnw, a phan alwodd Griffith Owen i'w weld wedi derbyn llythyr eglurodd y rheswm y trowyd ef o'i fferm, oherwydd iddo bleidleisio i Mr R.

Davies ac nid i Capten Bulkeley, yr ymgeisydd Torïaidd. Mae'n
wir fod Mr Hargest wedi marw bellach a dyna paham na chododd
Griffith Owen yr achos ei hun ond gofyn i mi godi'r achos drosto.
Yr oedd Griffith Owen wedi gofyn am iawndal o £300 ond chafodd
o ond £24 er fod holl adeiladau'r fferm wedi'u hadeiladu ganddo
ef ei hun a'i dad ac eithrio un sied. Yr oedd Griffith Owen yn
Ymneilltuwr ac yn arweinydd ar Fwrdd yr Ysgol. Fe gofiaf yn
dda, pan oeddwn yn blentyn, fel y byddai fy nhad yn cerdded i
Frynsiencyn ar ddiwrnod pleidleisio yn hytrach na chael ei gario
gan unrhyw un o'r ddau gar, Rhyddfrydwr neu Dori. Y casgliad
y doed iddo oedd na fu iddo bleidleisio i'r ymgeisydd Torïaidd.
Mi gerddodd Griffith Owen ar yr achlysur yma oherwydd fod
teimladau yn reit uchel, ac o ganlyniad iddo gerdded daethant i'r
casgliad iddo bleidleisio i Mr Davies a dyna fu'r eglurhad am iddo
gael llythyr yn ei rybuddio i ymadael â'i fferm.

7) *Amgylchiadau'r ffermwyr* – Does yna'r un gwladwr yn berchen
na rhydd-ddeiliaid bychan a etifeddodd gan eu teuluoedd ond
mae yna amryw a brynodd eu daliadau yn ddiweddar ac maent
yn debygol o gynyddu o ganlyniad i'r hen stadau yn torri i fyny.
Ymddengys bod y rhydd-ddeiliaid newydd yn mwynhau eu rhyddid
a gwnânt waith rhagorol o wella'u tiroedd.

8) *Y tenant, ffermwr* – Byddai'r tenant a'i wraig yn rhannu yng
ngwaith y fferm. Cofiaf yn dda, pan oeddwn ym mlynyddoedd
fy mhlentyndod, fel y gweithiai fy nhad o bump o'r gloch y bore
hyd naw o'r gloch yr hwyr a bu wrthi fel hyn am 15 mlynedd.
Cymerodd y fferm ym 1862 a bu farw ym 1877. Yn ystod y 15
mlynedd yna fe ddyblodd gwerth y fferm. Mae'n wir fod fy mam
yn y fferm o hyd ac, yn ddiddorol iawn, yn talu'r un rhent a dalai
fy nhad ym 1862. Tenant Marcwis Môn yw fy mam. Yn y rhan
fwyaf o ffermydd yr ardal yma, y mae'r plant yn gweithio adref;
yn rhai o'r ffermydd mwyaf y mae'r plant yn gweithio'r cwbwl.
Bûm yn gweithio ar fferm fy mam ers fy mod yn 15 oed a does
gennyf ddim cywilydd cyfaddef na chefais erioed fwy na deg punt
y flwyddyn am fy ngwaith. Dymunaf dynnu sylw arbennig iawn yn
fy nhystiolaeth at yr angen gwirioneddol am sicrwydd tenantiaeth
a'r dylanwad moesol a gaiff hyn ar y boblogaeth amaethyddol.
Mentrodd fy nhad y cyfan a feddai ar ei ddaliad a hynny ar ddim
sicrwydd gwell na chwe mis o rybudd i ymadael â'r fferm. Ond
fe wnaeth hyn am fod ganddo ffydd ym mharhad y stad, ac na

fyddai codiad yn y rhent ac na fyddai dim arall yn digwydd, eto byddai rhyddid y tenant wedi mynd. Byddai'n llwyr ar drugaredd y landlord a'r asiant dros dro. Collai ei ryddid i weithredu neu lefaru, dyna gyflwr gresynus y rhelyw o ffermwyr Sir Fôn, ac fe wn yn dda am eu hamgylchiadau. Ond erbyn diwedd y ganrif yr oedd parhad y stadau tiriog yn araf ddiflannu. Yr oedd rhannau helaeth o stad Baron Hill yn barod wedi eu gwerthu a bydd rhannau o stad Arglwydd Boston yn fuan dan y morthwyl. Yn yr achosion hyn y mae'r tenant druan yn gwbwl ddiymadferth ac yn gwbwl ar drugaredd yr amgylchiadau ansicr hyn. Ond fe haera Mr Preston, asiant Baron Hill, na thorrir fyth mo'r stad honno, yn hytrach uno rhai o'r ffermydd, er dichon y gwerthir y rhai ar gyrion eithaf y stad.

9) *Amaethu'r tir* – Mae ffermwyr yr ardal yma i fyny â hi ar bob pwynt o amaethu a thrin y tir yn ofalus a da. Nid yn unig yr ymdrechant i gael cnydau da ond maent wrth eu bodd yn cael y tir i gyflwr da. O ganlyniad i'r dirwasgiad a'r ansicrwydd ynglŷn â phethau yn ymwneud ag amaethyddiaeth mae yna dueddiad amlwg iddynt ffarmio yn y ffordd rataf bosibl a rhwydd. Does neb bellach yn calchio ac ymdrechu i gario tail o'r pentrefi. Mae ffermwyr Môn bellach wedi troi at wrtaith artiffisial, a'r stwff rhataf, i sicrhau cnydau. Y mae'n drist meddwl ein bod yn esgeuluso'r anghenraid o fynnu gwarant wrth brynu gwrtaith artiffisial. Mae yma ddiffyg gwybodaeth ynglŷn â'r gwrteithiau hyn i'r gwahanol gnydau a thueddir i roi'r gwrteithiau cwbwl anghywir i'r hyn a ddysgir gan wyddoniaeth amaeth fodern ac o ganlyniad mae'r tir yn cael cam. Fel athro amaeth mae fy mhrofiad o dir Sir Fôn wedi fy argyhoeddi, os am gadw'r tir ar ei orau, y bydd *raid* cario digonedd o wrtaith iddo. Y mae ffermwyr Môn yn teimlo'n ansicr, does ganddynt ddim calon i fentro ar unrhyw welliannau costfawr mewn trin y tir. Bydd raid dileu cymalau afresymol, chwerthinllyd a henffasiwn yn y cytundebau, yn enwedig ynglŷn ag amaethu a thrin y tir. Os yw fferm am dalu heddiw rhaid i'r ffermwr gael llawer iawn mwy o ryddid a llonydd i wneud hynny. Does yr un twrnai nac asiant tir yn eistedd wrth ei ddesg all blanio cylchdro cnydau i neb arall.

10) *Addysg amaethyddol* – Y mae llawer iawn o ragfarn yn erbyn addysg amaethyddol, gwaetha'r modd. Y mae Coleg y Brifysgol Bangor yn gwneud peth gwaith ond mae'r awdurdodau yno yn

gweithio dan gryn anfantais gan eu bod yn gwbwl anghyfarwydd
â chymunedau amaethyddol gogledd Cymru. Does gan Bwyllgor
Amaethyddol y Coleg hwnnw ddim mymryn o hawl i gael
eu cysidro i gynrychioli ffermwyr Cymru, fel yr honnant fod
ganddynt.

Un rheswm am y rhagfarn yn erbyn addysg amaethyddol
yw'r ffaith mai dieithriaid sydd ynglŷn â'r fenter. Mae'n wir y bu i'r
landlordiaid gyfrannu'n ariannol tuag at yr addysg yma, ynghyd
â'r llywodraeth. Ac o ganlyniad yr oedd yn ddigon teg iddynt gael
cynrychiolaeth ar y pwyllgorau a fyddai'n gwario'r arian. Ond
doedd dim rhyw lawer o groeso gan y ffermwyr am fod yr holl
syniad wedi codi o'r *tu allan* megis. Gwendid amlwg yr addysg yna
yw'r ffaith mai Sais sy'n darlithio. Yr oeddynt yn methu â chael
darlithwyr Cymraeg.

Fe holwyd William Edwards yn fanwl gan y Comisiynwyr ar
sail ei adnabyddiaeth dda o weision y tir, tybed a oedd ymgais
i wella eu hamgylchiadau ac i godi safon bywyd y pentrefi.
Tynnodd William Edwards sylw at fywyd gresynus o anhapus
y pentrefi. Cyfeiriodd at Lanfairpwll a saif ar dir comin ac
eto doedd yno ddim lled llaw o dir i'r plant chwarae. I feddwl
bod cymeriadau amlwg a dylanwadol yn byw o fewn tafliad
carreg i'r pentref, cymeriadau fel Capten Morgan, Mr Harry
Clegg, Marcwis Môn, Uwch-gapten Robert ap Hugh Williams,
Cyrnol Hunter a'r Arglwydd Boston, ond yr oeddynt i gyd allan
o gyffyrddiad â'r gymdogaeth cyn belled â gwneud dim i'r
pentref. Mae'n amlwg ddigon nad oedd y bonheddwyr hyn yn
adnabod eu cymdogaeth er eu bod yn byw yno. Doedd gan yr
un ohonynt obaith fyth i ennill pleidlais neb o'r gymdogaeth. Fe
safodd dau ohonynt, Harry Clegg a Robert ap Hugh Williams,
etholiad yn yr ardal a chollodd y ddau yn drychinebus. Yr oedd
pethau yn hollol wahanol yng Nghaer, yn ôl Mr Edwards, lle yr
oedd yn byw; ym mhob pentref, bach a mwy ceid ystafell lle
y deuai pob papur newydd a chynhelid dosbarthiadau mewn
gwyddoniaeth a darlithoedd ar bob math o destunau. Mi
fyddai'r bonheddwyr yng nghylch Llanfairpwll yn llawer mwy
poblogaidd pe baent yn ymdrechu i gael cyfleusterau tebyg yn

y pentref hwnnw. Ond y gwir amdani oedd bod agendor lydan rhwng landlord a thenant ym Môn.

6. *Thomas Pritchard, Llwydiarth Esgob, Llannerch-y-medd*

Os am 'gipdrem o'r awyr' ar fyd amaeth ac amaethwyr ar Ynys Môn yn y bedwaredd ganrif ar bymtheg, heb os Thomas Pritchard, Llwydiarth Esgob, fyddai'r un i ymgynghori ag ef. Yr oedd yn rhan o wead bywyd amaethyddol a chymdeithasol yr ynys ar hyd ei oes. Fe hanai o hen deulu parchus a fu'n byw yn Llwydiarth Esgob am genedlaethau. Yr oedd ei dad, Robert Pritchard, yn dwrnai ac yn asiant ar stad Bodorgan. Dygwyd y mab, Thomas, i fyny ym mhroffesiwn ei dad, yn dwrnai. Erthyglwyd Thomas yn Reading a dychwelodd i Fôn at ei dad ar derfyn ei gwrs. Mewn dim o dro yr oedd Thomas Pritchard wedi ymgolli'n llwyr ym mywyd cymdeithasol yr ynys ac yn arbennig yn ei bywyd amaethyddol, a'r bywyd hwnnw oedd ei hanadl einioes. Dilynodd ei dad fel asiant i stad Bodorgan. Yn y swydd hon y daeth i adnabod y bywyd amaethyddol yn drylwyr iawn. Fe'i hetholwyd ar sawl corff a chymdeithas a oedd yn ymwneud â phob agwedd ar fywyd cymdeithasol Môn.

Llun: Eiddo teulu Llwydiarth Esgob

Ymddiddorai'n frwdfrydig mewn archeoleg a chasglodd gasgliad gwerthfawr o gelfi o'r cyfnod cyn-hanes. Ym 1875, gyda'r Parch. Wynn Williams, bu'n ymwneud â chloddfa cromlech Pant y Saer, a gofnodir mor fanwl yn yr *Archaeologia Cambrensis*.

Priododd ag Emilie Maud, merch y Parch. Richard Jones, rheithor Llandyfrydog, a oedd yn ddisgynnydd o Tegerin ap Corwed, Arglwydd Twrcelyn ym 1143.[3]

233

Bu'r holl gymwysterau hyn yn fantais ac yn fuddiol iawn i'r Comisiynwyr Tir a chawsant gan Thomas Pritchard ddarlun cyflawn o berthynas y landlord a'r tenant ar Ynys Môn ar ddiwedd y bedwaredd ganrif ar bymtheg. Ond fel pob asiant tir, fe dueddai Thomas Pritchard i ochri mwy efo'r landlord na'r tenant, dichon.

Rhoddai dystiolaeth fel asiant am ran orllewinol yr ynys, tiriogaeth o 17,000 o aceri. Bu'n ymwneud â chau rhannau o'r tiroedd comin yn ei waith a bu galw arno i ymwneud cryn dipyn yn y berthynas rhwng y landlord a'r sgwatwyr. O fewn ei dymor ef y caewyd Mynydd Bodafon ym 1866 ond wrth gau Mynydd Mechell y cafwyd y mwyaf o gynnwrf. Nid peth hawdd oedd symud teuluoedd a dreuliodd flynyddoedd fel sgwatwyr ac a gredai fod ganddynt hawl gyfreithlon i fod yno, neu o leiaf hawl foesol. Yr oedd y landlord yn elyniaethus iawn i'r sgwatwyr, a'u lleiniau gleision a'u gerddi bach twt yn llawer iawn rhy agos at dir y stad. Fe ddeuai cydymdeimlad yr asiant yn amlwg ar brydiau efo'r sgwatwyr; wedi'r cwbwl, pwy fedrai beidio â chydymdeimlo â chymeriadau fel *Cadi* a *Sioned*? Er, mi fynnai Thomas Pritchard fod y tiroedd comin yn anfanteisiol iawn i'r ffermwyr hynny a derfynai ar y comin oherwydd y rhyddid i rodiannu a thrwy hynny aflonyddu ar yr anifeiliaid. Yr oedd y comin yn dynfa i'r potsiars hefyd – prif elynion pob stad. Yr oedd storm y cau tir drosodd i bob pwrpas erbyn cyfnod Thomas Pritchard ond câi bleser yn ailadrodd storïau'r fro, fel yr hawliai trigolion hynaf Mynydd Mechell fod eu bythynnod yn rhydd-ddaliadau ac nad oedd hawl i'w symud. Soniai am bobol Gwalchmai wedi codi capel ar y comin a phan gaewyd y comin bu raid i'r addolwyr dalu £23 am yr hawl i aros yno.

Bu Thomas Pritchard â llaw flaenllaw ynglŷn ag adolygu peth ar gytundebau'r tenantiaid. Bu cyfarfodydd mewn tair canolfan ym Môn i roi sylw manwl i'r cytundebau ac i newid lle gwelent angen. Dewiswyd yr asiantau a'r tenantiaid i'r gwaith. Cafwyd rhai cytundebau newydd a thynnwyd allan gytundebau di-fudd ac anfanteisiol. Bu cryn ddadlau yn y cyfarfodydd hyn ynglŷn â chyfieithu o'r Saesneg i'r Gymraeg. Dadleuai Thomas Pritchard y byddai'n well peidio cyfieithu gan ei bod mor hawdd wrth gyfieithu golli gwir ystyr gair, a hynny yn siŵr o greu anghytundeb diddiwedd. Ond ar y cyfan yr oedd Thomas Pritchard yn cytuno i ddiwygio'r cytundebau er budd y tenantiaid. Yr oedd yn gymeriad cryf y perchid ei farn mewn cyfarfodydd o'r natur yma a châi ei faen i'r wal yn amlach na pheidio.

Doedd Thomas Pritchard ddim yn dda ei air i lanciau'r llofft stabal, fodd bynnag. Tueddai feio'r llanciau yn llawer mwy na'r ffermwyr am gyflwr y llofftydd. Dadleuai nad oedd unrhyw bwrpas mewn rhoi dillad glân ar y gwelyau i lambystiaid mor afreolus a budr â'r llanciau hyn. Yr oeddynt yn gwbwl anystyriol ynglŷn ag unrhyw ddodrefnyn a llestri, byddent yn siŵr o'u malurio. Ond rhyw ddadl wan oedd hon mewn ymgais i amddiffyn y ffaith fod y ffermwyr yn caniatáu i'r gweision gysgu yn y fath le, a oedd yn waeth na llety'r anifeiliaid.

Ond yr oedd Thomas Pritchard yn llawn cydymdeimlad at lafurwyr y tir, y gwŷr priod a drigai mewn bythynnod ar dir y ffermydd lle gweithient. Teimlai'r asiant nad oedd llawer o'r bythynnod hyn yn addas i neb fyw ynddynt. Yma eto tueddai Thomas Pritchard feio'r gweision hyn am ddewis y bwthyn gwaelaf am rent o chwe cheiniog yr wythnos yn hytrach na thalu swllt am fwthyn llawer gwell. Ond dichon nad oedd y bai i gyd ar y dewis – roedd chwe cheiniog yn gwneud tipyn o wahaniaeth i fwrdd y dyn tlawd. Ond mi allai Thomas Pritchard ymfalchïo yng ngofal stad Bodorgan o'r gweision hyn – ar y stad hon yr oedd y bythynnod mwyaf graenus ar yr ynys.

Pan holwyd Thomas Pritchard am y berthynas rhwng y landlord a'r tenant tueddai i wyngalchu'r berthynas yn ormodol dichon, ond yr oedd pob asiant yn atebol i'r landlord yn gyntaf oll. Yr oedd y berthynas rhwng y ddau yn gyfeillgar iawn, yn arbennig ar hen stadau teuluol. Beiai Thomas Pritchard y wasg Gymreig am gorddi a chynhyrfu'r dyfroedd a chodi tymheredd yn ddianghenraid. Yn nhyb yr asiant, *Y Genedl Gymreig, Baner ac Amserau* a *Celt* oedd yn gyfrifol am hyn, yn gwneud eu gorau i bortreadu landlordiaid yn ddihirod y dylid eu diddymu oddi ar wyneb y ddaear.

Cafodd Thomas Pritchard eto achos i ganmol ei landlord a'i stad pan holwyd ef ynghylch gwario ar welliannau ar y ffermydd, pwnc digon llosg yn y berthynas rhwng y landlord a'r tenant. Un o brif gwynion y tenant fyddai gwario ar welliannau ar eiddo'r landlord a hwnnw wedyn yn rhoi'r fferm ar y farchnad a'r tenant yn prynu ac yn talu am y gwelliannau a wnaeth ef ei hun. Tystia Thomas Pritchard i stad Bodorgan wario £19,400 mewn 19 mlynedd ar welliannau a hynny heb ofyn am log ar y gwariant. Mae'n debyg y rhagorai stad Bodorgan ar fater gwelliannau ar stadau eraill Ynys Môn.

Mae'n amlwg fod Thomas Pritchard yn eithaf derbyniol gan y tenantiaid ac roedd hynny'n anghyffredin gan nad oedd yr asiant yn boblogaidd nac yn dderbyniol gan y tenantiaid – a gan fod y rhan fwyaf ohonynt yn Saeson ac wedi gwasanaethu mewn swyddi o awdurdod doedden nhw ddim yn gymeriadau dymunol iawn ac yn colli'n fawr mewn dawn i drin a thrafod pobol. Gyda'r fath wahaniaeth yn eu cefndiroedd, collai'r asiantau mewn cydymdeimlad â'u tenantiaid. Mewn cymhariaeth, châi Thomas Pritchard drafferth yn y byd i uniaethu â'r tenantiaid a medrai gydymdeimlo'n llawn â'r ffermwyr dan amgylchiadau o ddirwasgiad a chaledi. Pan gyhoeddwyd gan Gladstone iddo sefydlu Comisiwn Brenhinol i ymchwilio i gyflwr ac amgylchiadau ffermio yn Sir Fôn, cynghorodd Thomas Pritchard y tenantiaid i gyfarfod fel pwyllgor i roi sylw ac ystyriaeth i sut i osod eu tystiolaeth gerbron y Comisiwn ac i gasglu a nodi eu prif gŵynion. Rhoes gopïau iddynt restru eu tystiolaeth yn drefnus. Bu'r cyngor yma yn help mawr i'r tenantiaid ac roeddynt yn hynod o ddiolchgar i'w hasiant.

Gair i Gloi

MI FYDDAI'R CERTMON erstalwm, ar derfyn daliad o aredig, yn eistedd ar gadair y gwŷdd i edrych yn ôl dros y cefn a gochwyd ganddo. Wrth edrych yn ôl dros ganrif o amaethu ym Môn, y bedwaredd ganrif ar bymtheg hir, rhyfeddwn – rhyfeddu at yr anghydfod a'r cecru a fu rhwng y landlord a'r tenant a rhwng y tenant a'r gwas. Hwy ill tri fu prif gymeriadau hanes amaethu ym Môn dros y cyfnod dan sylw. Fel y cyfeiriwyd, fe lynwyd wrth y gwahaniaethau dosbarth yn hirach yn Sir Fôn nag yn unrhyw ran arall o'r wlad. Tybed ai am fod *newid* yn gwbwl groes i natur pobol Môn, ac ym myd amaeth yn fwy nag unman? Cyffes ffydd pob ffermwr o Fôn fyddai 'Fel hyn y byddai 'nhad yn gwneud', ac yn wir, fel yna y bu pethau gydol oes Fictoria, gyda'r landlord yn ei blasty diogel, y tenant yn y briws ac yn y parlwr a'r gwas yn y llofft stabal oer neu'r bwthyn cyfyng. Ond gyda sŵn rhyfela 1914 a 1939 fe glywyd sŵn cadwynau'n disgyn yn rhydd: *newid!* Diflannodd y stadau tiriog fwy na heb. Daeth y tenant yn berchen ar ei fferm gan gydio fferm wrth fferm – y camwedd y bu mor feirniadol o'r landlord yn ei gylch ynghynt. Aeth y gwas ffarm yn 'weithiwr amaethyddol', ac nid cael ei gyflogi yr oedd bellach ond ei gontractio gyda'i beiriannau drudfawr, a ddisodlodd y rhaw, y fforch a'r cryman. Yn y fargen, collwyd hefyd y wedd. Paham *newid?*

Nodiadau

Eiddo'r awdur yw'r cyfieithiadau o ambell ddyfyniad.

Pennod I: Amgáu Tiroedd

1   Ellis Wynne, *Gweledigaethau y Bardd Cwsc* (1703), dan olygyddiaeth C. M. Edwards (1898), t. 19.

2   J. L. a Barbara Hammond, *The Village Labourer 1760–1832* (1920), t. 65.

3   George Kay, *General View of the Agriculture of North Wales (Anglesey)* (1794), t. 10.

4   George Borrow, *Wild Wales: Its People, Language and Scenery* (1862; argraffiad 2002), t. 173.

5   G. E. Mingay, *Parliamentary Enclosure in England* (1997), tt. 11–13.

6   *Seren Gomer* (1818).

7   R. E. Prothero, *English Farming – Past and Present* (1912; 6ed arg., 1961), tt. 291–315.

8   Iwan Meical Jones, *Hen Ffordd Gymreig o Fyw* (2008), tt. 190, 191.

9   J. E. Vincent, *Pwnc y Tir yng Ngogledd Cymru* (1896) (cyf. T. R. Roberts), t. 203.

10 *Report of the Royal Commission on Land in Wales and Monmouthshire* (1896), t. 587.

11 Kay, *General View of the Agriculture of Anglesey*, t. 11.

12 Llawysgrifau Bangor, 1585.

13 A. H. Dodd, *The Industrial Revolution in North Wales* (1933), tt. 71–2.

14 R. C. Allen, *Enclosure and the Yeoman* (1992).

15 *Royal Commission on Land in Wales*, t. 55.

16 A. H. Johnson, *The Disappearance of the Small Landowner* (Darlith Ford, 1909), tt. 94, 95.

17 Melvyn Bragg, *12 Books that Changed the World* (2006), tt. 96–8.

18 Evan J. Jones, *Cymdeithas Hynafiaethwyr a Naturiaethwyr Môn: Trafodion 2002/2003*, tt. 48–99.

19 Walter Davies, *General View of the Agriculture and Domestic Economy of North Wales* (1810), t. 252–4.

20 Emlyn Richards, *Porthmyn Môn* (1998), t. 263.

21 *Royal Commission on Land in Wales*, t. 126.

22 Ibid, t. 50.

23 Papurau Tywyn Trewan, WD/2/393-406, Archifdy Ynys Môn, Llangefni.

24 William Williams, *Cipdrem ar Hanes Plwyf Maelog* (2003), tt. 27–8.

Pennod 2: Chwyldro Amaethyddol

1 Andrew Davidson, 'The Impact of the Agricultural Resolution on the Landscape of Anglesey', *Cylchlythyr Cymdeithas Hynafiaethwyr a Naturiaethwyr Môn*, 54 (Gwanwyn 2010), t. 1.

2 R. E. Prothero, *English Farming – Past and Present* (1912; 6ed arg., 1961), tt. 291–315.

3 David Thomas, *Cau'r Tiroedd Comin* (1912), tt. 70–1.

4 A. H. Johnson, *The Disappearance of the Small Landowner* (Darlith Ford, 1909), t. 89.

5 Thomas, *Cau'r Tiroedd Comin*, tt. 17–18.

6 J. L. a Barbara Hammond, *The Village Labourer 1760–1832* (1920), tt. 64–5.

7 George Borrow, *Wild Wales: Its People, Language and Scenery* (1862; argraffiad 2002).

8 Walter Davies, *General View of the Agriculture and Domestic Economy of North Wales* (1810), tt. 76–77.

9 Elizabeth Ann Williams, *Hanes Môn yn y Bedwaredd Ganrif ar Bymtheg* (1925), t. 114.

10 *Mrs Pritchard Llwydiarth: Trafodion Cymdeithas Hanes Môn 1925*, tt. 63–8.

11 *Report of the Progress made by the Angelsea Agricultural Society (August 30, 1814)*, Llyfrau Prin Prifysgol Bangor, X/JB. 271.

12 Charles Ashton, 'Egwyddorion Amaethyddol', *Yr Haul* (Medi 1887), t. 268.

13 John Owen, *Y Trysorydd*, cyfrol xxii (1868), tt. 430–442.

14 Richard J. Moore Colyer, *A Land of Pure Delight: Selections from the Letters of Thomas Johnes of Hafod* (1992), tt. 77–297.

[15] William Aubrey, *Yr Amaethwr a'r Ffariwr*, 1870, t. 5 (gweler John Alun Roberts, *Borthafarn*, cyfrol 20 (1989–90), t. 17).

[16] Emlyn Richards, *Bywyd Gŵr Bonheddig* (2002), t. 132.

Pennod 3: Goruchwylio'r Fferm

[1] Eurwyn Wiliam, *The Historical Farm Buildings of Wales* (1986), t. 121.

[2] Glanmor Williams, *Recovery, Re-orientation and Reformation 1415–1642* (1987), t. 65.

[3] R. Iestyn Daniel, Canolfan Uwchefrydiau Cymreig a Cheltaidd Prifysgol Cymru, Aberystwyth, 2006.

[4] *Walter of Henley's Husbandry*, y trawsgrifiad, y cyfieithiadau a'r eirfa gan Elizabeth Hammond, 1890.

[5] J. E. C. Peters, *Discovering Traditional Farm Buildings* (2003), t. 56.

[6] Wiliam, *The Historical Farm Buildings of Wales*.

[7] Charles Ashton, 'Bywyd Gwledig yng Nghymru', *Cyfansoddiadau Eisteddfod Genedlaethol Bangor* (1890), t. 42.

[8] Papurau Cefn Llan, 4 (5B), Prifysgol Bangor.

[9] Enid P. Roberts, *Hunangofiant Gweirydd ap Rhys* (1949), tt. 121–3.

[10] William Jones, *Traethawd Gwobrwyol ar Nodweddion y Cymry fel Cenedl* (1841), t. 309.

[11] T. H. Parry-Williams, *Hen Benillion* (1940), rhif 454.

[12] *Streicio ym Môn*, A. W. C. Tâp 4311, John Jones, Pen Cefn Bach, Llannerch-y-medd.

[13] Thomas Pritchard, *Bastardy Minute Book (1841–1851) Petty Session Anglesey*, WU/1/63, Archifdy Môn.

[14] Thomas, D. Lleufer, *Royal Commission on Land in Wales and Monmouth* (1893), t. 705.

[15] *Report of the Commissioners of Inquiry into the State of Education in Wales* (1847), t. 68.

[16] *Yr Eurgrawn Wesleaidd* (1819), tt. 372–6.

[17] *Y Dysgiedydd* (1834), tt. 210–12.

[18] *Y Llan a'r Dywysogaeth*, 25 Ebrill 1890, t. 5.

[19] R. Tudur Jones, 'Y Llofft Stabal', *Y Cymro*, 17 Mehefin 1975.

[20] Lewis Edwards, 'Addysg yng Nghymru', *Traethodau Llenyddol* (1867), tt. 378–82.

21 Dr Albert Leffingwell, *Illegitimacy and the Influence of Seasons upon Conduct* (1892), t. 33.

22 Elizabeth Williams, *Brethyn Cartref* (1951), t. 112.

23 *Royal Commission on Land in Wales*, t. 151.

24 Robert Owen ac R. C. Pierce, *Atgofion Dau Gymro* (1968), t. 95.

25 *Royal Commission on Land in Wales*, t. 40.

26 Eurwyn Wiliam, *Y Bwthyn Cymreig* (2010), broliant.

27 Llawysgrifau PYB, rhifau 1291–1341.

28 R. Evans (Cybi), *Odlau Eifion* (1908; rhwymedig yn *Beirdd Llŷn*).

29 Walter Davies, *General View of the Agriculture and Domestic Economy of North Wales* (1810), t. 82.

30 William Jones, *Nodweddion y Cymry fel Cenedl* (1840), tt. 236–7.

31 *Royal Commission on Land in Wales*, tt. 640–2.

32 Eurwyn Wiliam, *Home-made Homes: Dwellings of the Rural Poor in Wales* (1988), pamffled.

33 Ysgol Pont y Gôf ym Motwnnog; prifathro: Lewis Roberts.

34 (a) F. H. Norman, *Report: Employment of Children, Young Persons and Women, on Anglesey, Caernarvon, Denbigh* (1867), tt. 34–5.
   (b) *Report of the Royal Commission on Labour, Vol 2* (Dr Lleufer Thomas's Report, 1893), tt. 132–3.
   (c) Iorwerth Peate, *The Welsh House* (argraffiad newydd, 2004), tt. 87–8.

35 Ashton, 'Bywyd Gwledig yng Nghymru'.

36 Ifan Gruffydd, *Gŵr o Baradwys* (1963), t. 31.

37 Llewelyn Wyn Griffiths, *The Wooden Spoon* (1937), tt. 34–5.

38 *The Royal Commission on Labour*, t. 132.

39 Ibid., atodiad E, t. 140.

40 *Adroddiadau Cymdeithas Amaethyddol Môn*, 1829, Llyfrau Prin Prifysgol Bangor, X/JB27.

41 Thomas Pennant, *Tours in Wales (1778–1781)*, t. 209.

42 Wiliam, *Y Bwthyn Cymreig*, t. 104.

43 George Borrow, *Wild Wales: Its People, Language and Scenery* (1862; argraffiad 2002), tt. 172–3.

44 Ibid, t. 174.

45 James Donaldson, *General View of the Agricultre of the County of Northampton* (1794), tt. 38, 43.

[46] J. L. a Barbara Hammond, *The Village Labourer 1760–1832* (1920), tt. 73–81.

[47] Henblas 18, 6 Mawrth 1737, Prifysgol Bangor.

[48] Gwilym Owen, *Crych Dros Dro* (2003).

[49] Michael Williams, *Ar Lan y Môr* (2005), tt. 7–9.

[50] Llawysgrifau Bodewryd: 10.

[51] Francis Jones, *A Squire of Anglesey* (1940), Cymdeithas Hynafiaethwyr a Naturiaethwyr Môn, t. 83.

Pennod 4: Crefft Gyntaf Dynolryw

[1] David Pretty, *Anglesey – The Concise History* (2005), The Histories of Wales, t. 83.

[2] William Jones, *Gair i Bechaduriaid a Gair i Sainct* (un llyfr; 1676), t. 99.

[3] W. Glyn Griffith, *Môn* (1941), Cymdeithas Hynafiaethwyr a Naturiaethwyr Môn, tt. 31–8.

[4] *Report of the Royal Commission on Land in Wales and Monmouthshire* (1893), tt. 148–153.

[5] Yn ôl Huw Jones, *Cydymaith Byd Amaeth*, ffurf lafar *trees*, sef harnais neu gêr ceffyl, yw *drecs* a ddefnyddir ym Môn; *gêr* a ddefnyddir yn Llŷn ac Eifionydd. Y mae *siambar drecs* yn unigryw i Fôn. Tybed a oes cysylltiad â *tack room* yn stablau'r byddigion, yr *ystafell harneisiau*?

[6] William Hobley, *Hanes Methodistiaeth Arfon*.

[7] *Bro'r Eisteddfod: Ynys Môn* (1983), tt. 124–5.

[8] W. Llewelyn Lloyd, *Llyfr Nodiadau* (1901), LlGC.

[9] *Y Cymro*, 15 Mehefin 1905, t. 5.

[10] D. W. Howell, *Land and People in 19th Century Wales* (1977), t. 94.

[11] D. Lleufer Thomas, *Royal Commission on Labour, Vol II* (1893), t. 128.

[12] *Report by F. H. Norman on Anglesey, Denbigh and Flintshire* (1867), t. 30.

[13] D. Lleufer Thomas, *Royal Commission on Labour, Vol III*, Atodiad D, t. 139.

[14] William Roberts, *Trem yn Ôl* (1929).

[15] Emyr Jones (gol.), *Hanes yr Achos ym Mhenygarnedd 1782–1976* (1976). Dafydd Islwyn, *Hydref y Rhos* (1983).

[16] *Trysorfa'r Plant, 1909–1911*, t. 104.

[17] Hugh Owen, *Hanes Plwyf Niwbwrch* (1952), t. 68.

[18] *Y Clorianydd*, 9 Mawrth 1905.

19 Shankland Manuscripts, HE Archives Hub, GB222 SHANK; Dafydd Wyn Wiliam, *Llwynogod Môn ac Ysgrifau Eraill* (1983), tt. 78–84.

20 J. R. Jones, *The Welsh Builder on Merseyside* (1946), tt.141–2.

Pennod 5: Gall y Gwannaf Wingo

1   John Pritchard, *Methodistiaeth Môn* (1888), tt. 211–12.

2   D. Lleufer Thomas, *Royal Commission on Labour, Vol II* (1893), t. 129.

3   Ibid.

4   R. Maldwyn Thomas a Cyril Parry, *Trafodion Cymdeithas Hynafiaethwyr a Naturiaethwyr Môn* (1967), John Owen Jones, 1861–1899, t. 100.

5   Sydna Ann Williams, *Unending Labour: Working Women in Nineteenth Century Anglesey*, traethawd ymchwil, cyf. 90, Prifysgol Bangor.

6   *Trafodion Cymdeithas Hynafiaethwyr a Naturiaethwyr Môn*, tt. 72–107.

7   *Gwyddoniadur Cymru*, Yr Academi Gymreig, t. 487.

8   David A. Pretty, 'Caethion y Tir', *Cof Cenedl VII* (1992), t. 144.

9   *The Third Report on the Employment of Children, Young Persons and Women in Agriculture* (1870).

10 *Report of the Royal Commission on Land in Wales and Monmouthshire* (1896), t. 149.

11 Ibid., t. 640.

12 *Y Cymro*, 28 Awst 1890.

13 *Y Werin*, 2 Tachwedd 1889.

14 Ap Ffarmwr, *Y Werin*, 23 Tachwedd 1889.

15 *Trafodion Cymdeithas Hynafiaethwyr a Naturiaethwyr Môn*, t. 98.

16 E. Richards, *Yr Ardal Wyllt* (1983).

17 *Y Werin*, 8 Mawrth 1890.

18 Ibid., 22 Mawrth 1890.

19 *Royal Commission on Labour, Vol II*, t. 186.

20 *Y Werin*, 12 Ebrill 1890.

21 David A. Pretty, *Trafodion Cymdeithas Hynafiaethwyr a Naturiaethwyr Môn* (1988), Undeb Gweithwyr Môn, tt. 115–16.

22 Pretty, 'Caethion y Tir', tt. 143–4.

Pennod 6: Tirfeddianwyr a Thirddeiliaid

1   J. Bateman, *The Great Landowners of Great Britain and Ireland* (1883).

2   'A letter to Syr Richard Bulkeley Williams Bulkeley', 1835.

3   J. Graham Jones, *Hanes Cymru* (1994), t. 107.

4   *Y Faner*, 25 Ebrill 1888.

5   Vincent, J. E., *The Land Question in North Wales, 1892, A Survey of Evidence Collected in view of Appointment of Royal Commission*, t. 6.

6   *Report of the Royal Commission on Land in Wales and Monmouthshire* (1896), atodiad, tt. 306–11.

7   *Royal Commission on Land in Wales*, tt. 125–7.

8   D. Lleufer Thomas, *Welsh Land Commission, A Digest of its Report* (1896), tt. 369–73.

9   *The Land Question in North Wales*, tt. 24–33.

10 Ibid.

11 *The Land Question in North Wales*, tt. 162–9.

12 Thomas Phillips, *Wales* (1849), t. 30.

13 *Baner Cymru*, Hydref 1857, t. 410.

14 Llyfr y Proffwyd Eseia, 5:8.

Pennod 7: Gwrthryfel y Tenantiaid

1   Hugh Owen, *Braslun o Hanes MC Môn* (1937), t. 217.

2   *Royal Commission on Land in Wales and Monmouthshire, Vol. 2* (1893), t. 92.

3   *Cymdeithas Hynafiaethwyr a Naturiaethwyr Môn* (1921), tt. 19–20.

Llyfryddiaeth Ddethol

Ashby, A. W. ac Evans, I. L. Evans, *Agriculture of Wales and Monmouth*, 1944

Aubrey, William, *Yr Amaethwr a'r Ffariwr*, 1870

Bateman, J., *The Great Landowners of Great Britain and Ireland*, 1885

Bowen, Ivor, *The Great Enclosures of Common Land in Wales*, 1914

Collins, Jesse, *Land Reform*, 1908

Cragoe, Mathew a Readman, Paul, *The Land Question in Britain, 1750–1950*, 2010

Davies, Walter, *General View of the Agriculture and Domestic Economy of North Wales*, 1810

Douglas, Roy, *Land, People and Politics: A History of the Land Question in the United Kingdom, 1878–1952*, 1976

Griffiths, Llewelyn Wyn, *The Wooden Spoon*, 1937

Gruffydd, Ifan, *Gŵr o Baradwys*, 1963

Hammond, J. L. a B., *The Village Labourer 1760–1832*, 1920

Harvey, Nigel, *A History of Farm Buildings in England and Wales*, 1970

Howell, D. W., *Land and People in Nineteenth-century Wales*, 1978

Jones, Bobi, *Crwydro Môn*, 1957

Jones, J. Graham, *Hanes Cymru*, 1994

Jones, J. R., *The Welsh Builder on Merseyside*, 1946

Kay, George, *General View of the Agriculture and Rural Economy of Anglesey*, 1794

Parry-Williams, T. H., *Hen Benillion*, 1940

Peate, Iorwerth, *The Welsh House*, argraffiad newydd, 2004

Pennant, Thomas, *Tour in Wales (1778–1781)*

Peters, J. E. C., *Discovering Traditional Farm Buildings*, 2003

Pretty, David, *The Rural Revolt that Failed*, 1989

Pretty, David, *Anglesey: The Concise History*, 2005

Roberts, Enid P, *Hunangofiant Gweirydd ap Rhys*, 1949

Thomas, D. Lleufer, *Royal Commission on Labour*, 1893

Thomas, D. Lleufer, *Royal Commission on Land in Wales and Monmouth*, 1893

Thomas, D. Lleufer, *Welsh Land Commission, A Digest of its Report*, 1896

Vincent, J. E., *The Land Question in North Wales*, 1896

Wiliam, Eurwyn, *Home-made Homes: Dwellings of the Rural Poor in Wales*, 1982

Wiliam, Eurwyn, *The Historical Farm Buildings of Wales*, 1986

Wiliam, Eurwyn, *Y Bwthyn Cymreig*, 2010

Williams, Glanmor, *Recovery, Reorientation and Reformation: Wales c.1415–1642*, 1987

Hefyd o'r Lolfa:

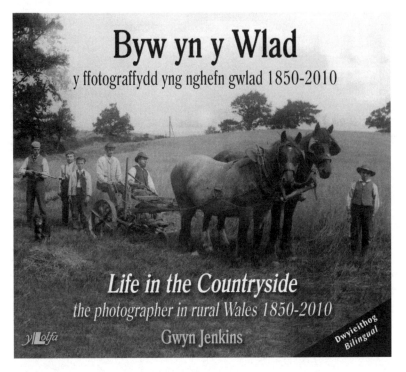

Byw yn y Wlad
y ffotograffydd yng nghefn gwlad 1850-2010

Life in the Countryside
the photographer in rural Wales 1850-2010
Gwyn Jenkins

yl Lolfa

Dwyieithog
Bilingual

£14.95

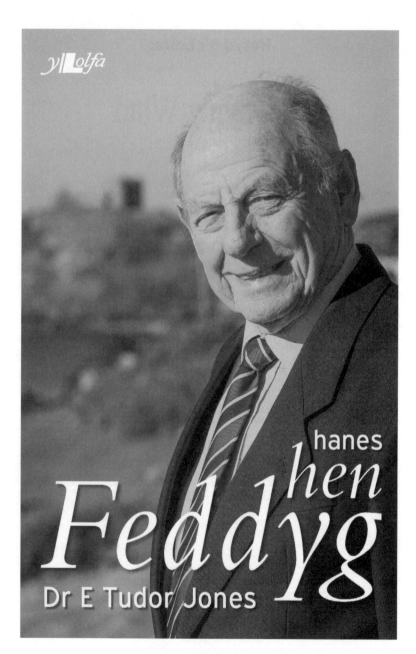

yr Lolfa

hanes
hen
Feddyg

Dr E Tudor Jones

£9.95

'Cyfrol sy'n ychwanegu
at hud hen dref arbennig iawn
mewn modd diddan a darllenadwy.'

Yr Athro Gwyn Thomas

Hanesion
Tre'r
Cofis

T Meirion Hughes

y Lolfa

£9.95

IDRIS
CHARLES

HEB Y MWGWD

"Hunangofiant gonest, dewr a difyr sy'n aros yn y cof am gyfnod hir"
— Elinor Jones

yLolfa

£9.95

Am restr gyflawn o lyfrau'r Lolfa, mynnwch
gopi am ddim o'n catalog
neu hwyliwch i mewn i'n gwefan

www.ylolfa.com

Ile gallwch archebu llyfrau ar-lein.

TALYBONT CEREDIGION CYMRU SY24 5HE
ebost ylolfa@ylolfa.com
gwefan www.ylolfa.com
ffôn 01970 832 304
ffacs 832 782